# LAS
# DAMAS
## DEL
# PODER

# FRANCISCO CRUZ

# LAS DAMAS DEL PODER

Corrupción, impunidad y nepotismo, tras las mujeres
más poderosas de México

 Planeta

© 2023, Francisco Cruz

Diseño de portada: Planeta Arte & Diseño / Christophe Prehu
Diseño de interiores: Moisés Arroyo Hernández

Fotografías de portada:

Martes 27 de agosto de 2013. Esta tarde, la señora Marta Sahagún de Fox, presidenta de la fundación «Vamos México A.C.», impartió una conferencia de motivación a jóvenes estudiantes de la Universidad Anáhuac Campus Querétaro, en la cual aseguró que el expresidente Fox siempre la escucha y toma en cuenta su punto de vista.

Fotografía de Margarita Zavala: Procesofoto / Octavio Gómez
16 de noviembre de 2022, Ciudad de México. Santiago Taboada, Alcalde en Benito Juárez, presentó su informe de labores en la explanada de dicha alcaldía, donde estuvo acompañado por los dirigentes nacionales del PAN, Marko Cortés, y del PRD, Jesús Zambrano, entre otras personalidades.

Fotografía de Angélica Rivera: Wikimedia Commons

Derechos reservados

© 2023, Editorial Planeta Mexicana, S.A. de C.V.
Bajo el sello editorial PLANETA M.R.
Avenida Presidente Masarik núm. 111,
Piso 2, Polanco V Sección, Miguel Hidalgo
C.P. 11560, Ciudad de México
www.planetadelibros.com.mx

Primera edición en formato epub: julio de 2023
ISBN: 978-607-39-0333-2

Primera edición impresa en México: julio de 2023
ISBN: 978-607-39-0357-8

Impreso en los talleres de Litográfica Ingramex, S.A. de C.V.
Centeno núm. 162-1, colonia Granjas Esmeralda, Ciudad de México
Impreso y hecho en México – *Printed and made in Mexico*

# ÍNDICE

*Para Mónica.*
*A la memoria de Omar Francisco Cruz Cuevas,*
*mi hijo, a donde quiera que esté.*

# A MANERA DE INTRODUCCIÓN

Viene ahora a mi memoria la respuesta que mi madre me dio cuando le pregunté a qué se dedicaba la primera dama. En ese tiempo, Eva Sámano Bishop, esposa del presidente Adolfo López Mateos, era la principal protectora de la niñez y principal guía moral de la nación. Gracias a ella hubo sustanciosos y nutritivos desayunos en las escuelas de mi pueblo por algunos centavos. Sus obras e imagen la posicionaron en lo que desde siempre se intentó representar con el papel de «primera dama»: pilar y eje moral de las familias mexicanas. Ella era «la gran protectora de la infancia», benefactora de los pobres, vocera de las causas sociales, madre del país y conciencia del presidente de México.

Este puesto, además, se podría documentar desde la emperatriz Carlota de Habsburgo, y la señora Margarita Maza Parada, esposa del presidente Benito Juárez, hasta la activista y política queretana Sara Pérez Romero, primera dama de la Revolución, esposa de Francisco I. Madero.

En esos tiempos, cuando yo era tan solo un niño, no entendía de política; y por lo que escuchaba, la primera dama parecía un buen ejemplo a seguir.

Tiempo más tarde sobrevino la noticia, en modo de rumor, del asesinato, estilo ejecución extrajudicial y crimen de Estado, del líder campesino y revolucionario zapatista Rubén Jaramillo Ménez, su esposa embarazada —Epifania Zúñiga García— y sus tres hijos. Tal hecho vino a poner en tela de juicio la alta moral, el altruismo y la benevolencia maternal de la «Madre de México».

Resultaba incomprensible que esta primera dama no estuviera enterada de tal ejecución orquestada desde Palacio Nacional, aunque atribuida al secretario de Gobernación, Gustavo Díaz Ordaz.

Su silencio ante tal atrocidad familiar vino a develar lo que, en palabras de mi madre, era parte de una sola cosa: los métodos torcidos que tenía el Estado para imponerse en la vida de sus gobernados.

De esta manera, y entre brumas de la niñez, vi pasar a Eva Sámano de López Mateos y a Guadalupe Borja Osorno. De esta última recuerdo también cómo su careta de mujer dulce, abnegada, católica y abuela ejemplar cayó por los suelos ante los ojos de mi madre, cuando su esposo, el entonces presidente Gustavo Díaz Ordaz, en 1968, ordenó someter a estudiantes universitarios y, como jefe supremo de las fuerzas armadas, autorizó o dio la orden al Ejército de abrir fuego para silenciar lo que su gobierno veía como una «peligrosa» revuelta estudiantil izquierdista, alentada por una supuesta conspiración comunista internacional.

Echando tortillas al comal en la cocina de costillas asadas, frijoles de olla y salsas molcajeteadas que atendía en el histórico mercado San Camilito de Garibaldi en la Ciudad de México, mi madre no daba crédito a tamaña barbarie presidencial. Menos creía que aquella abnegada, discreta y piadosa abuela hubiera permitido a su esposo el presidente ordenar tales atrocidades: el asesinato de decenas de estudiantes universitarios. Para mi madre, Guadalupe Borja representó desde ese momento una figura manchada de sangre.

La masacre en la Plaza de las Tres Culturas, aquel 2 de octubre, ha pasado a la historia como un crimen de lesa humanidad. Fue el suceso que vino a mostrarle a la sociedad mexicana la imagen más acabada de lo que realmente es el papel de primera dama: una encubridora, leal hasta la deshonra, un as bajo la manga del poder presidencial, para postergar el silencio, para desviar la mirada.

Mientras que en la estrategia política, las primeras damas parecían cumplir con un papel protocolario, sin atribuciones oficiales y que las ubicaba en diferentes momentos como escoltas del presidente, en los hechos no fueron únicamente las mujeres que durmieron con el poder, sino, muy al contrario, son —cada una en su momento— las principales solapadoras, cómplices por omisión o silenciadoras de la represión, el saqueo y la destrucción del país.

Solo el tiempo y la labor periodística, a la que he dedicado gran parte de mi vida, me han permitido ordenar y leer con mirada crítica lo que, en su época, pasó por mis oídos como pláticas incomprensibles sobre el acontecer político del país, pláticas acaloradas que casi siempre tenían lugar en la cocina que mi madre atendía en el mercado San Camilito, mientras ella ponía el último toque a la salsa de molcajete o echaba tortillas al comal para las costillas asadas que preparaba los siete días de la semana en aquel lugar.

Años después comprendí que, cuando picaba ajo, jitomate, cebolla y chile para sazonar sus guisos o cuando echaba tortillas al comal y empezaba a hablar sobre aquellas notables mujeres, mi madre decía más de lo que quería y mucho más de lo que yo podía entender a los 12 años, y que su sarcasmo y mofa sobre la gran señora del Palacio Nacional marcaría con imágenes sólidas una buena parte de los largos meses que pasé escribiendo, una vez que me decidí a hacerlo, sobre aquellas damas.

Mi madre tenía palabras e ideas jocosas en torno a aquellas señoras distinguidas; los señalamientos salían de su boca cargados de una ironía punzante, tan deliciosa como los frijoles negros de olla con los que servía las costillas asadas, pues ella lograba verlas tal cual eran, por más que la prensa de aquellos años hacía todo para manipular, mentir, tergiversar y esconder la información real, como lo hizo con el asesinato de la familia Jaramillo Zúñiga, así como el ataque y la matanza de estudiantes en Tlatelolco, cuya información se propaló de boca en boca como fuego alimentado por gasolina.

Con su voz suave y firme, mi madre no se dirigía a nadie en especial cuando se refería a la inconmensurable fortuna de la que hacía grosera ostentación la jalisciense Soledad Orozco García, esposa del último general presidente, Manuel Ávila Camacho, o a la también acaudalada y petulante michoacana Beatriz Velasco Mendoza, quien solapó a su marido veracruzano Miguel Alemán Valdez, el primer presidente civil, en el despilfarro de recursos para construir la fastuosa «Casa de los presidentes», en Los Pinos, porque su familia, se decía, vivía incómoda en la residencia presidencial, la «Casa del pueblo», que habían habitado la señora Amalia Solórzano Bravo y el general Lázaro Cárdenas del Río.

Tampoco intentaba intercambiar impresiones sobre hechos que conocía de primera mano. Hablaba como si de pronto entrara en un estado de lucidez y reflexión sobre aquellas familias que se transformaban en monstruos apenas llegaban a la residencia presidencial. La perspectiva crítica de mi madre tenía sus bases en charlas que llegaba a tener con mi padre, entonces, uno de los comandantes del cuerpo de granaderos de la Policía de la Ciudad de México y en cuyo Ford 56 recorrimos, sin que yo pudiera comprender, en octubre de 1968, la militarización de gran parte de la capital, con tanquetas escondidas en algunas zonas.

Años después llegarían otras de aquellas peculiares damas que usarían todo el poder y sus influencias políticas ante el Vaticano, siempre sombrío y permisivo con los soberanos, para conseguir una tan escandalosa como chusca y muy sospechosa anulación de sus anteriores matrimonios por la Iglesia católica. Así pudieron casarse en segundas nupcias: Marta Sahagún Jiménez con Vicente Fox Quesada y la actriz Angélica Rivera Hurtado con Enrique Peña Nieto. Y así le fue al país con un historial negro, regado por todo el territorio, que dejaron las dos.

Las primeras damas han sido figuras clave en la política mexicana, sus escándalos y sospechas, más allá del simple reflejo de las administraciones de sus esposos, son un reflejo del clima político a su alrededor. En una faceta más cercana y menos formal del poder, ellas se han movido en diferentes dimensiones que las ponen como actoras en la alta política, la moda y lo social. Me atrevo a decir que sin ellas aquella dictadura perfecta que encabezaron los partidos Revolucionario Institucional (PRI) y Acción Nacional (PAN) habría quedado coja e incompleta.

Por siete décadas, las primeras damas formaron un universo alterno: «dueñas de los secretos de Estado; de confidencias que no deben susurrar ni en sueños», como escribió María Teresa Márquez en *Las mujeres y el poder*.

Puede inferirse entonces que algunas presentaron la cara de la hipocresía y, por el interés compartido con sus esposos por el poder embriagador que da la presidencia de la República, pospusieron su rompimiento y la separación formal hasta el término del sexenio, durante el cual aprovecharon para que familiares o amigos hicieran jugosos negocios al amparo de aquel poder. Como pasó en los sexenios de Miguel Alemán Valdés, Adolfo Ruiz Cortines, Adolfo López Mateos, José López Portillo, Carlos Salinas de Gortari o Enrique Peña.

Algunas mujeres callaron porque, a su manera, estaban convencidas de que eran un complemento fundamental en la formación del sexenal «salvador de la patria». Otras, de plano, tomaron la decisión de pasar sin poner atención, solo pegadas a la espalda de su flamante marido. En el ascenso, algunas cruzaron la línea que divide lo público de lo privado; lo que era del país y lo que era de ellas. Estos fueron los casos de María Esther Zuno de Echeverría, Marta Sahagún de Fox, Carmen Romano de López Portillo, María de los Dolores Izaguirre de Ruiz Cortines, Angélica Rivera de Peña o Margarita Zavala de Calderón, cuya moral y desempeño fueron tan cuestionables como ominosos.

En la vida de esas mujeres se desbordó la imaginación y se sobrepasaron los límites de la indiscreción. Los señalamientos populares las han tildado desde arribistas frívolas hasta mujeres ambiciosas y vividoras del erario, y quienes solaparon abiertamente los diversos actos de barbarie cometidos contra la población civil.

Ante los actos de corrupción e impunidad que algunas de estas protagonizaron en su papel de primeras damas, poco o nada pudieron hacer ni alcanzar las estrategias públicas para salvarlas de convertirse en las mujeres más odiadas del país. Así, la gastada idea de mostrarlas como protectoras de la nación o madres de los mexicanos ha quedado en una burda farsa ante los ojos de quienes advierten en ellas la imagen de simples aventureras del poder.

*

Por las páginas de este libro desfilan las historias oscuras del país sobre aquellas mujeres que, a su manera y con sus comportamientos, omisiones y silencios, marcaron una etapa de la historia de México a partir del 1.º de diciembre de 1946. Ponerlas en perspectiva ofrece un nuevo panorama sobre cómo la represión, la tortura, el pillaje, la desaparición, el nepotismo y la corrupción se convirtieron en una regla más que en la excepción.

Aunque algunas de ellas eran mujeres preparadas, de familias informadas y recorrieron el país con su esposo por candidato presidencial, la historia las ha hecho pasar como mujeres sumisas, de escaso entendimiento y poca inteligencia. Una excusa perfecta para no responder a ningún cuestionamiento y mantenerse al margen de cualquier responsabilidad.

Así podría explicase que la esposa de López Mateos no supiera nada sobre la violenta represión que ordenó su esposo; que la de Díaz Ordaz ignorara el asesinato y la desaparición de estudiantes; que la de Echeverría pasara de noche por la residencia presidencial, aunque su esposo fue uno de los pilares de la represión, tortura, asesinato y desaparición de estudiantes, insurgentes y supuestos guerrilleros. A su vez, la de López Portillo optaría por darse gran vida de señora a costa del erario.

En años recientes, la esposa de Salinas ignoró decenas de asesinatos de políticos opositores. Asimismo, tanto la de Zedillo como la de De la Madrid fueron tristes sombras; la de Fox fue una mujer ambiciosa con una agenda propia que ayudó a su marido a entregar la seguridad pública del país a Genaro García Luna. Mientras, la de Calderón, también con ambiciones políticas propias, cerró los ojos ante la barbarie y el baño de sangre en el gobierno de su esposo, y cerró los ojos y los oídos al encumbramiento final de García Luna. Finalmente, la de Peña no solo ignoró la barbarie del gobierno de su marido, sino que quedó atrapada en los señalamientos de una abierta y desenfrenada corrupción.

Perfilar el papel de cómplice que jugaron aquellas primeras damas permite señalar un puesto de cargo informal, cuyos fines altruistas pasaron altas facturas al erario, fomentando ansias de aventura, amor, sed de venganza, dinero y afán de poder. Sus acciones pasaban por alto desapariciones, tortura, ejecuciones y asesinatos masivos de rivales políticos, líderes sindicales, estudiantes, luchadores sociales, maestros y personas de a pie; o trataban de desviar su atención mediática. Sobre esta línea, Fabricio Mejía Madrid ofrece una razón clara de por qué las primeras damas no pueden simplemente justificarse con el argumento de que solo eran las esposas y no ostentaban un cargo público, al señalar: «Quien no se plantea la existencia del mal da el primer paso hacia él. Hay algo crudo en esa actitud: la libertad de no saber, de no enterarse, de voltear la cara».

*

Desmitificar a las esposas de los presidentes civiles es un acto de justicia porque solo así podrá entenderse la consolidación del régimen político, económico y social que impuso el PRI a partir del 1.º de diciembre de 1946 y que entre 2000 y 2012, a pie juntillas, adoptaron las dos administraciones emanadas del PAN.

Estos perfiles crean una imagen del lado oscuro de México que debieron conocer aquellas mujeres que, pragmáticas y convencieras, con las mismas *mañas* que el marido y sus colaboradores, dejándose seducir por intereses extraños y ambiciones personales, tuvieron el privilegio de estar en la intimidad del poder: el poder del poder.[1]

---

[1] Además de la bibliografía existente sobre las primeras damas, para la elaboración de este libro se recurrió, como fuente primaria, a documentos, correspondencia y periódicos localizados en la Hemeroteca Nacional, en los que prevalece un tono idílico y de sometimiento al poder presidencial.

# 1
# MARÍA IZAGUIRRE, LA VERDAD OCULTA

Nombre: **María de los Dolores Izaguirre Castañares**
Nacimiento: **11 de noviembre de 1891, Mazatlán, Sinaloa**
Fallecimiento: **18 de enero de 1979, Ciudad de México**

Esposo: **Adolfo Ruiz Cortines (1889-1973)**
Periodo como primera dama: **1952-1958**

Se puso de rodillas a un lado de su cama y cerró los ojos. Colocó sus manos entrelazadas a la altura de su pecho y permaneció así unos instantes. Separó las manos, comenzó a persignarse. Era la mañana del domingo 3 de julio de 1955. Ningún ruido interrumpía las palabras que se alzaban fuerte y claras de su boca:

—En el nombre del Padre, del Hijo y del Espíritu Santo.

La mujer iba descalza y vestía un traje sastre negro. Al terminar su rezo volvió a la postura suplicante de manos entrelazadas frente al pecho; entonces susurró con una cadencia parecida a la letanía:

—Dios te salve, María, llena eres de gracia, el Señor es contigo. Bendita tú eres entre todas las mujeres…

Los techos de la recámara eran altos; blancos y limpios como la bóveda de una iglesia. Su vestimenta oscura contrastaba con el esmerado aseo de la habitación, con la ropa de cama impecable, con las cortinas casi transparentes, con el fino tapizado de color perla de las paredes. Le gustaba pensarse como el elemento sobre el que giraba ese universo de orden.

—Ruega por nosotros los pecadores… —siguió, pero sus palabras de a poco fueron apagándose, hasta que la última palabra fue inaudible hasta para ella—: ahora y en la hora de nuestra muerte…

Pulcra, ordenada y silenciosa, así era aquella colosal mansión.

María Izaguirre se puso de pie y avanzó unos pasos hasta su tocador francés; suspiró hondo y revisó con cuidado su peinado en complicados y voluminosos chongos tiesos, sostenidos hacia arriba por generosas capas de laca. Su cabello recogido recordaba a las estrellas de la época de oro de Hollywood. Su imagen era la de una mujer madura impecable, refinada, de caderas anchas y estatura media.

Buscó en uno de los cajones un preciado prendedor de oro con forma de cruz. Se lo colocó. A sus 64 años tenía una cuidadísima tez y una expresión de sobria elegancia. Su imagen era la de una mujer que sabía manejarse en cualquier medio, que había nacido sabiendo que alrededor de ella orbitaba la gente; nunca al revés.

Se levantó y fue hacia el gran ropero repleto de vestidos y prendas de diseñadores de alta costura: Elsa Schiaparelli, Hubert de Givenchy, Christian Dior, Cristóbal Balenciaga, Coco Chanel, Ives Saint Laurent, Jeanne Lanvin. En su guardarropa eran comunes las sedas y una surtida colección de estolas de mink: tejido con zorro, visón, armiño y mantillas españolas. Ojeó su exclusiva colección de zapatos, eligió unos de color aperlado.

Elegante fue la capa-abrigo negra coronada de mink que eligió y se puso sobre los hombros con ligereza; por último, tomó una bolsa negra de piel y salió de su habitación a paso ligero pero rápido.

Antes de salir de la residencia se asomó por los ventanales para aspirar y disfrutar la vista de los jardines donde deambulaba el centenar de gatos que adoraba y había hecho adoptar.

Allí, en el centro máximo de mando en México, María Izaguirre tenía sus espacios propios y los conocía casi a ojos cerrados, era una mujer acostumbrada a moverse en la alta sociedad: era una protagonista gozosa del poder.[1]

Aquel domingo, María Izaguirre, la Doña, como le decían periodistas, fotógrafos, funcionarios de primer nivel y amigos, entraría en la historia del país: se convertiría en la primera mexicana en votar en una elección federal.

Originaria de Mazatlán, Sinaloa, criada en el puerto de Veracruz y educada en el aristocrático Colegio del Sagrado Corazón de Jesús, en San Luis Potosí, María Izaguirre era una mujer elegante, de manos finas que sabían tocar el piano, conocedora de varias lenguas. Tenía ojos grandes y brillantes, gusto por la moda y era de buena familia de la élite naval-militar: fue hija de María de los Ángeles, *Angelita*, Castañares y de Manuel Edmundo Izaguirre Noriega, capitán de navío y primer director de la Escuela Naval Militar de Veracruz, cuando el porfiriato parecía sólido como una roca. A su vez, sus hermanos también eran distinguidos miembros de la Marina y Armada Nacional: Rafael, capitán de altura, y Luis Izaguirre Castañares, capitán de navío.

De complexión física mediana, esquivo, astuto y taimado, su esposo, Ruiz Cortines, envió el 9 de diciembre de 1952 una iniciativa para reformar la Constitución con el fin de conceder a la mujer el derecho a votar y ser elegida en comicios federales. Aquel documento navegó por los pasillos de la Cámara de Diputados y pasó de una oficina a otra hasta que finalmente se aprobó el 17 de octubre del año siguiente.

El voto a la mujer en elecciones federales formaba parte de las estrategias de Ruiz Cortines para apagar el fuego del fraude de

---

[1] «Si con pocos adjetivos pudiera describir a las primeras damas de los últimos 40 años, llamaría a doña María Izaguirre, gozosa; a doña Lupita Borja, enferma; a María Esther Zuno, enérgica y poderosa, y a Paloma Cordero y Cecilia Occelli, discretas. De doña Carmen Romano mejor me reservo el juicio», escribió María Teresa Márquez en *Las mujeres y el poder*, México, Diana, 1997.

los comicios de 1952, cuando las mujeres salieron a la calle para apoyar a su rival, el general Miguel Henríquez Guzmán, quien no solo apoyaba conceder el voto a la mujer, sino la igualdad política plena entre hombres y mujeres. Cortines, por otro lado, era un conservador que consideraba que la política era una tarea exclusiva para hombres. De hecho, fue la mano de María Izaguirre en aquella iniciativa, que ni el general Cárdenas había podido hacer aprobar en su gobierno, la que acabó por inclinar la balanza.

Ese domingo las fotos retrataron a una mujer elegante, de porte íntegro, quien llegó temprano a la casilla, realizó el acto protocolario de antemano trazado, dándole su tiempo a cada acción, engalanándola, con sonrisas precisas y un semblante serio que hizo sentir a los presentes que ella misma, la Doña, había sido la única persona detrás de aquella victoria electoral; pero, más importante, que pareció borrar cualquier duda sobre la legalidad respecto a la atropellada votación que llevó a su esposo a la presidencia. Aquel rumor de robo se disipó cuando María deslizó cuidadosamente la boleta marcada en la urna y, enseguida, un coro de aplausos enalteció la bendita sonrisa de la primera dama.

\*

María conocía lo que implicaba el papel de primera dama, pero también supo cómo sacarle provecho. Apenas llegó a Los Pinos, identificó a todas las damas de la aristocracia que no la aceptaban desde la época en la que su esposo era gobernador de Veracruz.

Ruiz Cortines llegó a Los Pinos en un ambiente hostil, derivado del saqueo del grupo alemanista, de la inflación y de un estancamiento de la economía que propiciaron una devaluación del peso en 1954, además del descontento de los sectores agrario, educativo y ferrocarrilero y de una violenta represión a seguidores de su contendiente en la votación de 1952: nunca se conoció el número real de muertos y heridos en la Alameda, aunque se habló de entre 300 y 500 desaparecidos. La represión se prolongó por semanas, que se hicieron meses.

El presidente viejito, lo llamaban en tono de burla, y había quienes, en forma equivocada, estaban convencidos de que, por la edad, sería el *patiño* del joven Miguel Alemán. Los gobernadores alemanistas: Tomás Marentes Miranda, de Yucatán; Alejandro Gómez Maganda, de Guerrero, y Manuel Bartlett Bautista, de Tabasco, sentirían en carne propia que el viejito era un político de hondos rencores y venganzas despiadadas. Los tres serían obligados a renunciar a la gubernatura de su estado cuando Adolfo Ruiz fue nombrado presidente.

Al llegar a Los Pinos, Izaguirre hizo construir un elevador a sus aposentos, así como llevar su piano y una escultura tallada en tamaño natural de la Virgen de los Dolores desde su domicilio familiar. La presencia de *La dolorosa* vino a convertir aquella sala en espacio de oración, pero también en sala de juegos de apuestas mayores: póker y canasta uruguaya. Fueron memorables las largas partidas nocturnas para apostar que, a la vista de la Virgen, ocurrieron en ese sexenio.

Fiel devota de la Virgen de los Dolores, Izaguirre no dejó pasar la oportunidad de mostrar su fe el día anterior a la toma de posesión de su esposo, que tuvo lugar en el Palacio de las Bellas Artes de la Ciudad de México: «Mi presencia en un templo en vísperas de iniciarse las gestiones del nuevo gobierno, la aproveché —dijo— para pedir a Dios conceda a mi esposo acierto, energías y valor para bien de la patria».

A partir del 1.º de diciembre de 1952, se le abrirían todas las puertas a María, o casi todas, porque lo sabía, no era bien vista por la Liga Nacional de la Decencia, grupo de mujeres adineradas de ultraderecha, que predicaban la buena moral y las buenas costumbres, entre las que sobresalía la esposa del expresidente

Manuel Ávila Camacho, Ana Soledad Orozco García, gran amiga y antecesora de Beatriz Velasco, esposa del expresidente Miguel Alemán.

La rechazaban porque conocían los derroches que existían en Los Pinos y que su esposo, a pesar de que como candidato fue enfático cuando condenó las desviaciones, el dispendio, la corrupción, la frivolidad, el nepotismo[2] y el amiguismo, cuando llegó al poder todo quedó solo en buenas intenciones: Ruiz Cortines no se atrevió a terminar con las formas de operar del poder, porque en realidad, desempeñaba un personaje que, si bien parecía mirar a veces con aire de bondad de abuelo, resumía la historia negra del PRI y sus presidentes en la República.

La Doña disfrutaba del poder y hacía amistad con personajes de ese mundo como el cronista, poeta, ensayista y escritor Salvador Novo, con quien se dejaba ver de vez en vez. También se hizo cercana del célebre periodista y escritor Luis Spota.

Ella le pidió a uno de sus hijos, el piloto Mauricio Locken Izaguirre, e hijastro mayor de Ruiz Cortines, mudarse a vivir con ellos en el chalet inglés de Los Pinos. Sin pudores y sin moral de su esposo para evitar el nepotismo, Mauricio Olaf, hijo del empresario noruego Olaf Locken, nacido el 2 de mayo de 1927, alcanzó el grado de mayor en la Fuerza Aérea Mexicana (FAM) y fue piloto responsable del avión presidencial. En abril de 1953, ya con negocios al amparo del poder, se presentó como rejoneador en la Plaza de Toros de la fronteriza Ciudad Juárez, hasta que en enero de 1963 llegó a la Plaza México y, al año siguiente, el portugués Joao Brilha do Matos le dio la alternativa en el puerto de Acapulco. Agobiado por una enfermedad incurable, el sábado 9 de enero de 1988, se suicidó.

---

[2] Cuando Adolfo Ruiz Cortines llegó a la presidencia de la República, su único hijo, Adolfo Ruiz Carrillo, permaneció en el empleo que tenía en una oficina de Petróleos Mexicanos (Pemex), quedó marginado de toda actividad presidencial, aunque algunos historiadores, como la guanajuatense Doralicia Carmona Dávila, señalan que le pidió salir del país porque sería un estorbo para la administración ruizcortinista.

Indiscreta con el poder que le otorgaba una posición inexistente para la prensa únicamente para rellenar las páginas de sociales y con el perdón de la Iglesia católica, por su devoción a la Dolorosa, y cuyos jerarcas en la Ciudad de México recibían cada año un auto nuevo, con las atenciones de la primera dama, para facilitarles su trabajo de evangelización, la mano negra de María Izaguirre también intervino para que sus hijos y un círculo íntimo de amigos hicieran múltiples y pingües negocios a la sombra del poder, y a espaldas. Si eso se podía, porque a los ojos del presidente nada escapaba y la seguridad de ella estaba a cargo de una guardia permanente del Estado Mayor Presidencial.

Bajo las premisas de austeridad y debilidad del mandatario, así como amenazas de ir contra funcionarios corruptos y pillos, para quienes necesitaran favores presidenciales solo había un camino; es decir, ponerse a los pies y servicio de una primera dama ávida de dinero, mucho dinero.

Aunque acotada, sabiéndose de cierto la debilidad o flaqueza única de su marido el presidente, por más que las malas lenguas señalaran que nunca mostraba amor por él y que desde 1941 había señalamientos abiertos y acusadores sobre un matrimonio arreglado, para darle imagen de familia al seco y parco Ruiz Cortines, cuando hacía una carrera política sólida que en 1944 lo llevaría a la gubernatura de su estado.

Ella, por su parte, puso todo el interés en capitalizar su momento y la mira en las guardianas de la moral de la época. «No se salva mucho de ser acusada de corrupción, como lo señalara en varias ocasiones el eterno cacique de San Luis Potosí, Gonzalo N. Santos, el famoso Alazán tostado —uno de los símbolos permanentes de la corrupción del PRI—, al acusar: María gana más con los burdeles que regentea en Veracruz», como escribió Fernández de Mendoza en *Conjuras sexenales*.

La incursión de María de los Dolores en asuntos poco honorables le tiró casi de inmediato esa aureola de honestidad que cubría a las primeras damas. Hubo señalamientos mordaces indicando que no solo regenteaba burdeles en el estado de Veracruz desde que Ruiz Cortines llegó a la gubernatura el 1.º de diciembre de 1944, sino que, a escondidas de su marido, imponía, asociada pícaramente a los secretos de alcoba o predominio de intimidad, su influencia para la apertura de bares y centros nocturnos en el Distrito Federal, burlando la mano dura del regente Ernesto P. Uruchurtu Peralta, político sonorense que pasaría a la historia como el Regente de Hierro.

Si tuvo Ruiz Cortines la idea o no de tener un matrimonio por conveniencia, eso pasó a segundo plano, Mariquita se propuso aprovechar todo a partir del momento en el que su esposo tomó posesión, aceptó mudarse a Los Pinos y construir allí su propia residencia presidencial.

\*

Muchas historias se tejieron en torno a la primera dama y su devoción por la Virgen de los Dolores. Por eso, quizá, recibió en abril de 1951 con buenos augurios las convincentes plegarias del obispo de Toluca y cura de dudosa reputación, Arturo Vélez Martínez, y el primo de este, político influyente e inmoral, Alfredo del Mazo Vélez —quien había gobernado el Estado de México de 1945 a 1951 y tenía largas ambiciones presidenciales—, para recurrir a millonarias colectas de limosnas con el fin de levantar una catedral en la capital de aquella entidad.

Misericordiosa, devota, influyente y esposa del todavía secretario de Gobernación, puso manos a la obra para apoyar la recolección de «limosnas» entre personajes y señoras pudientes. El panorama se amplió en octubre de aquel año cuando su esposo fue ungido como precandidato presidencial, único, de todos los priistas del país.

Donativos y limosnas llegaron contantes y sonantes a las cuentas del Patronato Pro Construcción Catedral de Toluca.

«La mendicante institución percibió un brevísimo, pero generoso paisaje de dinero y, convencida del piadoso recibimiento, extendió la charola a rifas y sorteos mayores: de residencias a motocicletas, automóviles y electrodomésticos, al menos esa fue la promesa»,[3] de la mano piadosa de doña María que, con paso firme, se enfilaba como inquilina de Los Pinos.

María Izaguirre elevaba sus plagarías monetarias en reuniones con esposas de los funcionarios del gabinete, en encuentros con las primeras damas de los estados o en su círculo cercano de amigas que habían desplazado a la Liga de la Decencia y entre las que sobresalían Carmita Hernández de Mestre, Lucía Hernández, Mercedes de la Fuente de Stoffet, Alma del Monte y Fernanda Camou, además de sus grandes amigas veracruzanas de la familia Del Olmo, María Celis de Pérez Martínez, las Varela, Conchita Ramírez Cano y Esperanza Ramírez Vázquez.

Entronizada como primera dama, doña María mantuvo el llamado y sus fervorosas plegarias para apoyar al representante de Dios en suelo toluqueño y, además, primo hermano del señor exgobernador y luego senador Del Mazo Vélez. La asociación automática de los apellidos Izaguirre Castañares, Ruiz Cortines, Del Mazo y Vélez se convirtió en un infalible picaporte para el obispo Arturo Vélez Martínez. El dinero le caía del cielo o de incautos creyentes.

El cielo escuchó sus plegarias y rezos porque, en una partida nocturna de póker de alto calibre y canasta uruguaya con sus amistades en la residencia presidencial, la bondad del Creador o la complicidad de María Izaguirre permitió al patronato incluir en las rifas una mansión en Lomas de Chapultepec.

Como se documenta en *Negocios de familia,* la fe se apagó al cabo de unos años, cuando Adolfo López Mateos ya despachaba en la silla presidencial el día en que en diligencias ordinarias se

---

[3] Francisco Cruz Jiménez y Jorge Toribio Cruz Montiel, *Negocios de familia, biografía no autorizada de Enrique Peña Nieto y el Grupo Atlacomulco,* México, Planeta, 2009.

descubrió que el patronato había desaparecido las millonarias ganancias íntegras de las generosas limosnas.

La suavidad de trato y la dulzura del obispo no pudieron ocultar la quiebra ni los malos manejos del organismo.

Los donativos se evaporaron en las manos del apacible excura de Atlacomulco, Vélez Martínez. Con toda su finura, el fraude escandaloso de aquellas extrañas formas de entregar limosna se propaló cuando el obispo decidió confiar en la intervención celestial y no entregar la residencia prometida en Lomas de Chapultepec.

El escándalo se volvió un martirio perpetuo. [El periódico] *Excélsior* contrató al despacho J. de J. Taladrid para llevar el caso y este se lo entregó al entonces joven abogado postulante José López Portillo, quien se vio en la penosa necesidad de escudriñar en todas las cuentas, auditar y exigir el embargo precautorio de los bienes conseguidos a través de las rifas, al grado que el obispo de Toluca estuvo a punto de pisar los corredores de la penitenciaría. Para evitar un vergonzoso bochorno familiar por esas pillerías, el ya senador Del Mazo Vélez llegó a un acuerdo: liquidó, muy en silencio, la deuda de su primo hermano.

A pesar del escándalo, Vélez Martínez descubrió la grandiosidad del tributo terrenal o el amor de Dios porque milagrosamente se levantó como el hotelero más poderoso del Valle de Toluca.

Aunque nunca se le investigó ni se le asoció al obispo pillo, por ser esposa de quien era: el expresidente enemigo de la corrupción, doña María Izaguirre terminaría, con este y otros negocios dudosos, como propietaria de al menos 90 condominios en la Ciudad de México.

*

Las partidas nocturnas de póker de doña María eran voz pública en el aire; en el texto publicado en 2017 *María de mis Marías sección biográfica*, Geobanys Valle Rojas rescata una anécdota de María Félix a propósito de María de los Dolores Izaguirre Castañares: «A Ruiz Cortines lo traté en cenas de Los Pinos y alguna vez jugué canasta con su mujer, que, por cierto, era muy tramposa. Estaba acostumbrada a jugar con un grupo de lambisconas que se dejaban ganar para congraciarse con ella».

De que era tramposa y calculadora, ya había dado pruebas de ello. Por eso no causa extrañeza la anécdota, no desmentida aún, de la lección que planeó para sus eternas enemigas, quienes ya se habían convertido en una punzante piedra en su zapato. Arropada por la comodidad de su residencia y el poder que le confería ser la consorte del presidente, María Izaguirre consideró que ya era tiempo de usar una de sus mejores cartas para cobrar una venganza personal: el periodista Luis Spota.

Desde que se enteró de su existencia y su trayectoria, María Izaguirre supo que este podría ser la flecha envenenada que necesitaba para pegar directo al corazón de aquellas damas de la Liga de la Decencia del alemanismo, quienes llevaban tiempo cuestionado su moral como primera dama *regenteadora* de burdeles y otras obras no menos pecaminosas, a las que ella no prestaba atención, como presuntos encuentros íntimos con elementos del Estado Mayor (para eso servía el elevador). Astuta como era, le contó a Spota una serie de chismes exclusivos de algunas de esas mujeres, que sirvieron de eje para que, en 1956, este publicara su novela *Casi el paraíso*.

La jugada debió ser festejada a carcajadas por la primera dama, pues, por muy organizada que estuviera, la Liga de la Decencia no podría prohibir ni censurar la novela que exhibía su moral decadente y los secretos oscuros e inauditos del mundo social al que ellas pertenecían y tanto se ufanaban en maquillar.

La novela surgió con un tono duro y hasta divertido. *Casi el paraíso* muestra la apariencia del poder, los secretos incomprensibles del alemanismo y los horrores de esa sociedad corrompida e insaciable que, amparada en las ambiciones desmedidas de Alemán, intentaba mantenerse en el poder mediante la reelección, con el pretexto, entre otros, del impacto que tendría la guerra de Corea que estalló el 25 de junio de 1950 y se prolongó hasta julio de 1953.

El argumento del libro debió levantar ámpula a más de uno, pues apareció como una fotografía nítida que exhibía en dos historias aparentemente inconexas a un mismo personaje: Amadeo Padula —un joven humilde, hijo de una prostituta— y el príncipe Ugo Conti —un vulgar cazafortunas, manipulador, gigoló y seductor profesional— que se las ingeniaría para mezclarse con la alta sociedad del alemanismo y ganarse su adulación y zalamería. La crítica es mordaz porque pone en evidencia la opulencia y mediocridad que caracteriza a cada uno de los miembros de la clase política priista, egresada de la universidad, y a la burguesía ridícula que se enriqueció a manos llenas durante esos años.

En uno de los fragmentos más importantes se explica cómo se hacía el enriquecimiento ilícito desviando dinero del gobierno:

—Me alegro —continuó Rondia—. Usualmente los contratistas que operan con el gobierno obtienen una utilidad neta que fluctúa entre el 10 y el 25%. Sumada, esa utilidad asciende a algunos cientos de millones de pesos al año [...] Y he pensado esto: crear una empresa, una sociedad anónima, de la cual tú serás el presidente. Haremos, claro, buenos trabajos [...] Calculo que cada año nuestra organización puede recibir órdenes por algo así como unos 500 millones.

—Cincuenta o sesenta para nosotros, conservadoramente —calculó Ugo, ante el regocijo de Rondia.[4]

---

[4] Luis Spota, *Casi el paraíso*, México, Grijalbo-Debolsillo, 2004, pp. 426-427.

Spota fue la voz de la dulce venganza de María Izaguirre, quien de paso dio las pautas para dibujar la corrupción no solo de su época sino de todo el *modus operandi* de la clase gobernante hasta hoy.

*

En la trama de simulaciones, Ruiz Cortines se las había ingeniado para engañar sobre su personalidad a todo el mundo e inducir a conclusiones erróneas sobre sus ambiciones políticas. Tanto engatusó e intrigó, primero desde la gubernatura de Veracruz y luego de la Secretaría de Gobernación, que el presidente Miguel Alemán Valdés, un político veracruzano tramposo, corrupto, voluble, frívolo y marrullero, como se ha documentado con amplitud, cayó en la ratonera y en 1952 lo impuso como su sucesor.

El lenguaje corporal de Adolfo, carente de animación y expresiones —acaso una risa de vez en cuando—, era un acertijo hasta para la primera dama, quien pocas veces supo bien a bien cuándo su marido sentía vergüenza, emoción, miedo, alegría, ira o tristeza. Como manipulador nato, Ruiz Cortines parecía diestro en el arte de despistar a sus colaboradores cercanos, una socorrida estrategia aprendida en las largas y eternas partidas de dominó con sus amigos en las cantinas de mala muerte, y otras menos honorables, como en los prostíbulos de las calles de Bravo, o en el tradicional café La Parroquia del puerto de Veracruz o en una mesa en el portal del hotel Diligencias.

Pulcro, parco, elegante, mañoso y supersticioso, el rostro enjuto de Ruiz Cortines combatía a los demonios, herencia del alemanismo, y a los propios con el sombrío sombrero gris con forma inglesa, que en las giras sostenía a unos centímetros del pecho, le servía como escudo para evitar abrazos y contacto físico popular, lo más que se pudiera. Subir al avión se convirtió en una tortura, no viajaba en uno con 13 pasajeros, hacían bajar a uno; y si decidía hacerlo, lo hacía con un trozo de madera en uno de los bolsillos de su pantalón.

Sobre la personalidad tramposa y el carácter de Ruiz Cortines, el periodista Erasmo Fernández de Mendoza rescata en *Conjuras sexenales, 50 años de política a la mexicana,* una anécdota que lo pinta de cuerpo entero:

> Cuando era novio de su primera esposa, Lucía Carrillo, siendo él un joven modesto y hasta pobre, la familia de la muchacha que era adinerada, se opuso [...] a la boda, pero Fito, como le decían entonces a Adolfo Ruiz Cortines, ideó una infalible artimaña para lograr su propósito de que Lucía fuera su esposa: fingió estar gravemente enfermo, al borde de una tumba, y entonces le rogó a la familia Carrillo que le dejara casarse con su hija, «en artículo de muerte» [...] condolidos del «moribundo», aceptaron hacer esa buena obra y en su «lecho de muerte» casaron entonces a Lucía con Adolfito, quien, al poco rato de la boda, se empezó a «recuperar milagrosamente», se levantó y propuso [...] brindar por la novia [...]. El general Francisco Maciel, testigo del novio en la ceremonia, dijo después: «este Fito Ruiz es un gran actor. Yo llegué a creer que estaba verdaderamente moribundo».

Blanco del escarnio público desde que inició su campaña, irónico y escrupuloso con el dinero que manejaban los funcionarios bajo su mando, desde que era gobernador de su natal Veracruz y luego como presidente, adusto, de mirada severa, hay algo que no se le puede regatear: Ruiz Cortines fue creador del concepto del *tapado* y, por consiguiente, del *dedazo*, una táctica partidista que permitió al presidente de la República imponer a su sucesor como candidato presidencial del PRI, y que colaboró con hacer de México un sistema de partido de dominación hegemónica con amplias características de una dictadura: por la fuerza o la violencia se concentra el poder en una persona, un grupo o una organización que actúa para sí misma.

Una de las más turbias, perversas y sombrías contribuciones del PRI a la historia política de México, que sometió a los poderes Legislativo y Judicial en un ejercicio autoritario del poder, fue el *tapadismo*,[5] que tenía particularidades que surgían del sospechoso, pragmático y veleidoso comportamiento personalista de cada presidente. El poder de un solo hombre elegía entre mentiras, verdades a medias, rumores, trampas y engaños, pero todos usaron esta maña para comprar sumisión, obediencia y una falsa veneración de sus colaboradores más cercanos, además de impunidad grupal en el gobierno siguiente.

En su momento, Ruiz Cortines tejió una maraña de enredos para dirigir la imposición presidencial de Adolfo López Mateos. La estrategia del *tapado* perduró imperturbable hasta 1994, cuando Carlos Salinas de Gortari seleccionó como su sucesor a Luis Donaldo Colosio Murrieta y, asesinado este en un acto de campaña en la fronteriza Tijuana, luego al oscuro Ernesto Zedillo Ponce de León.

Sin decirlo, poco antes de morir, Ruiz Cortines abandonó sus misterios e hizo a un lado sus dotes de brujo y embaucador. Separado de la primera dama desde 1960, aunque casi siempre vivieron y durmieron cada quien en su propia cama —porque al fin de cuentas el país no había elegido a un semental sino a un presidente, como señalaba en forma jocosa—, no le heredó ni un centavo porque su Mariquita tenía suficiente para vivir con comodidad.

En ese juego de simulaciones, María Dolores se equivocó: no pasó a la historia como la primera mujer que votó en unos co-

---

[5] Si bien el *tapadismo* tiene sus orígenes con Adolfo Ruiz Cortines, este tuvo amplios márgenes de maniobra porque Miguel Alemán Valdés sentó bases para el «civilismo y modernización del autoritarismo», como lo establece Luis Medina en *Historia de la Revolución Mexicana, periodo 1940-1952*, t. 20, cap. II, México, El Colegio de México, 1982.

micios federales en México, aunque en documentos aparece como tal. La gente simplemente la olvidó con todo y sus costosos y elegantes abrigos de mink, con sus hijos abusivos. Su imagen se disolvió en el chiste corriente y la desbocada murmuración, y la historia la siguió con su fama de *madame* ambiciosa que apostaba fuerte y hacía trampa ante los ojos de la Virgen de los Dolores.

# 2
# EVA BISHOP,
# LA TRAICIÓN AGRARISTA

Nombre: **Evangelina Sámano Bishop**

Nacimiento: **5 de junio de 1906, San Nicolás del Oro, Guerrero**

Fallecimiento: **7 de enero de 1984, Ciudad de México**

Esposo: **Adolfo López Mateos (1909-1969)**

Periodo como primera dama: **1958-1964**

La noticia del 3 de noviembre de 1957 corrió a velocidad de fuego por los más altos círculos de poder del país: Adolfo López Mateos sería el candidato presidencial que sucedería a Ruiz Cortines.

La campaña y los comicios que se realizarían el primer domingo de julio de 1958 serían un mero trámite formal, simple cuestión de tiempo: el aparato oficial y la maquinaria priista, bajo la mano firme y manipuladora del PRI, estaban listos para entronizar al inflexible pero simpático, bohemio, guapo, bonachón, carismático y divertido secretario del Trabajo y Previsión Social, de cuyo origen de nacimiento se tejerían historias interminables y su verdadero origen quedaría envuelto en la penumbra.

Con una oposición sin ideas ni propuestas, López Mateos a la cabeza, acompañado por su esposa Eva Bishop, se lanzó a una carrera desenfrenada por todo el país en actos multitudinarios. Empezaron en Querétaro con un homenaje a la Constitución; de ahí pasaron a Chetumal, Quintana Roo —el 7 de diciembre de 1957— hasta llegar a Toluca el 15 de junio de 1958. La pareja triunfal recorrió casi 40 mil kilómetros conociendo los problemas y desórdenes del país que gobernaría.

La figura menuda y entusiasta de Eva impresionaba e imponía. Pegada a Adolfo, recorrió México, aunque había rumores insistentes de que, además de dormir en camas separadas e ir cada uno por su lado en cuestiones sentimentales, Eva y Adolfo no hacían vida matrimonial y mantenían una relación fría y lejana, pero estaban «juntos» por el «interés» y el «bien» de la nación. En otras palabras, desde su candidatura simularían el matrimonio perfecto; serían en público la pareja ideal, la buena conciencia de la nación. Ella dedicaría su tiempo a cumplir como esposa, compañera y madre.

La frialdad de Adolfo se debía a que, más que la fidelidad y la monogamia, prefería la galantería, las mujeres, casadas o no, si jóvenes mejor, el boxeo, la velocidad de los autos de Fórmula 1, la parranda, el alcohol para mitigar dolores de cabeza —provocados por los aneurismas diagnosticados apenas empezar la campaña presidencial y que lo paralizaban por días—, el café en grandes cantidades y el cigarrillo —Delicados era su marca favorita; fumaba hasta cinco cajetillas por día—.

Eva Bishop era una pieza más en el tablero de ajedrez de Adolfo López Mateos y en el pequeño grupo de incondicionales que lo acompañaba desde el Senado: Gustavo Díaz Ordaz, Alfonso Corona del Rosal y Donato Miranda Fonseca, de Puebla, Hidalgo y Guerrero, respectivamente. Así lo entendió ella y, pragmática, lo aceptó, aunque muy para sus adentros nunca se conformaría con ser la otra, pues quería honrar su papel de primera dama.

Aquella súbita y secreta revelación de la precandidatura, en noviembre de 1957, llenó a Eva de gozo, uno que podría reservarse para sí misma, aunque, contradictoriamente, él se había alejado. En los siguientes meses intensos de la falsa campaña de López Mateos, como mentira era ya el matrimonio, le llegaron hervores de voces insatisfechas. Ella simplemente se dejó seducir por el poder futuro.

Estaba empeñada en convertirse en la primera dama que necesitaban los mexicanos y desarrolló un interés particular por los más necesitados. Acompañando a Fito, completó los conocimientos adquiridos a larga distancia: se hizo de informes puntuales sobre el reparto de desayunos escolares a estudiantes de escasos recursos del estado de Jalisco, y de la pareja gobernante de aquella entidad llevó consigo los principios de no humillar a los desheredados con limosnas que fomentaran la mendicidad, así como la necesidad de elaborar un plan social de recuperación y dignidad de las clases más necesitadas.

Eva conoció antes que nadie lo de la precandidatura. Fito se lo había confiado. Podía no quererla, pero tampoco arriesgaría su camino a la presidencia, por más que, como decía escondiendo la verdad, no le gustara la política, y por más que hubiera dejado de quererla, aunque, a decir verdad, en su momento mantuvo y cumplió el compromiso del casamiento civil con Eva para satisfacer los deseos de su madre, Elena Mateos Vega.

Si la amó un día, eso se lo guardó para él porque nunca hizo de lado su vida bohemia ni la de conquistador: las continuas parrandas, que terminaban en bacanales y desenfrenos en el departamento de soltero rentado con sus amigos exlegisladores Díaz Ordaz y Corona del Rosal, trío al que luego se unió Miranda Fonseca, atestiguaban el desamor y el desapego de López Mateos por Eva.

Abnegada y pragmática, Eva aceptó un papel secundario de esposa que, a mediano plazo, le redituaría poder y satisfaría sus más recónditos anhelos. Sería una especie de socia perfecta o ejemplo vivo de una familia feliz que llegaría a gobernar una nación desilusionada de políticos rateros.

*

Derivado de los severos y recurrentes dolores de cabeza que lo aquejaban, cada día más a menudo y sin cura médica, López Mateos nunca aceptaría mudarse a Los Pinos para vivir allí las 24 horas del día. Ella lo sabía y guardó el secreto: desde los años previos a la candidatura, Adolfo, Fito, soportaba aquel suplicio, que los médicos generales atribuían a un caso de severas migrañas.

Al principio, cuando pensaban que eran cefaleas tensionales o jaquecas por estrés, y luego migrañas incapacitantes, cefaleas en brotes o dolores de cabeza en racimo, le llenaban el estómago con aspirinas al todavía secretario del Trabajo, hasta que él encontró su propia cura y alivio: las bebidas alcohólicas. Cada vez más fuertes y frecuentes, los dolores se intensificaron hasta que Eva y Fito entendieron que algo estaba mal en el cerebro del funcionario y pasaron del médico general a la consulta con especialistas neurocirujanos.

El diagnóstico fue más allá de la migraña, las resacas inducidas por la ingesta de bebidas alcohólicas o simples dolores de cabeza: sufría siete aneurismas cerebrales, resultado de una golpiza que le propinaron, en la Ciudad de México, desalmados militares bajo el mando del cacique potosino Gonzalo N. Santos en 1929, cuando apoyaba la campaña presidencial de José Vasconcelos, escritor, filósofo, agente confidencial de Francisco I. Madero en Washington y exsecretario de Educación Pública.

Aneurismas cerebrales, le repitieron y aún no empezaba la campaña: mal incurable y potencialmente mortal, que evolucionaría y mermaría la salud física y facultades mentales del candidato presidencial priista Adolfo López Mateos. A pesar de eso, la campaña le sirvió a Eva para acelerar el conocimiento de los graves problemas sociales que aquejaban a un país pobre, y para buscar y encontrar posibles soluciones.

Apenas darse a conocer el resultado de los comicios de julio de 1958 y validarlos el Congreso controlado por Ruiz Cortines, Fito tomó la decisión, si no la había tomado ya, de permanecer en su casa, en donde acondicionó una recámara para enfrentar al demonio de sus dolores que, en ocasiones, lo hacían perder el sentido. A Los Pinos solo iría en horario de oficina, lo que significara esa palabra en su condición.

Él cedió a Eva el control absoluto de Los Pinos y las tres residencias del complejo: Lázaro Cárdenas o rancho La Hormiga, Miguel Alemán y Ruiz Cortines, también del Estado Mayor Presidencial (EMP), responsable de la custodia y seguridad del presidente y la familia de este.

Para la mansión Miguel Alemán, Eva pidió prestados al museo de las Bellas Artes algunos cuadros de los mexicanos Diego Rivera y David Alfaro Siqueiros para levantar el esplendor. Solicitó, además, una nueva red telefónica e ideó una forma nueva para comunicarse con la servidumbre. Si bien ella nunca habitaría Los Pinos de tiempo completo porque Fito había decidido enfrentar en casa sus repentinos dolores de cabeza y los síntomas asociados a estos: visión doble, pupilas dilatadas, cuello duro, debilidad en un lado de la cara, náuseas y hasta pérdida del conocimiento —provocados por el ensanchamiento anormal en la pared de las arterias, diagnosticado al iniciar la campaña—, aquella residencia alemanista recuperaría de la mano de sus sueños la magnificencia perdida.

Eva ocultó que, apenas iniciado su periodo presidencial, su esposo era incapaz de gobernar por aquel aneurisma cerebral, enfermedad incurable y mortal, que lo aquejaba y mermaba poco a poco sus facultades mentales, y que este controlaba los dolores recurriendo cada vez más a bebidas alcohólicas.

Los aneurismas, que podían afectarlo en cualquier parte del cerebro, lo dejaban paralizado durante días, no lograba dormir durante varias noches seguidas si no recurría al alcohol. De ha-

berse conocido y hecho público el estado de salud y su gravedad, habría sido una catástrofe para Adolfo y para el presidente
Ruiz Cortines.

Como jefe del Ejecutivo y, por lo tanto, jefe supremo de las
Fuerzas Armadas, este último debió estar enterado de que, en
1939, cuando el general Lázaro Cárdenas del Río barajaba sus
cartas sobre la sucesión presidencial y se había inclinado por el
revolucionario Manuel Ávila Camacho, general de división, este
sufrió un infarto, atribuido por médicos militares a su sobrepeso. Los militares y el presidente, general él mismo, manejaron
el tema con la más absoluta discreción. La salud de Ávila Camacho fue secreto de Estado y así pudo llegar a la presidencia
en diciembre de 1940.

A pesar de la conducta reprobable de su marido y sus secretos, que no ensombrecían el ascenso al poder, Eva se había
familiarizado con algunos de los manejos sutiles de la élite política priista y de la aristocracia gubernamental. Así, se convirtió
en una especialista en ocultar y mantener secretos. Indignada
e inquieta, entendió el juego del pequeño grupo que conformó
su esposo y apagó los juegos inquietos y desbocados de su corazón.

Ya en la presidencia, el poblano Díaz Ordaz, secretario de
Gobernación, se encargaba de cubrir aquellas ausencias pro-
longadas de López Mateos. Mientras tanto, Fonseca Miranda,
Corona del Rosal y Eva se encargaban de mantener en movimiento
la maquinaria gubernamental. El secreto de la enfermedad jamás salió de allí. Eva acaparó el manejo de toda la política social. Se hizo, casi desde el primer día, la cara más visible y amable
del gobierno lopezmateísta.

*

¿Cuántos secretos conocía Eva además del aneurisma cerebral de su esposo?

Preparada y estudiosa como era, maestra normalista, además de que desde 1925 sostenía una relación sentimental con Fito, a quien en 1937 se había unido en matrimonio civil, conocía las acusaciones que se hicieron en 1946 sobre la nacionalidad guatemalteca de su esposo y debió tener presentes los señalamientos sobre la extraña paternidad, la real, atribuida a un español, que habría condenado a su esposo a renunciar a la candidatura presidencial y, por lo tanto, le habría impedido llegar a la presidencia de la República.

Sobre López Mateos había algunas contadas certezas: se había iniciado en la política dentro del Grupo Toluca, en el que hizo amistad con el coronel Filiberto Gómez Díaz y con Carlos Riva Palacio. Empezó como secretario privado del primero y se casó con Eva, hija del político guerrerense Efrén Sámano Montúfar y Eleuteria *Lutie* Bishop, una mujer de ascendencia inglesa, dedicada al hogar. Fue tesorero de Gómez Díaz, cuando este llegó a la gubernatura del Estado de México; era su amigo, compadre y socio en algunas empresas mineras. Pero nada de sus orígenes familiares.

Los fantasmas y las sospechas sobre el nacimiento de López Meteos se prolongarían por más de siete décadas; eran inciertos su fecha y lugar de nacimiento, así como datos tan básicos como la identidad precisa de su padre.

¿A quién se le ocurrió construir un personaje y a quién inventar una vida oficial de López Mateos y su nacimiento el 26 de mayo de 1910, en el número 11 de la avenida Juárez del pueblo San Francisco Atizapán?, ¿a su madre María Elena Sóstenes Vega Mateos, para evitarle la pena del deshonor a su propia madre Guadalupe Vega y a su padre José Prefecto Mateos?, ¿para protegerse ella misma de un desliz amoroso prohibido?, ¿o lo diseñó el revolucionario Isidro Fabela Alfaro, mentor político de Adolfo, Fito para sus allegados?

¿Protegió el presidente Ruiz Cortines el secreto y el enredo de las relaciones amorosas prohibidas de María Elena Sóstenes Vega Mateos para allanarle a su secretario del Trabajo el camino legal y electoral a la presidencia de la República al tomar la decisión de imponerlo como su sucesor o fue él mismo actor en la construcción de ese personaje, una vez que decidió hacerlo presidente?

¿Cuántos de los secretos de Adolfo conocía Eva y por qué decidió callar, aunque el matrimonio estaba roto en noviembre de 1957? ¿Fue Eva cómplice de un silencio y una mentira que se ha prolongado por décadas para mantener intocable la imagen de su esposo el mujeriego y parrandero donjuán?

¿Era Eva Sámano Bishop capaz de ocultar los secretos oscuros de los López Mateos? A la luz de la historia: sí. Ocultó su enfermedad, su incapacidad física para gobernar y todos los engaños extramatrimoniales. Ocultó que su matrimonio estaba roto cuando su esposo estaba bajo los reflectores más importantes del país y que, apenas llegó a la presidencia, Adolfo le pidió el divorcio.

Las andanzas libertinas de López Mateos eran groseras, indiscretas y le mostraban a Eva que era un cero a la izquierda. Fernández de Mendoza rescata en *Conjuras sexenales* una que pinta la situación incómoda de la primera dama:

Después de la inauguración del flamante, moderno y llamativo Palacio de Gobierno [en La Paz, Baja California, el pintoresco gobernador Bonifacio Salinas Leal] le ofreció [al presidente] un baile de gala con la asistencia de los más importantes representativos de la sociedad paceña.

La fiesta era alegre, bulliciosa con buena música para bailar y con bebidas espirituosas a raudales [...] matrimonios acompañados por señoras y jovencitas muy guapas, pero una mujer en sus años 40 sobresalía de todas las demás por su impactante belleza [...] cuerpo bien formado [...] chispeantes ojos zarcos y rostro perfecto.

Iba ella acompañada por su esposo [...] de repente, el mismísimo presidente López Mateos, con la mirada alegre, caminó hasta donde se encontraba ese matrimonio [...] y, ante el asombro de todos los que estábamos allí, invitó a bailar a la hermosa señora. Ella accedió [...] el marido desvió la mirada como no dándose cuenta de la invitación a su esposa [...] López Mateos no la soltó [...] sucedió lo que los paceños hablaron por semanas [...] a las 11 de la noche [...] el presidente la llevó a sus habitaciones [...] nos quedamos petrificados.

Fito no esperó mucho tiempo, después de la toma de posesión inició trámites legales para la separación civil de Eva, con la firme intención de casarse y vivir con la jovencita Angelina Gutiérrez Sadurni, con quien mantenía una relación formal desde 1958.

*

Mientras su esposo iniciaba los trámites formales para presentar la demanda de divorcio porque se había enamorado de una jovencita, Eva se esforzó al principio por ocultar su asombro ante esta ruptura. Luego, mantuvo la sonrisa. Adolfo y ella estaban unidos por un bien superior y por el que la separación no tendría efectos inmediatos: el bien de la República. Serían por seis años, siete si se cuenta el de la campaña, el matrimonio feliz y perfecto. Serían un ejemplo para el pobre y alicaído país, aunque la disolución del matrimonio se acercaría a lo inevitable.

Sin recelos aparentes después de dos décadas de matrimonio, Adolfo no la creía capaz de revelar secretos de familia, por lo que dejó en manos de Eva todo el manejo de la política social y altruista de gobierno. Además, la hizo anfitriona de las recepciones de Estado, una especie de canciller alterna: compañera fiel y confiable en las giras internacionales.

Oficialmente, Eva no llegó a cogobernar el país, sino a cumplir con un papel, como lo harían los tres amigos: a Díaz Ordaz le encomendó el manejo de la política interna, nombrándolo titular de Gobernación; en las manos de Miranda Fonseca, su «hermano», puso la administración del Poder Ejecutivo —creando para él la poderosa Secretaría de la Presidencia—, nadie veía al presidente si él no lo autorizaba, era el picaporte, y a Corona del Rosal le dio el manejo y adoctrinamiento político a través de la dirigencia nacional del PRI, una secretaría de Estado en los hechos, responsable los seis años de la selección de candidatos a puestos de elección popular.

López Mateos solo se apropió de una facultad a la que ningún presidente renunciaría (hasta Peña Nieto): la selección del *tapado*. Y él tenía tres. A su manera, los cuidó, les dio poder por partes iguales y los puso a competir. Al final, se inclinaría por el poblano Díaz Ordaz.

Eva hizo de la ostentosa residencia Miguel Alemán una casa abierta, literalmente, al mundo entero. Superó por mucho a la millonaria conservadora Soledad Orozco y a la acaudalada Beatriz Velasco, que era marginada y automarginada de las descabelladas y fastuosas reuniones, recepciones, encuentros oficiales o fiestas que ofrecía su esposo el presidente Miguel Alemán, acompañado por su amante en turno.

Llegaron visitantes de todas partes: jefes de Estado, empezando por el general Dwight D. Eisenhower, presidente de Estados Unidos y excomandante supremo aliado en el frente de la Europa occidental en la Segunda Guerra Mundial; luego sería anfitriona de John F. Kennedy y la esposa de este, Jacqueline Lee Bouvier o Jacqueline Kennedy, y se haría amiga de Juliana Emma Luisa María Guillermina de Orange-Nassau, no otra sino Juliana, reina de los Países Bajos, a quien recibió acompañada de su esposo Bernhard, y muchos personajes más. Ninguna de las anteriores primeras damas de México podía decirse amiga de una reina; tampoco a ninguna le hizo los honores Kennedy, de la mismísima Casa Blanca.

Eva le dio una buena sacudida al país. Era una especie de Cenicienta, mujer madura, pero Cenicienta, un acto de magia pura, una revelación tal que los mexicanos vieron en ella todas las virtudes de las mujeres de su época y, si se hubiera podido, los mismos mexicanos la habrían convertido en reina, sin importar si tenía sangre azul o no, aunque es verdad que su abuelo materno era de origen inglés.

Los cristianos, porque era de familia que profesaba profundamente la fe evangelista, la llegaron a igualar a la bíblica reina Esther de Persia o Hadassá, como en hebreo se llama al mirto, arbusto de follaje denso y perenne de flores blancas. Es decir, la veían como una mujer que cultivaba la sabiduría y la humildad, y quien, de un día para otro, se encontró en un mundo nuevo y desconocido para granjearse el «favor a los ojos de todos». La Esther mexicana la llaman.

A diferencia de Adolfo, de Eva sí conocíamos sus raíces: fue la segunda de siete hijos del matrimonio formado por Efrén Sámano Montúfar y Eleuteria *Lutie* Bishop Sánchez, era originaria de San Nicolás del Oro, pequeño municipio de San Miguel Totolapan, en el estado de Guerrero, una comunidad en lo alto de la sierra Madre del Sur, conocida por el nombre de cumbres de la Tentación, y enclavada en una zona que en las siguientes décadas terminaría aprovechada por narcotraficantes como un gran sembradío para producir amapola.

\*

Hasta antes de aquel 23 de mayo de 1962 el legado de Eva parecía incuestionable a pesar de que había guardado un silencio ominoso cuando, en el gobierno de Fito, como secretario del Trabajo o presidente, impuso y arraigó, como política de Estado, la persecución, el encarcelamiento de dirigentes de grupos civiles, la desaparición de disidentes e impuso un Estado policial para que nadie pidiera cuentas al Estado ni al gobierno. Además, la cargó contra estudiantes, académicos, médicos, campesinos, copreros,[1] líderes agraristas, ferrocarrileros, dirigentes del Partido Comunista y maestros normalistas —Eva era normalista y calló—. En otras palabras, los reprimió a palos.

Eva, la Maestra de México, volteó la cabeza hacia otro lado cuando, en agosto de 1960, el gobierno de su esposo autorizó el uso de al menos 1 500 policías armados con sables, pistolas, macanas y granadas de gases contra 10 mil maestros que se revelaban contra el Sindicato Nacional de Trabajadores de la Educación (SNTE), un gremio al servicio del presidente de la República en turno, y que dejó un saldo de al menos 500 heridos.

Como mujer de alto poder, Eva debió enterarse de que había una cacería para encarcelar al maestro normalista y luchador social Othón Salazar Ramírez, guerrerense como ella, líder magisterial, quien fue obligado a pasar a la clandestinidad, y toda la fuerza represiva del Estado «se dirigió en contra de los maestros y sus dirigentes, e incluso en contra de estudiantes que los apoyaban, padres de familia y familiares que los podían proteger».[2]

También guardó silencio cuando, en 1961, su marido dio luz verde a Díaz Ordaz para que la Secretaría de la Defensa Nacional (Sedena) creara el primer complejo carcelario clandes-

---

[1] Persona que se dedica a la obtención y al procesamiento de la copra del coco. Copra: pulpa del coco que se industrializa para extraerle el aceite o, rayada, y se emplea en la preparación de dulces. Tomado del Diccionario del Español en México, de El Colegio de México: https://dem.colmex.mx/ver/coprero.

[2] Juan José Lara Ovando, *Represión sobre los movimientos sociales en México, consecuencia de la guerra fría*, Universidad de Querétaro: https://revistas.unilibre.edu.co/index.php/criteriojuridico/article/view/1541/4656 (consultado el 1.º de marzo de 2022).

tino militar: en el vergonzante Campo Militar número 1, que sería destinado para recluir, torturar y desaparecer a presos y disidentes políticos, guerrilleros, campesinos, líderes sociales y activistas.

El Campo sería más adelante la base de operaciones de la temible Brigada Blanca de la Dirección Federal de Seguridad (DFS), un instrumento paramilitar de comando independiente que servía para torturar, reprimir y ajusticiar, sinónimo de asesinato y desaparición a «enemigos» del régimen priista, y que operaría en los estados de Guerrero, Sinaloa, Chihuahua, Nuevo León, Jalisco, Puebla y Morelos.

Se hizo de la vista gorda la última semana de marzo de 1959, cuando el gobierno de su esposo hostigó, persiguió y reprimió a líderes sindicales ferrocarrileros, encabezados por el oaxaqueño Demetrio Vallejo Martínez, uno de los símbolos en las luchas obreras por la reivindicación del sindicalismo independiente.

De 3 mil detenidos reportados, durante esta etapa, 800 lo fueron por largos periodos, 150 fueron acusados de militar en movimientos desestabilizadores comunistas y por lo menos 500 enfrentaron un juicio penal. El encarcelamiento de Vallejo se dio a través del alegato de delitos imaginarios contra la República: sabotaje y disolución social. Vallejo fue indomable. Desde allí desafió a López Mateos y al secretario de Gobernación, Díaz Ordaz.

Rencorosos y vengativos, los dos volcaron, desde la presidencia, su odio contra el líder oaxaqueño: casi 12 años lo mantuvieron recluido en el Palacio Negro de Lecumberri, la prisión más inhumana del país, un penal de arquitectura carcelaria panóptica, en el que también se vivieron los momentos más negros, insalubres, crueles y de hacinamiento en la historia penitenciaria de México.

La *madre nacional* guardó un silencio funesto, como lo hizo cuando el gobierno de su esposo persiguió a los obreros, hostigó y sometió a trabajadores de Telégrafos y, en su lenguaje belicoso, transgredió la libertad sindical para castigar a los trabajadores de Petróleos Mexicanos (Pemex); y les impuso como secretario general del sindicato a un personaje que formaría su propia leyenda negra: Joaquín Hernández Galicia, la Quina.

Con sus tres amigos, al lado de quienes gobernaba, López Mateos impuso una política persecutoria y represiva para someter a maestros, intelectuales, líderes ferrocarrileros, y dio también la orden para reprimir a los maestros normalistas, mientras Eva construía una especie de camaradería indestructible con los mexicanos.

Mermado de sus facultades desde mayo de 1967, cuando sufrió un severo ataque por los aneurismas cerebrales que lo dejó postrado en cama, Adolfo vio cómo Eva tomó control de su vida, hasta ahuyentar a su nueva esposa Angelina, y cómo su heredero y amigo Díaz Ordaz se endureció todavía más y sus políticas represivas se volvieron ley.

Eva sorteó todos los obstáculos del sexenio de su esposo, bueno, casi todos, porque la increíble relación que tenía como primera dama con los ciudadanos se rompió la tarde-noche del 23 de mayo de 1962, en el momento en el que sobrevino la noticia en modo de rumor del secuestro y asesinato, estilo ejecución extrajudicial y crimen de Estado, del líder campesino, luchador social y revolucionario Rubén Jaramillo Ménez,[3] mítico heredero del zapatismo y eje del movimiento jaramillista. El rumor creció. Y en las horas siguientes, se hizo una bola de fuego.

Bajo la coordinación del carnicero Díaz Ordaz, desde la presidencia salieron órdenes para ajusticiar no solo al viejo re-

---

[3] De acuerdo con sus biógrafos, Rubén Jaramillo Ménez nació en 1898 o 1900 en Real de Zacualpan, distrito de Sultepec, Estado de México, pero desde niño, a la muerte de su padre, Atanasio Jaramillo, por una enfermedad pulmonar, su madre, Romana Ménez Nava, lo llevó a vivir a Tlaquiltenango, Morelos, donde a los 14 años ingresó al Ejército Libertador del Sur y a los 17 ascendió a capitán primero de caballería. Fue bisnieto del general Julián Jaramillo Corral, amigo y colaborador de Benito Juárez.

volucionario, en su casa, en Tlaquiltenango, Morelos, sino que también fueron primero secuestrados y luego ejecutados Epifania Zúñiga García (Pifa, como la llamaban de cariño, de 42 años), compañera embarazada de Jaramillo, así como los hijos de ella que él había aceptado y criado como propios: Rubén Enrique, de 16 años; Filemón, de 18, y Ricardo, de 20.

Los asesinatos pusieron en tela de juicio la alta moral, el altruismo y benevolencia maternal de Eva. Su silencio fue incomprensible y brutal.

La historia era más grave de lo que parecía porque había indicios sólidos de que Pifa consideraba buena persona a Eva Sámano Bishop, con quien se había reunido en varias ocasiones y esta, en calidad de primera dama, le había hecho una serie de promesas, como la donación de máquinas de coser para montar un taller de costura para mujeres campesinas en la zona de influencia de los jaramillistas.

Fue sorpresa y no la ejecución de Pifa, porque los intereses políticos se ocultaban en la oscuridad y se recordaba con amplitud el abrazo, ya le llamarían después el de Judas, que Adolfo López Mateos le dio a Jaramillo. Hay indicios de que, un día antes de la ejecución, Pifa había buscado a Eva para pedirle que intercediera por algunos campesinos que reclamaban los llanos de Michapa y El Guarín, y con el fin de reiterar la solicitud de levantar un taller de costura para mujeres campesinas.

Macabra y corta fue la historia: Jaramillo cortaba tablas para un gallinero, al filo de las dos de la tarde, cuando una partida de militares, unos 60, que portaban armas de alto poder y viajaban en dos camiones y al menos tres Jeeps del Ejército, rodearon la casa del líder campesino, en el número 14 de la calle Mina, en Tlaquiltenango.

Los soldados de la Policía Militar, reforzados por agentes del Servicio Secreto, armados todos con ametralladoras ligeras, emplazaron una ametralladora media tipo Browning M19,

LAS DAMAS DEL PODER

montada sobre un trípode, frente a la entrada de la vivienda en la que se encontraban los Jaramillo Zúñiga, y una más colocada en la parte superior.

El resto fue un caos: policías militares y agentes del Servicio Secreto allanaron la casa, redujeron a cenizas los amparos con que contaba la familia para evitar cualquier detención, saquearon la casa y secuestraron a Jaramillo, Pifa, Enrique, Filemón y Ricardo.

A violentos empellones, los cinco fueron subidos a los vehículos militares y partieron con rumbo desconocido. Como narra una reconstrucción que el domingo 30 de mayo de 1999 hiciera Ricardo Montejano para «Masiosare», suplemento del periódico *La Jornada*: «Dos horas después los acribillaron a balazos en una brecha a unos 500 metros de los vestigios y ruinas prehispánicas de Xochicalco. Los asesinos no se preocuparon por fingir siquiera un intento de fuga»: cuatro cadáveres estaban juntos, habían sido ametrallados de frente y a quemarropa, a 10 metros estaba el de Rubén, pero todos mostraban en la cabeza el tiro de gracia.

Los exámenes forenses determinaron que Rubén Jaramillo recibió nueve balazos, dos de ellos en la cabeza, con una pistola calibre .45. Después del cadáver del líder campesino, que nació, en 1898, en Mineral de Zacualpan, Estado de México, se encontraban los de Epifania, Ricardo, Filemón y Enrique. En la autopsia practicada en el Hospital Hidalgo de Tetecala, Morelos, se encontró que Pifa estaba embarazada.

En las horas siguientes se sabría que un capitán de nombre José Martínez Sánchez y un general de división identificado como Pascual Cornejo Brun, jefe entonces de la 24.° Zona Militar, habían encabezado el operativo clandestino para secuestrar y ejecutar a la familia Jaramillo Zúñiga por órdenes que habían salido de la Secretaría de Gobernación, a cargo de Gustavo Díaz Ordaz, con el visto bueno del presidente López Mateos.

Todos los involucrados sufrieron pérdida de la palabra. El agente del Ministerio Público Federal, Jorge Villafuerte, se negó a tomar conocimiento de los hechos, de acuerdo con *Rubén Jaramillo, biografía y asesinato*, libro de 1967, escrito por Froylán C. Manjarrez.

En mayo de 2009, parte del expediente del caso Jaramillo, bajo resguardo del Archivo General de la Nación, entregado al periodista Zósimo Camacho de la revista *Contralínea*, a través de la Ley Federal de Transparencia y Acceso a la Información Pública Gubernamental, cita al teniente coronel Héctor Hernández Tello, subjefe de la Policía Judicial Federal: «Solamente se habrían cumplido órdenes del señor presidente de la República».

Los informes oficiales ocultaron que, en el secuestro, saqueo a la vivienda y ejecución de la familia Jaramillo Zúñiga también habían participado pistoleros al servicio de Jesús Merino Fernández, gerente del ingenio Emiliano Zapata de Morelos, y agentes de la Policía Judicial de la entidad, que respondían directamente a las órdenes del gobernador Norberto López Avelar.

López Mateos y Díaz Ordaz, quienes con mano dura a través de la represión violenta, se encargaban de mantener el orden desde la Secretaría de Gobernación, temían a la semilla rebelde de Jaramillo. El viejo combatiente zapatista se había convertido en un dolor de cabeza superior a aquellos de los aneurismas que afectaban al presidente, y estaban temerosos de que se levantaran de nueva cuenta en armas.

Si la primera dama tuvo la intención de entregar las máquinas de coser para el taller de costura, solo ella lo supo, pero hubo en su momento testimonios de que las había prometido y luego, en forma extraña o mañosa, le había dado muchas largas a Pifa. El retraso en la entrega de las máquinas sirvió al gobierno para ubicar el paradero de Rubén Jaramillo. En otras palabras, la promesa de las máquinas de coser se usó como un señuelo.

Epifania confiaba en Eva Sámano porque las dos profesaban la religión evangelista, la misma que abrazaba el viejo líder zapatista, quien, con sus hombres cercanos, Mónico Rodríguez, Félix Serdán y Rey Aranda, daba los últimos toques a una nueva agrupación político-militar para desafiar a López Mateos y al gobernador López Avelar, un saqueador de recursos públicos. Gobierno criminal, lo llamaba Jaramillo. Estos sabían que, con la experiencia en el Ejército Libertador del Sur, los jaramillistas serían combatientes firmes y no darían marcha atrás.

El plan estaba en marcha, Pifa y Rubén saldrían apenas recibieran las máquinas de coser, prometidas por la primera dama y que nunca llegarían. Aunque se había levantado en armas en cuatro ocasiones, entre 1943 y 1958, para 1962, Jaramillo había cumplido cuatro años de haber renunciado a las armas y se había dedicado a la lucha civil y pacífica. Y mantenía un diálogo permanente con el gobierno de López Mateos, quien lo había amnistiado, para resolver demandas del movimiento agrarista.

*

El 5 de abril de 1965, cuatro meses después de terminar su sexenio y cuando en los círculos del poder se conocía su rompimiento, separación formal y divorcio de Eva Sámano Bishop, Adolfo López Mateos concretó las intenciones secretas que tenía desde que había ganado las elecciones presidenciales de julio de 1958: se casó por la Iglesia con Angelina. Él tenía 56 años; ella, 23.

Fue ese un golpe y una afrenta grave para Eva, que tendría resonancias de venganza a muy corto plazo y de humillación para la joven Angelina: el 31 de mayo de 1967, cuando el expresidente realizaba una visita a su hija adoptiva, Eva Leonor López Sámano, sufrió un ataque severo de los aneurismas cerebrales, el cual lo dejó en estado vegetativo y postrado en una de las camas de su antigua residencia, en San Jerónimo Lídice, en la zona sur de la Ciudad de México.

Indignada por aquella afrenta por el abandono de su marido y, después del divorcio, ya expresidente sin poder, aquel ataque que sufrió Adolfo le sirvió para tomar revancha. Eva prohibió cualquier visita y contacto de Angelina, Elena y Adolfo (estos dos últimos hijos del nuevo matrimonio). Su negativa fue rotunda: nunca más.

A la muerte del exmandatario, en el juicio de sucesión o la herencia de López Mateos, en el Juzgado de Primera Instancia de Villa Obregón y en la Cuarta Sala del Tribunal Superior de Justicia del Distrito Federal, Eva, aquella mujer bondadosa, llevó su desquite todavía más lejos, hasta niveles turbadores y de incredulidad: solicitó, como atención a su papel de ex primera dama, retirar de todos los documentos judiciales el nombre de Angelina y el de los dos hijos que esta procreó con Adolfo: Elena y Adolfo López Sadurni. Así, los nombres de los tres no se volvieron a mencionar.

Perdido el poder, Eva fue otra: una persona inusual, despiadada, fría, quien acaparó para ella los seis millones de pesos, herencia del expresidente. Luego quebró el alma de Angelina y la de los hijos de esta y del expresidente.

# 3
# GUADALUPE BORJA,
# EL ÚLTIMO ALIENTO DE LOS MUERTOS

Nombre: **Guadalupe Borja Osorno**

Nacimiento: **4 de abril de 1915, Ciudad de México**

Fallecimiento: **19 de julio de 1974, Ciudad de México**

Esposo: **Gustavo Díaz Ordaz (1911-1979)**

Periodo como primera dama: **1964-1970**

Guadalupe Borja Osorno se fue muriendo lentamente, como si aquella noche del miércoles 2 de octubre de 1968 le hubieran conjurado una maldición contra la que no había hechizos, amuletos ni rituales de protección. Después de aquellas horas convertidas en pesadilla macabra, el olor a muerte le subía despacio al pecho y su mente la metió en un laberinto de detalles escabrosos: tanques, bayonetas, silbidos de balas de ametralladora, fieras paramilitares de guante blanco, francotiradores, cazadores implacables que mataban humanos, los torturaban o desaparecían.

Aunque si hay que encontrar un inicio para esta maldición de la que nunca saldría, se tendría que evocar aquel discurso pronunciado por su esposo, el presidente Gustavo Díaz Ordaz, el 1.º de septiembre de 1968, durante su cuarto Informe de Labores. Las horas y los días que le seguirían serían el tictac de una bomba programada para estallar.

Aquel día, Díaz Ordaz fue claro al enmarcar la tolerancia excesiva que, según él, había tenido hasta entonces para con las manifestaciones sociales. Según él, se habían traspasado los límites y había que poner orden a como diera lugar. La frase «no quisiéramos vernos en el caso de tomar medidas que no deseamos, pero que tomaremos si es necesario; lo que sea nuestro deber hacer, lo haremos; hasta donde estemos obligados a llegar» era un claro aviso, una amenaza. Solo le faltó decir el famoso «están avisados, y el que avisa no es traidor».

El mensaje fue agua cristalina de lo que era su personalidad siniestra y densa: Díaz Ordaz amenazó, sin importarle quiénes pusieran el grito en el cielo, con llegar a cualquier extremo de violencia y eso, como lo comprobaría pronto el mundo entero, representaba la normalidad para un Estado despótico y autoritario que se había conservado —y lo seguiría haciendo— a través de la represión.

En su papel de Madre de la Nación, Guadalupe se dedicó a esperar el desenlace de aquella cuenta regresiva.

Hasta la tarde y noche del 2 de octubre de 1968, cuando el sol se marchó, cayó la penumbra y la información real llegaba al presidente en sucesivas ráfagas sobre una matanza masiva de estudiantes, del horror de cadáveres regados, apilados, ríos de sangre y con el ritmo acompasado de las botas militares; la primera dama envejecía décadas, sumaba un peso de muerte a sus hombros, mientras se diluía su figura de autoridad moral.

Encerrada a piedra y lodo, Borja descubriría en los días siguientes, a través de una amargura que se acentuaría con los meses, y que le pesaría con los años, que el ejercicio de primera dama conlleva riesgos políticos e históricos. No era una simple acompañante, era depositaria de un cargo peligroso: cómplice en un país controlado por un presidente que cada seis años asume el control de los hilos de una dictadura perfecta.

\*

Hubo tiempos en los que la historia de esta mujer, nacida el 4 de abril de 1915, en el Distrito Federal (ahora Ciudad de México), pero radicada en Puebla con toda su familia, parecieron un cuento de hadas: su esposo siempre en ascenso, apadrinado por el hombre más poderoso del Estado y, más adelante, secretario de Obras Públicas del Gobierno Federal y luego «hermano» del presidente, el general Manuel Ávila Camacho.

Dicen que la cara de Lupita —porque antes del despectivo y peyorativo doña Lupe la llamaban Lupita— era alegre, casi tímida pero sonriente, y no le gustaban las actividades públicas de gobierno. Su frente amplia, ojos claros delineados, nariz recta, con una tendencia especial por la inhibición y las ganas de pasar desapercibida e inadvertida, pero sin llegar a la ansiedad ni a la fobia social que se le presentarían después de aquel negro 2 de octubre.

Su familia se trasladó a Puebla cuando ella era muy pequeña. Estudió una carrera comercial que nunca ejerció, pues una vez casada con Díaz Ordaz cumplió a cabalidad su papel de esposa: atender enteramente su hogar, y más adelante cuidar al pequeño Mauricio, hijo de María Guadalupe Díaz Ordaz Borja, su hija, y del empresario Salim Nasta Haik.

Educada, sobria y modesta, no sabía vestir ni lucir su belleza, a Lupita no le gustaba ser el centro de atención ni expresar abiertamente su opinión. El hogar era su zona de confort. Le gustaba estar pendiente, al cuidado y servicio de sus dos hijos y de su hija: Gustavo, Alfredo y María Guadalupe Díaz Ordaz Borja. Era la más guapa de las primeras damas, eso decían de ella.

Al inicio de su matrimonio vivió con Gustavo en una casa cercana a la de los señores Borja Osorno. Más tarde, cuando su marido logró incorporarse a puestos de la administración federal, tuvo que vivir con sus hijos en la Ciudad de México. Al llegar Díaz Ordaz a la presidencia, la familia se trasladó a Los Pinos, donde doña Lupe continuó con su vida hogareña. No le interesaba la vida de sociedad, la cultura, ni el deporte; solo quería atender a su nieto, que era su adoración, como una más de tantas abuelas mexicanas.

Obligada por las circunstancias, doña Lupe se hizo cargo de la presidencia del Instituto Nacional de Protección a la Infancia (INPI)[1] y siguió repartiendo desayunos escolares. Doña Eva Sámano, conociendo el carácter y disposición de su sucesora, trató de proseguir con la obra de asistencia a la niñez que había iniciado, pero las reglas no escritas del sistema lo impidieron. Su pretensión provocó un enfrentamiento entre ambas señoras, que desembocó en la creación de un nuevo aparato burocrático: el Instituto Mexicano de Asistencia a la Niñez (IMAN).[2]

Al IMAN se le encomendó la tarea de dirigir programas asistenciales en beneficio de los menores en condiciones de riesgo: niños abandonados o enfermos. En la práctica, sin embargo, lo único que se logró fue tener una operación deficiente en la asistencia social del país, ya que las funciones del Instituto Nacional de Protección a la Infancia (INPI) y del IMAN se confundían y se duplicaban, al igual que las del Seguro Social y las del Instituto de Seguridad y Servicios Sociales para los Trabajadores del Estado.

La señora Borja consiguió que el INPI, creación de su antecesora, poco a poco desapareciera, pues los recursos estatales se canalizaron hacia el IMAN, que se extendió en institutos regionales por todo el país. En la Ciudad de México, el instituto

---

[1] El INPI se creó el 1.º de febrero de 1961 como un organismo público descentralizado, con personalidad jurídica y patrimonio propios, cuyo objetivo principal era suministrar a los alumnos de las escuelas primarias y preprimarias del Distrito Federal, cuya situación económica lo ameritara, servicios asistenciales, complementarios, en especial mediante la distribución de desayunos, extendiendo estos mismos servicios a los demás estados de la República.

[2] El 10 de agosto de 1968, por decreto presidencial, finalmente tomó forma el IMAN, para colaborar con los trabajos de asistencia a menores abandonados, huérfanos o en condiciones especialmente difíciles, todos ellos en circunstancia de riesgo en cuanto a salud física y equilibrio emocional; con esto se daba especial énfasis al tema de asistencia médica y educativa a la infancia.

construyó un hospital y una casa de cuna magníficos en Churubusco y Tlalpan, así como oficinas administrativas y una casa para niñas en la avenida Insurgentes Sur.

Desde el abismo, sin dar crédito a la repulsión de los mexicanos, porque, según su esposo, los había salvado de las garras del comunismo internacional, Guadalupe se hizo huraña y optó por ser cómplice, sin mediaciones, de un despiadado y oportunista presidente. La decisión, sin embargo, le pasaría la factura: se le agravaron sus males nerviosos hasta que, de plano, no la dejaron llegar al último informe de gobierno.

Lupita perdió la dimensión funcional y la expresión corporal de las emociones, se fue yendo a pique su mundo interno y la relación con los otros. Después del 68, ella hizo que su cuerpo fuera lo más discreto posible a través de sus posturas: mantuvo la mirada gacha, encorvó la espalda, se le apagó la mirada.

Guadalupe, aquella mujer elegante, de porte distinguido, de una familia de bien a la que habían dado forma sus padres, el rico abogado Ángel Borja Soriano y Fanny Osorno Labastida, no fue la misma. Antes del «Viva México» del 15 de septiembre de 1970, ya había desaparecido del balcón central de Palacio Nacional. No aguantaba el odio a su esposo, pero, como pasó con sus antecesoras, tampoco renunció a los privilegios presidenciales.

No renunció, siguió a su lado, pero, irónicamente, se convirtió en una rehén silenciosa de un palacio «maldito», símbolo del poder supremo, cuya superficie restringida era 20 veces superior a la extensión donde se asentaban algunas de las sedes más importantes del Poder Ejecutivo en el mundo: la Casa Blanca, en Washington; el palacio del Elíseo, en París, y La Moncloa, en Madrid.

Si doña Lupe se había propuesto transformar la vida de millones de mujeres y niños, bajo el trabajo no oficial y sin guion de la primera dama, a través de la asistencia social, todo su trabajo quedaría manchado después de aquel fatídico día.

Es probable que la gran influencia de su antecesora la haya opacado, pero, aunque nadie lo expresara por temor a la ira y carácter violento de Díaz Ordaz, Borja influía en las políticas conservadoras del diazordacismo: alertaba sobre los peligros que acechaban a la moral y a las virtudes de la mujer mexicana y exhortaba a intervenir en la defensa de la niñez.

Los fantasmas y espíritus sombríos que acosaban a Guadalupe se habían empezado a materializar no el 2 de octubre de 1968, sino cuatro años antes, en diciembre de 1964, apenas tomó posesión Díaz Ordaz como sucesor de su amigo Adolfo López Mateos. La Casa de los presidentes se había convertido en una fortaleza militar desde donde se había dado el visto bueno a la operación de grupos represores y de choque o instrumentos paramilitares que asesinaban, torturaban y desaparecían a los enemigos del régimen.

Militares y paramilitares gozaban de autonomía absoluta y no había ninguna política que vislumbrara el recorte a presupuestos militares. La Marina y el Ejército tenían nuevas atribuciones porque podían intervenir llamadas telefónicas y todos los sistemas de comunicación —públicos y privados— que facilitaran el intercambio de datos, informaciones, audios, videos, mensajes, archivos electrónicos, contenidos en cualquier dispositivo que pudiera guardar información, incluidos centros de datos remotos.

Después de aquel 2 de octubre, Los Pinos se fue transformando en una fortaleza cuyas murallas escondían decisiones sobre atrocidades que violentaron el sentido común y explotaron el miedo; sus alcobas y jardines se convirtieron en el centro del poder de un sistema de gobierno que se sintetizaba en tres palabras con un significado claro y ominoso: terror, corrupción e impunidad.

Desde la presidencia de Díaz Ordaz, se impuso el terror de Estado a través de grupos paramilitares o comandos de élite, disfrazados de paisanos o vestidos de civil, y que eran enviados a las calles, a algunas poblaciones seleccionadas o al campo, a la sierra y a la montaña a infiltrar comunidades enteras para secuestrar, torturar, ejecutar y desaparecer a personas sospechosas de militar o colaborar de cualquier forma en grupos insurgentes, guerrilleros o líderes sociales, considerados como enemigos del gobierno de Díaz Ordaz. Eran apoyados en sus tareas ilegales con el trabajo de inteligencia del Ejército, la Marina, la Fuerza Aérea y las policías de los tres niveles de gobierno.

Aquellos grupos paramilitares operando en la clandestinidad, que confirmarían su presencia formal la tarde-noche del miércoles 2 de octubre de 1968, sembrarían terror y se convertirían en una de las armas más mortíferamente efectivas de los gobiernos del PRI de Adolfo López Mateos, Gustavo Díaz Ordaz, Luis Echeverría Álvarez, Carlos Salinas de Gortari y Ernesto Zedillo Ponce de León.

La represión militar, bajo las órdenes del comandante supremo de las Fuerzas Armadas, se había puesto en marcha en 1960, con una matanza de estudiantes, maestros, amas de casa líderes sociales y comerciantes en Chilpancingo, Guerrero; esa irracional violencia de Estado dio también origen a la formación de grupos guerrilleros e insurgentes en aquella década y en la siguiente de 1970, sin que el gobierno tuviera capacidad para atender las causas estructurales que ahondaron la pobreza y la marginación.

*

Al iniciar su mandato el 1.º de diciembre de 1964, el presidente buscó las formas de involucrar a Eva Sámano de López Mateos, en actos de corrupción, a través del INPI y, de ese modo, evitar que opacara a la nueva primera dama, que siempre había desdeñado la actividad pública para dedicarse a su hogar, pero que, al final, dio lustre al apellido Borja de Díaz Ordaz en las tareas culturales, de protección a la infancia y de asistencia social a la familia.

Parecía esa una bobada, pero no: apenas llegó a la Casa de los presidentes, a Lupita le carcomían las entrañas la visibilidad y el protagonismo de Eva, su antecesora, a quien no se le veían ganas de retirarse a la vida privada y a quien su esposo Adolfo López Mateos le había creado un organismo para manejar desde allí todas las políticas públicas de asistencia social y atención a la niñez.

Díaz Ordaz decidió no quedarse atrás y le creó a Lupita, por decreto presidencial, el IMAN, que también sería responsable de la asistencia a menores en situación de calle, abandonados, huérfanos o en circunstancias difíciles o de riesgo físico o emocional, además de hacerla responsable de la imagen presidencial en las actividades de la cultura nacional.

Los celos que le quitaban el sueño a su esposa taladraron el cerebro de Díaz Ordaz, quien, de la nada, cuando fue confirmada su candidatura presidencial única el 2 de noviembre de 1963, se convirtió en un político colérico, déspota y arbitrario, traicionó a su amigo y protector López Mateos y, apenas tomó posesión, ordenó investigar las finanzas del INPI con especial atención a su director general, el capitán José Luis Navarro Salgado, y al doctor René Óscar Cravioto Barrera, secretario general del sindicato de la institución, para marginar de tajo a Eva Sámano.

El golpe habría sido políticamente mortal para la imagen de Eva, pues el capitán Navarro era el único que sabía a qué se destinaban los recursos del gobierno federal —él los controlaba— y otras donaciones que recibía el INPI. Conocía el destino de cada centavo. Por otra parte, el doctor hidalguense Cravioto Barrera era, desde 1962, jefe del Departamento de Bromatología y Nutrición del mismo instituto, en el que ayudó a balancear las dietas de la niñez mexicana.

Al final, por temor a que el expresidente López Mateos, su amigo de parrandas, y luego protector, hubiera dejado por escrito algunos de sus secretos oscuros, aquellos que pudieran implicarlo en tareas ilegales o criminales de gobierno, Díaz Ordaz decidió no jugar con fuego, guardó sus armas y sus odios personales hacia López Mateos, dio marcha atrás en la investigación a la ex primera dama, ordenó cortarle todos los recursos públicos al INPI, ahogó sus finanzas y en 1968 formalizó la creación del IMAN para que Guadalupe Borja atendiera las políticas de asistencia social y protección a la niñez.

Obligada a retirarse de la vida privada y ya con el camino libre y el apoyo del aparato gubernamental, doña Lupe se impuso sobre cualquier imagen que la pudiera opacar. A partir de ese momento, la nueva primera dama llevó una vida social activa, aunque la perseguía el recuerdo fantasmal de su antecesora en cada inauguración de una nueva escuela, en el impulso a los centros de orientación nutricional, en las colectas anuales de la Cruz Roja, en las visitas a casas-hogar, asilos, hospitales y clínicas, exposiciones de pintura y en presentaciones de arte.

Sin importar qué hiciera: legalizar uniones matrimoniales, ampliar el programa de reparto de desayunos escolares, premiar en Los Pinos a los niños estudiantes con mejores promedios y aprovechamiento escolar, entregar juguetes el Día de Reyes o enseres domésticos el 10 de mayo, o crear la casa-hogar para niñas, la casa-cuna en Tlalpan, el hospital en Churubusco, la sombra de Eva Sámano de López Mateos la perseguía.

Aunque la prioridad era atender y disfrutar a su nieto Mauricio Nasta Díaz Ordaz, Lupita se esforzó. A pesar de ello, sus comunicadores nunca encontraron la fórmula para posicionar su imagen ni su trabajo.

\*

El presidente Díaz Ordaz decidió, mucho antes de octubre, presentar a los jóvenes como agresores violentos, enemigos del Estado, que buscaban no solo alterar el orden sino la estabilidad de su gobierno y, en cuestión de semanas, usó al Ejército como maquinaria cruel para reprimir, detener ilegalmente a estudiantes, secuestrarlos y torturarlos.

Apenas empezada la madrugada del 30 de julio de 1968, el gobierno dio una prueba del uso desmesurado y violento de los militares para desplazar al cuerpo de Granaderos[3] de la Policía del Distrito Federal: un comando élite y táctico también al mando del presidente de la República para «preservar el orden público y dar seguridad a la ciudadanía», sinónimo de control a la población y represión brutal.

Aquel día, apenas pasados los primeros minutos de la una de la madrugada, una partida de soldados en uniforme de campaña se apostó frente al portón de entrada de madera labrada, una joya del siglo XVIII, de la preparatoria 1 de la UNAM, en el centro de la Ciudad de México, a unas cuadras del Zócalo y, por lo tanto, de la oficina presidencial. Escoltado por el Batallón de Paracaidistas y tanques ligeros al mando del general José Hernández Toledo, un fusilero paracaidista cargaba con delicadeza, con el amor que se le dispensa a una ser amado, una bazuca, nombre corto y temible de un lanzacohetes antitanque portátil.

Frente al portón la sostenía con finura mientras otro paracaidista fusilero la cargaba con cuidado y mucha paciencia. De pronto, se escuchó el tronido de la bazuca; dieron en el blanco, derribó aquella joya colonial que había sobrevivido las guerras de Reforma y a la Revolución. El golpe seco del proyectil no solo

---

[3] Un operativo del décimo batallón de granaderos de la Policía del Departamento del Distrito Federal, el 22 de julio, que culminó con una brutal represión, aprobada por el regente Alfonso Corona del Rosal, a estudiantes de la vocacional 2 del Instituto Politécnico Nacional (IPN) y de la preparatoria Isaac Ochoterena incorporada a la Universidad Nacional Autónoma de México (UNAM) dio origen al movimiento estudiantil de 1968.

derribó el portón sino también el mobiliario colocado atrás por estudiantes que nunca imaginaron que los atacarían con un lanzacohetes. Satisfecho, contento con el arma entre las manos observó su obra. Las fotos no dejan mentir.

En las siguientes horas, mientras el presidente se encontraba curiosamente de gira por el occidental estado de Jalisco, el titular de la Secretaría de la Defensa Nacional (Sedena), el veterano revolucionario y general de división, Marcelino García Barragán, se apresuró a exonerar al Ejército y, a pesar de los testimonios y testigos presenciales, entre ellos periodistas y fotógrafos de prensa, mintió abiertamente, atentó contra los hechos y el sentido común y negó que el portón hubiera sido derribado por un bazucazo militar, y señaló: «La puerta fue abierta [...] por un conjunto de bombas molotov lanzadas por los propios estudiantes».[4]

García Barragán, aquel militar que fraguó una insurrección de las Fuerzas Armadas y un golpe de Estado para derrocar al presidente Adolfo Ruiz Cortines, en diciembre de 1953, se convirtió en un especialista de la mentira y el engaño: casi un mes más tarde, el 28 de agosto, mientras se escuchaban descargas de fusilería y ametralladoras ligeras en el centro de la Ciudad de México, sobre todo en el Zócalo, en donde se contaron 14 carros-tanque y donde el gobierno capitalino ordenó un apagón para proteger a los militares, juró y perjuró que el Ejército no hacía planes ni preparaba operativos bélicos para tomar ni ocupar Ciudad Universitaria ni las unidades profesionales del IPN.

Al mes siguiente, en septiembre, el día 18, al menos 10 mil soldados, apoyados por tanques ligeros, vehículos de asalto y otros transportes militares, al mando de los generales Hernández Toledo y Gonzalo Carrillo Urrutia, tomaron y ocuparon la Universidad. El día 24, al menos 600 militares armados con ame-

---

[4] Periódico *El Día* (consultado el 3 de febrero de 2022).

tralladoras, lanzagranadas y rifles de asalto M-1, apoyados por agentes de la Policía Judicial Federal y 15 tanques ligeros, tomaron a fuego abierto y bayoneta calada el Casco de Santo Tomás, principal unidad profesional del Politécnico, al lado de la unidad Zacatenco, ocupada el mismo día por mil soldados y agentes de la Policía Judicial Federal, transportados en una treintena de vehículos militares, 13 tanques ligeros y 50 patrullas de la Policía preventiva.

Nunca se supo cuántos muertos hubo, cuántos heridos, ni cuántos estudiantes detenidos fueron enviados al Campo Militar número 1. Al estar controlados todos los medios de comunicación, García Barragán también mintió deliberadamente sobre la agitación estudiantil y social en Oaxaca, Guerrero, Nuevo León, Yucatán, Morelos, Tamaulipas, Chihuahua, Tabasco y Sinaloa.

Era imposible que Lupita ignorara un conflicto de tales magnitudes que se prolongaba por más de dos meses teniendo colaboradores por todo el país y un ejército de asesores y ayudantes. La madrugada del 3 de octubre de 1968, se despertó tensa; la noche había sido agitada, se bañó, se vistió y descubrió que no era la misma, se le notaron actitudes inquietantes. El país tampoco era el mismo: había estallado con una furia inusual desde la Plaza de las Tres Culturas, en el conjunto habitacional urbano Nonoalco Tlatelolco, aunque a esa hora parecía «limpia», bien barrida, como si nada hubiera pasado.

Pero había pasado y su esposo el presidente se empeñaba en convencerla de que el Ejército solo había usado la fuerza necesaria para acabar de tajo con la violencia estudiantil, propiciar un clima de paz y contener una conjura comunista internacional que atentaba contra la estabilidad del país y saboteaba la organización y realización de los XIX Juegos Olímpicos con el fin de derrocar a su gobierno y al PRI.

De eso viviría él convencido, a pesar de no contar con evidencias y de que nunca se probaría, pero tanto él como el Ejército necesitaban encontrar una justificación para la matanza. Francotiradores paramilitares, que obedecían órdenes militares, apostados en algunos edificios aledaños a la Plaza de las Tres Culturas abrieron fuego primero; luego, en la plaza cercada por militares, policías y paramilitares, hubo ráfagas de las ametralladoras militares; mataron a muchos; todavía hoy se desconoce el número real; otros estudiantes fueron asesinados a bayoneta calada. Ahí cayeron estudiantes, maestros, mujeres, niños, padres de familia.

Después del 2 de octubre de 1968 se hizo evidente un deterioro mental en Lupita: sus desórdenes nerviosos y dolores emocionales se agravaron al grado de que su hija María Guadalupe Díaz Ordaz Borja «se vio obligada a desempeñar el papel de primera dama [emergente y sustituta] hasta el término del sexenio [30 de noviembre] en 1970», escribió en 2006 Alicia Aguilar Castro en su libro *Primeras damas, las ausentes presentes*.

Aquello que la asechaba tenía raíces profundas: para el mitin estudiantil del 2 de octubre de 1968 que se realizaría a partir de las 17:30 en la Plaza de Las Tres Culturas de Tlatelolco, a las 15:30 se calculaba ya una multitud de entre seis y 15 mil personas; además, dirigentes sindicales y trabajadores, mujeres, niños y hombres adultos acompañaban a estudiantes y maestros, y había un nutrido grupo de periodistas internacionales.

De entre estos últimos destacaban Klaude Kiejman, de *Le Monde*, de París; Dominique Izoard, de *Le Point*, de Bruselas; Oriana Fallaci, de *L'Europeo*, de Milán; John Rodda, de *The Guardian*, de Manchester, y Hienrich Jaenecke, de *Stern*, de Hamburgo. Había una infinidad de enviados, corresponsales y fotógrafos extranjeros que estaban en México para cubrir los XIX Juegos Olímpicos que tendrían lugar el 12 de octubre. Por algunos de estos se conocerían las atrocidades de un ejército mexicano carnicero.

Horas antes, al mediodía de aquel miércoles 2 de octubre de 1968, se había puesto en marcha un operativo militar bajo el nombre clave de «Galeana», al mando del general brigadier Crisóforo Mazón Pineda, un soldado fiero con sed de sangre y deseos irrefrenables de poner en práctica sus conocimientos militares en la lucha contrainsurgente y la represión.

Fuera de los partes del Ejército quedó la participación de *De la Lux*, grupo paramilitar integrado por golpeadores del populoso mercado La Merced de la Ciudad de México, la mayor central de abastos del país: criminales, vándalos, luchadores y boxeadores, creado en 1960 por el mismo Coronal del Rosal y cuyo objetivo principal era la represión violenta de movimientos sociales y las ejecuciones extrajudiciales.

Décadas después, el general divisionario, golpista fallido en 1952, revolucionario y exgobernador Marcelino García Barragán, secretario de la Defensa Nacional en el gobierno de Díaz Ordaz, advertiría que, como regente del Distrito Federal, Corona del Rosal había ocultado mucho de los hechos del 2 de octubre.

Aunque también había mentido abiertamente en los meses del conflicto estudiantil en 1968 y era un simulador, García Barragán tenía mucho de razón, desde su época como líder nacional del PRI (1958-1964), Corona del Rosal era un militar sombrío que anheló hasta 1971 ser candidato presidencial del PRI, como lo habían sido sus «hermanos» López Mateos y Díaz Ordaz; décadas atrás, los tres amigos —cuatro con la suma de Donato Miranda Fonseca— se habían hecho la promesa de apoyarse en el ascenso al poder; era una hermandad política a prueba de fuego, y lo habían hecho en una noche de juerga en el departamento de «solteros», rentado cuando los cuatro coincidieron en el Senado de la República.

En ese camino y como dirigente nacional del PRI de 1958 a 1964, para apoyar su camino hacia la presidencia, como supuesto *tapado* de Díaz Ordaz, Corona del Rosal había dado forma a una *policía secreta* priista, grupo de choque especializado en espionaje político y acciones vandálicas que daría paso, con visto bueno del presidente López Mateos y luego Díaz Ordaz, a la formación de *De la Lux*,[5] bajo el sello de grupo de choque y organización clandestina paramilitar con al menos 20 mil personas.

Con apoyo de altos oficiales del Ejército, como Manuel Díaz Escobar, jefe operativo, y Humberto Bermúdez Dávila, que después harían una carrera meteórica que los llevaría al generalato, *De la Lux* se reforzaría reclutando militares, oficiales y soldados, de los cuerpos élite de las Fuerzas Armadas, policías criminales o hampones, agentes despiadados de la Policía Judicial federal y de corporaciones estatales, con algunas características fundamentales: serían elementos crueles e inhumanos con el denominador común de obediencia ciega y predisposición a la violencia, una violencia sin remordimientos.

Fusionado con el grupo paramilitar Zorro, del general Gutiérrez Oropeza, cuyos efectivos fueron integrados a las nóminas del Sistema Colectivo de Transporte Metro y de la infraestructura eléctrica e hidráulica de la Ciudad de México, en junio de 1971, *De la Lux* haría su presentación bajo el infame y temible nombre de los Halcones, comandos entrenados para contener protestas a través de la violencia extrema, que incluía, tortura, asesinato y desaparición de personas. En síntesis, con el beneplácito de su comandante supremo, a partir de 1960, los militares dieron forma a brigadas de exterminio.

En el Archivo General de la Nación (AGN) quedó una copia del manual de contención policial de disturbios civiles que [Gutiérrez Oropeza, El Poblano] entregó [a] Díaz Ordaz, titulado «Guía

---

[5] Estas organizaciones que también tuvieron tintes mercenarios estuvieron desde sus inicios vinculadas al Partido Revolucionario Institucional (PRI) y formaban parte de un plan para controlar a la militancia interna y, por otro lado, de contrainsurgencia hacia los movimientos sociales urbanos inconformes con el Estado.

para el planeo, adiestramiento y operaciones de fuerzas de policía en la supresión de disturbios civiles». La Dirección Federal de Seguridad (DFS) envió copia el 17 de julio de 1969 y recomendó: «que pudiera ser empleado, si usted lo cree conveniente, en los estados», precisa Anuar Israel Ortega Galindo, en «Los culpables tienen nombre y apellido. Luis Gutiérrez Oropeza y el 2 de octubre de 1968».[6]

Para «apoyar» al Ejército en el operativo Galeana, aquel 2 de octubre de 1968 también se dispuso de una operación paramilitar tan confidencial como siniestra, ideada y ejecutada desde la mente torcida de los generales Gutiérrez Oropeza, jefe del EMP, quien estaba al lado de Díaz Ordaz como asistente personal cuando este último llegó a la Secretaría de Gobernación, en diciembre de 1958, y Ballesteros Prieto, jefe del Estado Mayor de la Sedena, los dos oficiales de la milicia más cercanos a Díaz Ordaz, los de su entera confianza.

Gutiérrez Oropeza fungía en los hechos como guardaespaldas del presidente Díaz Ordaz y él lo hacía sentir que era el militar más cercano al presidente, y el segundo, el oaxaqueño Ballesteros Prieto, era el espía de Díaz Ordaz en la cúpula militar, aunque, formalmente, en 1968, era responsable de planear y coordinar «los asuntos de la defensa nacional» y de «transformar las decisiones en directivas, verificando su cumplimiento».

Tan secreto fue que ni siquiera lo conocía el general García Barragán, titular de la Sedena, mucho menos los soldados que participarían en el operativo formal. Fuera de la información oficial y de los partes militares,[7] también quedó la participación

---

[6] Anuar Israel Ortega Galindo, «Los culpables tienen nombre y apellido. Luis Gutiérrez Oropeza y el 2 de octubre de 1968», en *Legajos. Boletín del Archivo General de la Nación*, núm. 17, septiembre-diciembre, 2018, pp. 11-54.

[7] Parte militar: comunicación que está obligado a dar todo militar [sobre sus actividades oficiales] que presencia o tiene noticia de la perpetración de cualquier delito de competencia de la jurisdicción militar, en el plazo más breve posible, al juez togado

del Batallón Olimpia,[8] agrupación táctica paramilitar ilegal de corte fascista basada en la violencia organizada para perpetrar atentados, secuestros y asesinatos de opositores, disidentes o grupos socialmente rechazados, al mando del coronel Ernesto Gutiérrez Gómez Tagle.

El Batallón Olimpia y *De la Lux* se convirtieron aquel día en símbolos de la muerte y junto con paramilitares vestidos de civil que, con pañuelo blanco al cuello o un guante blanco en la mano izquierda, aquel 2 de octubre de 1968, llegaron como sombras a la Plaza de las Tres Culturas, al mediodía recibieron la orden de ubicarse como francotiradores desde algunos edificios; los más recordados, por visibles, se apoderaron de algunos departamentos en el edificio Chihuahua. Para entonces, a través del operativo formal el Ejército había cerrado todas las salidas de la plaza.

Vestidos de civil para no llamar la atención, aunque sí la llamaron por el corte de cabello y el guante blanco en la mano izquierda o su pañuelo blanco; otros se infiltraron, con agentes espías de la Secretaría de Gobernación, entre la multitud, en la que se encontraban también padres de familia, niños y vecinos de la Unidad Habitacional Nonoalco-Tlatelolco, vendedores ambulantes y transeúntes curiosos. A las 17:55 horas, después de una señal tricolor —verde, blanco y rojo, colores de la bandera nacional— con luces de bengala, hasta cuatro, dicen, lanzadas desde uno de los helicópteros que sobrevolaban la plaza.

Apertrechados en los edificios, abrieron primero fuego los francotiradores que habían tomado departamentos del edificio Chihuahua, los secundaron efectivos del Batallón Olimpia, que entraban y salían del departamento 209. Luego se generalizó

---

militar, fiscal jurídico militar o autoridad militar que tenga más inmediato, de acuerdo con el Diccionario Panhispánico de la Real Academia Española (RAE).

[8] Unidad militar compuesta por hasta 1 500 hombres, formada, generalmente, por dos a seis compañías y comandada típicamente por un coronel o un teniente coronel y, en algunas ocasiones, hasta por un mayor. Un batallón suele ser la unidad más pequeña capaz de operaciones independientes.

el fuego entre soldados y paramilitares; los manifestantes quedaron atrapados entre dos fuegos: fueron masacrados estudiantes, maestros, niños, mujeres, padres de familia, curiosos que se acercaron a la plaza, vendedores ambulantes y trabajadores que acompañaban el mitin pacífico de protesta y apoyaban el movimiento estudiantil.

En plena Plaza, los soldados disparaban de manera indiscriminada, casi de inmediato, después de los francotiradores: «¡Batallón Olimpia!, no disparen», «Aquí Batallón Olimpia, chingada madre, nos está disparando el Ejército», gritaban los hombres de pañuelo blanco al cuello o de guante blanco; símbolos de la muerte, a pulmón abierto, desesperados también gritaban: «Guante blanco, guante blanco, no disparen» para que soldados, policías y otros paramilitares los reconocieran; eran del mismo bando y temían caer en su propio fuego cruzado.

Los testimonios son crudos: «De pronto, vuelvo la mirada hacia la tribuna y ya no están los oradores. Aparece un tipo alto, de pelo castaño claro y ondulado, como de unos 35 años, con un guante blanco en la mano izquierda. Dispara a sangre fría sobre quienes están en la tribuna. Voltea hacia la multitud que corre despavorida… y dispara dos veces más su pistola con una tranquilidad escalofriante».

Disparaban desde los edificios 5 de febrero, Chihuahua, Aguascalientes, 2 de abril, del ISSSTE, Atizapán, Molino del Rey, Revolución de 1910, Chamizal, y ocupaban la iglesia de Santiago Tlatelolco y otros siete u ocho inmuebles del complejo habitacional aledaños a la Plaza de las Tres Culturas. Los disparos se prolongaron casi hasta la medianoche.

\*

Caía plena la noche del 2 de octubre cuando otros detalles perforaban el cerco de silencio que formaba el Estado Mayor Presidencial para «proteger» a la primera dama. Encerrada en un refugio impenetrable custodiado por el EMP, en el corazón del bosque de Chapultepec, seguro que Lupita Borja entendió de inmediato que su vida se había partido.

Confinada por dos años y dos meses porque el gobierno de su esposo terminaba hasta el 30 de noviembre de 1970, esa mansión le serviría de prisión dorada, y desde allí atestiguó cada mañana en los días siguientes cómo el país entraba en luto permanente sin un número definido de muertos, desaparecidos ni heridos porque la prensa maquilló, ocultó y armó una red de mentiras; aun sin números y con la prensa vendida, todo mundo sabía que fue un asalto inmisericorde sobre la población civil, asalto que entró en el terreno de los crímenes de Estado y de lesa humanidad: desaparición forzada, asesinato, exterminio, encarcelamiento, tortura.

Los muertos la sumergieron en una incertidumbre terminante. Ella resintió el odio de los mexicanos en carne propia 10 días más tarde, el 12 de octubre, en el palco presidencial del estadio de Ciudad Universitaria —emblema de la UNAM que había tomado el Ejército del que su esposo era comandante supremo—, durante la inauguración de los XIX Juegos Olímpicos. Dicen que las palomas blancas de la paz no pudieron ocultar la sombra de una gran paloma negra que se dibujó cuando algunos asistentes a la ceremonia volaron un gran papalote que presentaba México, al mundo entero, como símbolo de luto de un país desgarrado por la criminalización durante la protesta estudiantil.

A veces se le congelaba la mirada, se le tensaban los huesos y los tendones porque, si bien hacia afuera se contaban cuentos y mentiras, la información real taladraba las paredes de aquella gran mansión: al menos ocho mil efectivos, entre soldados, paramilitares, granaderos o la policía de choque del Distrito Federal que controlaba Corona del Rosal, policías secretos infiltrados entre los manifestantes, agentes judiciales y elementos del Batallón Olimpia habían cercado en pinza a los estudiantes y, al filo de las 18:20, habían abierto fuego en forma indiscriminada.

Aquel proceso de represión irracional, con espectáculos macabros, había dado origen al nacimiento de los guerrilleros más conocidos que tendría el país: los maestros guerrerenses Genaro Vázquez Rojas, formado en la normal de la Ciudad de México y curtido en las luchas magisteriales, y Lucio Cabañas Barrientos, egresado de la normal rural Raúl Isidro Burgos de Ayotzinapa, la que en décadas posteriores sería escenario de otra tragedia humana, un crimen de Estado por el secuestro y desaparición forzada de 43 estudiantes y el asesinato de tres de sus compañeros, uno de ellos desollado en vida.

*

Si bien el deterioro paulatino de la salud mental de Lupita también dio paso a múltiples rumores y especulaciones, hasta hacer creer que enloqueció, la realidad es que Borja se encerró en sí misma como si nunca hubiera pisado las calles del México de los sesenta o como si el único país que conocía hubiera sido aquel de escenarios controlados por el Estado Mayor Presidencial, edulcorados, que la vitorearon en la campaña del candidato presidencial priista Díaz Ordaz o el de sus amigas y colaboradoras cuando entregaba alguna obra social o inauguraba alguna exposición. Sumergida en su burbuja, con una mirada vacía y una sonrisa cual máscara, la primera dama intentó ahuyentar los fantasmas de aquel sufrimiento tratando de desaparecer.

Gustavo no se casó con ella por amor, sino por las ventajas que le representaba en amistades, así lo descubrió y reclutó, a mediados de la década de 1930, el arrogante, obsesivo y cruel Maximino, quien soñaba con llegar un día a la presidencia de la República y se sentía desdeñado y relegado, desde finales de 1939, cuando el general Lázaro Cárdenas del Río eligió e impuso como su sucesor al general Manuel Ávila Camacho. Desde entonces le crecían los resentimientos. El general Maximino Ávila Camacho,[9] un militar despótico y salvaje, el cacique más violento y sanguinario, un sicópata en la historia del estado de Puebla, el hombre que hacía política con la pistola al cinto y, sin ningún remordimiento, la usaba cuando era necesario, sería casi todo para Díaz Ordaz: su primera gran figura paterna, su mentor político y su gran protector.

Su padre, el abogado Ángel Borja Soriano, y su madre, Fanny Osorno Labastida, se oponían a la unión con Díaz Ordaz, pero Lupita los relegó, pues Gustavo ejercía sobre ella un poder oscuro y velado sobre todo. Cerró los ojos y se dejó llevar por ese hombre que odiaba sus orígenes oaxaqueños hasta «borrar» los vestigios de la piel morena de una familia porfirista, venida a menos, que huyó al estado de Puebla para vivir en la pobreza.

Sumida en la desesperanza, al punto de que algunos días dejaba de alimentarse y vagaba sola por los amplios jardines de la Casa de los presidentes bajo los ojos vigilantes del cuerpo de Guardias Presidenciales y de su escolta del Estado Mayor Presidencial, Lupita mantuvo su matrimonio atenazada en sus silencios y empapada de desconsuelos, mientras su esposo aliviaba las penas en la recámara de Irma Serrano, jugando golf con excolaboradores que no lo abandonaron, entre ellos el médico militar Rafael Moreno Valle, tocando la guitarra y cantando en tertulias con sus pocos amigos.

Los Pinos, a donde llegó a vivir en febrero de 1965, se había convertido en una pesadilla para Lupita: su caparazón y manicomio privado. Sabía que nada reivindicaría su memoria, así

---

[9] Después de desertar de la Escuela de Aspirantes, de la que salió la tropa que apoyó el cuartelazo con el que inició la Decena Trágica y sumarse a las fuerzas constitucionalistas en 1920, lo ascendieron a teniente coronel; en 1923, a coronel, y en 1926 ya era general brigadier. En 1929, alcanzó el grado de general de brigada. Antes, en 1920, se integró al Plan de Agua Prieta y en 1924 servía a las órdenes del general Lázaro Cárdenas del Río.

como nada podría acallar las voces de los muertos. ¿Cuántos hubo? Hoy aún se desconoce cuántas personas murieron o desaparecieron en aquellas horas y los siguientes primeros días de aquel octubre de 1968, que se prolongarían por años y se conocerían como el periodo de la Guerra Sucia, un largo operativo clandestino militar y paramilitar para aniquilar o desaparecer supuestos adversarios.

¿Cuántos muertos? De seguro más de 400, además de 700 heridos y cinco mil estudiantes detenidos, aún se desconoce la verdad, pero la matanza se prolongó por más de dos horas y los cuerpos de las víctimas mortales, más allá de la conspiración del Ejército o Estado Mayor Presidencial, no quedaron imágenes fotográficas porque los militares cerraron el área a los medios de comunicación, y lo que se sabe es que los cuerpos fueron sacados en camiones de basura.

Dentro de la rutina bajo extremas medidas de seguridad de la que se responsabilizaban el Estado Mayor Presidencial y el 24 Batallón de Infantería de Marina de Guardias Presidenciales que implicaba el resguardo del Estado y de la República misma, la estabilidad, la gobernabilidad y la seguridad nacional, ni Lupita ni nadie conocería el número y nada de los desaparecidos.

Hasta que el presidente Andrés Manuel López Obrador presentó la iniciativa para desaparecerlo y se puso en receso, el Estado Mayor Presidencial (EMP), que tomó esa forma en el gobierno de Manuel Ávila Camacho, fue un órgano técnico militar con una misión clara: proteger al presidente, a su familia, al presidente electo, expresidentes, secretarios de Estado, candidatos presidenciales y dignatarios extranjeros en sus visitas a México.

Hundida en la profundidad de sus propios miedos y la sangre corriendo por Tlatelolco, Guadalupe siempre supo que, sin estar presente, nunca olvidaría el tap-tap-tap de las botas de los militares, el silbido de las balas, el estallido de los disparos de las tanquetas —esas que hacen boquetes—, las luces de bengala ni la marea de aquella muchedumbre angustiada, en pánico y atrapada en una pinza o un callejón sin salida que sería masacrada en aquella plaza.

Cinco décadas más tarde se documentaría que en el diseño del gran operativo de represión, que se prolongó por 71 días, había participado activamente el secretario de Gobernación, Luis Echeverría Álvarez. Se coló también el nombre del teniente coronel Jesús Castañeda Gutiérrez, comandante de plaza del EMP.

La primera dama tenía muchas preguntas sin respuestas. En el futuro, estaría inmersa en sus angustias y su soledad, su depresión, en la pluma de periodistas, académicos y escritores. «En adelante se deterioraría la salud de los dos: a él se le acentuaron los padecimientos gástricos y los problemas con los ojos. Ella, alterada por sus temores por la seguridad de los suyos y por la humillación, padeció enfermedades nerviosas. Se le vio temblorosa en la ceremonia del Grito, cuando salió al balcón central del Palacio Nacional», escribió Sara Sefchovich en *La suerte de la consorte*.

Lupita tal vez tampoco conocía los detalles de la colaboración de su esposo con la CIA, ¡un presidente mexicano al servicio de la inteligencia de Estados Unidos! No parecería posible, aunque tampoco era tan descabellado si se entendiera que su mentor, Maximino Ávila Camacho, fue en su momento simpatizante y colaborador de la Alemania nazi de Adolfo Hitler. Pero ¿lo del presidente y la CIA? Ese sí era, después de todo, un secreto de Estado, tema de seguridad nacional.

De cierta forma, también era comprensible que Lupita *desconociera* los métodos de persecución, hostigamiento, tortura para aniquilar y asesinato de aquellos enemigos del Estado que, entre sus fantasmas, veía su esposo y que cayeron en manos de su policía política. Podía entenderse que ignorara las vejaciones, torturas, humillaciones y crueldades que sufrían las mujeres que caían en esa sanguinaria corporación. Aunque…

\*

Apenas se ocultó el sol, el 2 de octubre retumbó en su memoria. Sumida en la tristeza y en la ignominia, seguro que alcanzaba a vislumbrarse en sus silencios como solapadora de las conductas malignas de su esposo, el presidente, y fracasada en su papel de benefactora y protectora de las familias mexicanas, porque aquel día se habían perpetrado crímenes de lesa humanidad, suceso que vendría a mostrarle a la sociedad mexicana la imagen más acabada del papel de la primera dama: cómplice y silenciosa encubridora de las atrocidades.

Cada tanto echaba atrás la cabeza, como si no lo creyera, como si no hubiera conocido los traumas de la niñez ni el carácter explosivo, violento y vengativo de Díaz Ordaz, el Flaco, Gustavito, Tribilín (Goofy) —sarcasmo y burla por su parecido físico con el personaje creado por Walt Disney— como lo llamaban Adolfo López Mateos y sus examigos de gabinete Donato Miranda Fonseca y el Chino, Humberto Romero Pérez, los «príncipes» de Palacio Nacional en el lopezmateísmo, al lado de Alfonso Corona del Rosal, quien despachaba en el PRI.

Lupita sabía que el Simio o el Chango, sobrenombre que le había quedado a Gustavo por un gazapo, pifia o metida de pata del *Diario de México*, el 23 de junio de 1966, era desde siempre una mala persona, un funcionario muy tenebroso y había que tenerle miedo. Por aquel equívoco de un par de fotografías tituladas por descuido, de manera errónea, el matutino resintió la furia de Díaz Ordaz y cayó en desgracia.

La historia fue corta y de agonía letal para el diario. Aquel 23 de junio, en una de las páginas de interiores, publicó dos fotografías: en la primera, un grupo de gasolineros priistas durante un encuentro de empresarios, con una gran imagen de fondo del presidente. Al menos 2 m². Sin estar presente, destacaba el mandatario omnipresente. En la otra, un par de simios como la nueva adquisición del zoológico del bosque de Chapultepec de la Ciudad de México, allí a donde se levanta imponente la residencia presidencial.

La tragedia sobrevendría con el pie de foto de cada imagen. La de la convención de gasolineros, con la gigantesca imagen de fondo del presidente Díaz Ordaz y el encabezado «Se enriquece el zoológico». La segunda imagen, la de los primates, fue publicada al lado, los dos viendo de frente, como si posaran para las cámaras de la prensa. La mera ambigüedad fue suficiente para que el *Diario de México,* una publicación al servicio de Díaz Ordaz y su presidencia, dejara de aparecer por varias semanas por aquel yerro, hasta que se publicó de nueva cuenta en noviembre de 1966.

Apenas llegó a la presidencia, Díaz Ordaz dio una prueba pequeña de lo que se podía esperar de él: se vengó del Chino, michoacano originario de La Piedad, jefe de Prensa en el gobierno de Adolfo Ruiz Cortines y exsecretario particular (casi vicepresidente) de López Mateos, y de Miranda Fonseca, un guerrerense extitular de la Secretaría de la Presidencia: en el sexenio los dos fueron proscritos no solo del gobierno federal sino de las filas del PRI.

El periodista Salvador Flores Llamas lo recordaría décadas después a propósito de una plática-entrevista con su amigo el Chino Romero:

Cierta vez que el secretario de Gobernación [Díaz Ordaz] llegaba al Palacio Nacional a un acuerdo con [el presidente] ALM [Adolfo López Mateos] se topó con Humberto, y [...] Díaz Ordaz le espetó: ¿por qué hijos de la chingada se atrevió a apodarme Tribilín? El interfecto simplemente se escurrió; entendió que saldría perdiendo con otra reacción ante el alto funcionario.[10]

---

[10] https://analisisafondo.com/34263/humberto-romero-perez/ (consultado el 1.º de junio de 2023).

Si bien los mutuos desencuentros con el Chino tenían sus razones en una lucha sorda porque, tomando ventaja de su puesto de secretario particular del presidente, aquel empujaba en 1963 la candidatura presidencial de Donato Miranda, a quien creía el *tapado* de López Mateos y el mejor de ellos para llegar a la Casa de los presidentes, Díaz Ordaz conocía de memoria la respuesta sobre el chusco y peyorativo sobrenombre que le endilgaban sus tres amigos: era físicamente feo, trompudo, moreno y dientudo.

Lo sabía, pero no era solo eso, que desde allí nacían sus odios profundos. La personalidad de Díaz Ordaz también sufría cambios de humor repentinos, una especie de desdoblamiento o doble personalidad, convirtiéndolo de un político obediente y sumiso ante los poderosos, en un demonio entregado a «placeres» antisociales prohibidos y arranques de ira que helaban la sangre de cualquiera. Tenía otra fealdad oculta y turbia que se mostraba a través de un carácter autoritario, atrabancado y violento, agazapado bajo la piel de cordero, de la que se liberó al llegar a Los Pinos.

Díaz Ordaz había probado el poder absoluto como secretario de Gobernación, cuando el presidente López Mateos, protegido celosamente por Eva Sámano, se enclaustraba en su residencia familiar buscando refugio en bebidas alcohólicas para lidiar con los dolores de cabeza extremos y le dejaba el control político del país; en su peculiar concepción política y sin pudores, allí consolidó su ambición por vivir como inquilino en jefe de Los Pinos y despachar en Palacio Nacional.

En eso no había ninguna discusión, desde las suplencias que hacía de López Mateos, Díaz Ordaz conocía de primera mano la represión, la violencia política criminal y el espionaje anticonstitucional del gobierno y los grupos élite de poder, y había «crecido» políticamente dócil, obediente y sumiso a la sombra protectora del sanguinario general revolucionario y cacique poblano Maximino Ávila Camacho.

Sin duda, el fiero militar había tenido puntería al reclutar al joven Díaz Ordaz, quien ambicionaba superar al coronel José María Díaz Ordaz Leyva, el Benemérito de Oaxaca, su familiar directo. Lo haría primero con sumisión y obediencia. En pago a su desempeño como espía ilegal, entre otros servicios prestados, Ávila Camacho cuidaría e impulsaría la carrera política de su joven protegido hasta el Senado de la República.

Años más tarde, bajo la tutela de Ávila Camacho, se convertiría en el reflejo de este: un político déspota, todavía más obsesivo, arrogante, violento y de mal carácter, explosivo; con algunas cualidades personales; era bohemio y parrandero, disfrutaba de tocar la guitarra, cantar con una voz privilegiada; un senador mujeriego, amante de las fiestas desenfrenadas, rayando en orgías, un casanova enfermo de poder. Ese era Díaz Ordaz.

Casi un año y medio después de su juramentación como nuevo presidente, sucesor de López Mateos, el 29 de mayo de 1966, Díaz Ordaz también le atribuiría al «Chino» Romero la sonora rechifla, con todo y mentadas de madre, que se llevó durante la inauguración del Estadio Azteca en la zona sur de la Ciudad de México.

Así que, después de conocer tan bien a su esposo, la pregunta ¿cuántos muertos hubo», seguro debió taladrar el cerebro de doña Lupe. «¿Cuántos golpeados? ¿Cuántos torturados? ¿Cuántos desaparecidos la noche del 2 de octubre de 1968? ¿A qué cárceles clandestinas los llevaron? Y, de nuevo, ¿cuántos muertos hubo? En el lenguaje vulgar y arbitrario de la prensa del día después: «Casi ninguno», a pesar de la crudeza de los hechos implacables y de la sangre que corría por las calles de toda la ciudad.

Inexplicable o no, era casi imposible que Lupita no hubiera conocido antes —a través de las órdenes que se habían dado, o la misma noche del 2 de octubre con los informes que llegaban— la inaceptable represión con armas de fuego y la barbarie de la matanza de jóvenes estudiantes, maestros, niños y mujeres, quienes desconocían la carnicería que les esperaba en Tlatelolco.

Debió haber conocido la verdad de los hechos en alguna confesión de alcoba, plática de sobremesa o una indiscreción en los jardines de aquella amurallada residencia, tomando en cuenta la confianza que le tenía Díaz Ordaz; solo así podían entenderse su mutismo y su aflicción: la maldición que la empezó a carcomer.

*

Para algunos autores, la relación de Díaz Ordaz con la Tigresa inició después de la matanza de 1968. Aquella represión sangrienta dejó al país en un desconcierto total, a merced de un gobierno de «difuntos y flores». Hay quien sostiene que la masacre también dejó tocada a la primera dama, quien optó por recluirse en la más profunda soledad. De poco o nada sirvió tener la esperanza de una posible comprensión de parte de las familias mexicanas a su persona. No había escapatoria, ella empezó a ser tan repudiada como su marido.

Fue así como, entre acusaciones, rechiflas y mentadas de madre, Lupita se fue perdiendo en la oscuridad de sus propias culpas. Pronto pasó de la grandeza a ser nombrada como la esposa del Dientes de Caballo, Califa, Gorila o Mono. Quizá por eso, ella empezó a esconderse y se le torció la historia familiar para siempre. El acontecimiento la perseguiría incluso en sus silencios, aunque el cerco de seguridad, que el Estado Mayor Presidencial impuso sobre ella, se cerró todavía más. Ella entró en pánico, en un estado permanente de intranquilidad relacionada con el miedo, desesperación e incertidumbre; vivía entre angustias y delirios y empezó a desconfiar de todo, de todos, hasta mostrar síntomas de paranoia.

El dolor de las víctimas del 2 de octubre la perseguía y la había hecho una mujer todavía más insegura y vulnerable de lo que era; la había deteriorado mentalmente. No era para menos, en las siguientes décadas, aunque se había construido una narrativa para despersonificar y criminalizar a maestros y estudiantes, se documentaría paulatinamente que los generales Luis Gutiérrez Oropeza y Mario Ballesteros Prieto, jefes del Estado Mayor Presidencial (EMP) y del Estado Mayor de la Secretaría de la Defensa Nacional (Sedena), además de su turbio y sumiso secretario de Gobernación, Luis Echeverría Álvarez, habían apostado una docena de francotiradores con órdenes de tirar a matar en un conjunto de edificios aledaños a la Plaza de las Tres Culturas.

Con el ánimo disminuido, Lupita sabía que lo sucedido no tenía comparación con ninguno de sus pesares. Ni siquiera con el humillante hecho de estar al tanto del amorío que sostenía su esposo con Irma Consuelo Cielo Serrano Castro, no otra sino la bella cantante, bailarina y actriz Irma Serrano, quien, a partir de 1972, a propósito de una de sus películas, fue conocida bajo el exuberante sobrenombre de La Tigresa, 22 años más joven que Díaz Ordaz. Su relación era un secreto a voces, por decir lo menos.

Con ese secreto a voces que le producía resuellos fuera de lugar y consumía el corazón, Guadalupe aprendió a tolerar y sobrellevar con resignación lo innegable. Aunque la lastimaba, buscó sus caminos, por más que parecieran un propósito descabellado porque su esposo tenía una historia amplia de consumado donjuán, para poner fin a ese amor a escondidas.

Serrano y el presidente prolongarían, como lo escribió y contó ella misma, por más de cinco años su tórrido romance extramarital, que alcanzó niveles de un escándalo tan barroco como ostentoso cuando corrieron rumores de que él, con el poder de su investidura, sacaba tesoros nacionales del Castillo de Chapultepec o de Los Pinos para entregarlos como tributo a su joven amada.

El dedo acusador se dirigía a una cama de cedro bañada en oro de la emperatriz Carlota, un comedor de Los Pinos y un piano antiguo propiedad del emperador Maximiliano de Habsburgo, o apuntaba con vehemencia a otros regalos tan amorosos como personales y extravagantes: una residencia en la calle Peñas del moderno residencial de clase alta Jardines del Pedregal de San Ángel, ubicado en el sur de la Ciudad de México, un reloj de oro sólido —de valor incalculable—, obras de arte, mosaicos despegados de los pisos del Castillo y 77 vestidos de alta costura.

Chismes, rumores y señalamientos concretos estaban fuera de control. Pasados los años, algunos saldrían a la luz. Por ejemplo, en agosto de 2020 se publicó en la revista *TVyNovelas* una anécdota y vivencia personal de Marco Antonio Alfaro, periodista de los espectáculos y la farándula, sobre la mansión de Jardines del Pedregal:

> Nos reunimos varios amigos periodistas en la mansión que Gustavo Díaz Ordaz, entonces presidente de México, le regaló a Irma Serrano […] en la Calle Peñas […] a la entrada tenía un pene al aire libre tallado en la madera del árbol en el que un general [presumiblemente Gonzalo N. Santos de San Luis Potosí] colgaba a los «traidores». Se lo regaló a don Gustavo, con quien llevaba muy buena relación.
>
> Al entrar, el periodista Marco Antonio Alfaro, en plan de broma, colgó su saco en el asunto del diablo y pasamos a la sala para una tarde bohemia, inolvidable. La Tigresa no bebe, pero es alegre y ocurrente […] Todo pintaba para noche bohemia porque no había noticias de que don Gustavo la visitaría. De pronto entró un guardia corriendo:
>
> —¡Señora, el presidente avisó que viene para acá!
>
> —¿Cuánto tiempo se tarda? —preguntó Irma.

—Están abriendo el garaje.

—¡Pronto, salgan! —dijo ella.

Nos escondimos en el cuarto de servicio, y en cuanto entró el presidente nos salimos por la puerta de trabajadores. En las carreras se nos olvidó el saco de Alfaro colgado en el pene del diablo. Le preguntamos después a Irma si hubo algún contratiempo: «Sí, el presidente notó un coche viejo fuera de la casa y el saco abandonado. Con un beso olvidó el tema».[11]

Parecía no haber ninguna diferencia entre la realidad y los rumores sobre esa relación. Los chismes se propagaban como incendio descontrolado en un bosque seco, pero todo pasaba por alto porque el presidente, su esposa y su amante eran intocables. Así hubiera sido hasta que la atrabancada artista se atrevió a llevar, en gesto de reconciliación después de una pelea, una serenata con mariachi completo para interpretarle a su poderoso amante canciones de desamor, mentiras y traición hasta terminar con «Por tratar a un casado». Jamás hubo ni habría reconciliación porque desde aquella noche creció un rencor muy hondo en las entrañas de Díaz Ordaz.

Lupita calló la vergüenza y se tragó su humillación para mantener las apariencias de un matrimonio feliz, funcional y modelo para los mexicanos. Ella tenía claro que Díaz Ordaz era un político sanguinario y violento, proclive a galantear y conquistar a mujeres hermosas o, como se decía, un donjuán, amante de las aventuras sexuales, con una cuba bien servida en la mesa y guitarra a la mano, bohemio de voz grave, quien, apenas llegó al Senado el 1.º de septiembre de 1946, con sus compañeros y amigos legisladores Adolfo López Mateos, Alfonso Corona del Rosal y Donato Miranda Fonseca, había rentado en la Ciudad de México un departamento de solteros, transformado a menudo en una casa de citas.

---

[11] https://www.pressreader.com/mexico/tvynovelas-mexico/20200824/28322303 5513541 (consultado el 1.º de junio de 2023).

La historia de la serenata y el rompimiento de la furtiva pareja que pasaba muchas noches en la calidez de las paredes de la residencia de Jardines del Pedregal —aunque se rumoraba que otras las pasaban muy juntos en la residencia de Monte Líbano en Lomas de Chapultepec, a 10 minutos de Los Pinos hacia el poniente, que también le había regalado el generoso mandatario, inclinado a cumplir caprichos y peculiares extravagancias de su amante— tenía mar de fondo.

Consciente de su belleza superior y su carácter fuerte o, como decían, mujer de armas tomar, la Tigresa había planeado la serenata con antelación porque buscaba reconciliarse con el mandatario, sí, pero lo haría en pleno festejo de un cumpleaños de Borja porque estaba convencida de que la primera dama, utilizando el poder presidencial pleno, se empeñaba clandestinamente en poner obstáculos a su carrera artística; algún empresario se lo había contado sin mencionar el nombre de Lupita, sino usando como fuente la Secretaría de Gobernación.

Dueña de una belleza única en su juventud y mujer de altos vuelos, la Tigresa tenía mucho de razón: la primera dama aguantó, se tragó sus silencios y guardó las apariencias, aunque, en secreto, utilizó al servicial y sumiso secretario de Gobernación, Luis Echeverría Álvarez, para tratar de enfriar los apetitos sexuales de su esposo, saboteando planes y proyectos de la furtiva amante. Insidioso e intrigante, lleno de ambiciones, Echeverría movería desde su oficina los hilos invisibles del mundo del cine y teatro para evitar que los empresarios contrataran a la Serrano, bloqueando apariciones en centros nocturnos, conciertos, casas discográficas y presentaciones en programas de televisión.

*

Guadalupe Borja se fue muriendo de a poco; se fue consumiendo en sus silencios hasta que su hija la suplantó, en el papel de primera dama, en las ceremonias oficiales durante los últimos meses de gobierno de un presidente que también moriría despacio, de a poco, de cáncer y condenado por todo el país.

Aunque acompañó a su esposo a España, cuando el presidente José López Portillo tuvo la ocurrencia de nombrarlo primer embajador de México en la era posfranquista, jamás volvió a salir, se agravaron sus etapas de ansiedad, alucinaba que iban tras ella y su familia para hacerles daño, para atacarla a ella, protectora de la nación; atacarla a ella, protectora de la familia, que entró, sin quererlo ni desearlo, al servicio público de la nación.

Vivía sus delirios con tanta intensidad que ni Gustavo Díaz Ordaz ni sus hijos pudieron evitar que ella se mantuviera bajo encierro, alejada incluso de ellos, en su residencia familiar en Jardines del Pedregal o el Pedregal de San Ángel, una zona residencial modernista levantada en 1945, en la zona sur de la Ciudad de México, para las clases altas y a la que llegaron a vivir algunas de las familias más adineradas del país, esperaba un poco de comprensión por la gran matanza de estudiantes.

Prisionera en la mansión familiar, su jaula de oro en 1974, a Guadalupe Borja Osorno se le agravaron las alucinaciones, ideas delirantes, pensamientos irracionales de persecución, sus episodios y trastornos depresivos con alteraciones del pensamiento. Nunca nadie lo sabría, pero así vivió hasta que ese mismo julio fue internada de urgencia en el Sanatorio Español, donde el día 19 de ese mes, su corazón no aguantó y murió de un paro cardiaco.

# 4
# MARÍA ESTHER ZUNO, VISIONARIA DEL MAL

Nombre: <u>María Esther Zuno Arce</u>

Nacimiento: <u>8 de diciembre de 1924, Guadalajara, Jalisco</u>

Fallecimiento: <u>4 de diciembre de 1999, Ciudad de México</u>

Esposo: <u>Luis Echeverría Álvarez (1922-2022)</u>

Periodo como primera dama: <u>1970-1976</u>

En los 12 años anteriores a la toma de posesión de Echeverría, que fue el 1.º de diciembre de 1970, el papel de María Esther Zuno Arce se había reducido al de una esposa callada, tranquila, madre ejemplar y colaboradora-acompañante de la primera dama *Lupita* Borja Osorno.

Pero desde ese día, ella sería otra. Temprano en la mañana de aquel martes decembrino, María Esther alistó con mucho cuidado su traje de lana, el amarillo, zapatos negros de piel de cocodrilo y aretes de broche adornados con perlas; bien vestida, se hizo acompañar por sus ocho hijos; de la mano llevaba al menor, Adolfito, de cinco años; cruzó aprisa el amplio jardín de su residencia en San Jerónimo Lídice; a la entrada la esperaba ya un auto moderno muy limpio y con chofer, de esos que parecían escoltas especiales del Estado Mayor Presidencial, para garantizar la seguridad de la esposa del nuevo presidente. Allí se despidió de siete de los hijos, antes de cruzar el umbral de la puerta, aunque estos salieron a despedir a su madre, quien en breve sería una caja de sorpresas. Se hizo acompañar solo por María del Carmen Echeverría Zuno de Porras.

Las esperaba el chofer que manejaba un amplio Dodge azul, de los que usaba la presidencia de la República; sin contratiempos, María Esther ordenaba sus pensamientos, ensayaba sonrisas y, acompañada por su hija, abordó el coche a su servicio; el chofer sabía con precisión a dónde debía dirigirse y el tiempo que le tomaría el recorrido protegido por una guardia de escoltas que asignaba la presidencia de la República: 20 minutos al Pedregal de San Ángel, directo a la residencia de la familia Díaz Ordaz Borja, para recoger a la todavía primera dama Guadalupe Borja Osorno de Díaz Ordaz.

No, no era esta la primera ocasión en la que la esposa del presidente electo acudía a la residencia del presidente saliente para acompañarse a la ceremonia de despedida y juramentación y ella, María Esther, se encargaría de recordárselos a los periodistas: «Creo que van varias veces que la esposa del presidente electo recoge a la esposa del presidente saliente. Yo recuerdo que la vez pasada [Eva Sámano de López Mateos y Guadalupe Borja de Díaz Ordaz] así fue, si es que no estoy equivocada».

Sentada muy quieta, erguida como maniquí, en la fila B del palco del Auditorio Nacional que le asignó el ordenanza del Estado Mayor Presidencial, María Esther tuvo, por fin, la certeza de que su vida sería otra: la de la mujer más poderosa de México. Las razones revoloteaban en su cabeza como mariposas.

Desde esa fila B, María Esther tenía la mira puesta en la juramentación. Quieta, sonreía para sí. Era esa ceremonia el último paso de un proceso que había intentado asimilar desde septiembre de 1969 cuando se achicaba la lista de los *tapados*. Nadie entendía que Díaz Ordaz veía en Echeverría la continuidad de su estilo de gobernar: orden y mano dura; esa continuidad le ofrecería también seguridad personal.

La sonrisa de María Esther tenía su razón. Además de que el manejo oficial de la figura de la primera dama era cuidadosamente deliberado, de acuerdo con un ideal institucional, adquiría atributos ideales determinados por una concepción machista para hacer sobresalir en ella alguna cualidad notablemente matrimonial y otras de lo que se creía que era la mujer mexicana. Los hacedores de la imagen de la esposa del presidente magnificaban su tarea de una madre que salvaguardaba y educaba a la familia, protegía a la infancia, atendía a las mujeres vulnerables y delineaba la política asistencial del gobierno.

En esa imagen meticulosamente planificada, armónica y estructurada para la conveniencia de las necesidades presidenciales, María Esther cumpliría sus tareas de acompañante del presidente y formaba parte del protocolo y de la comitiva presidencial en tareas culturales, eventos con dignatarios internacionales, de beneficencia y encuentros especiales e inauguraciones. Era una representación de unidad y ejemplo.

En *Primeras damas, las ausentes presentes*, Alicia Aguilar Castro escribe:

> Era una mujer emprendedora que lo mismo atendía su granja avícola que su escuela de danzas regionales y se involucraba en acciones que emprendían grupos de mujeres para conseguir el derecho al voto, así como en otros movimientos feministas. Por tradición familiar, era muy dada a fomentar el nacionalismo en obras de arte, artesanías, gastronomía y todo lo que producía nuestro país, herencia más apreciada por los extranjeros que por la mayoría de los mexicanos.

María Esther estaba allí en la fila B a solas con sus pensamientos, su sonrisa y su destino amarrado al de Echeverría. María Esther y el presidente juramentándose se subían allí mismo, en el Auditorio Nacional. Ella desde el palco B; él, actor principal en la toma de posesión, a un tren de primera que no pararía en los siguientes seis años.

Hasta noviembre de 1969, Echeverría no era más que un burócrata oscuro, por más que hubiera sido secretario de Gobernación. Había militado en el PRI, pero nunca tuvo un cargo de elección popular ni un puesto partidista mayor su ingreso a la burocracia dorada y de gobierno se dio de la mano y recomendación de dos generales revolucionarios: Rodolfo Sánchez Taboada y Agustín Olachea Avilés.

*

Ya como primera dama, María Esther sacó a la luz una personalidad oculta, la de la Coronela, como la empezaron a llamar, aunque ella prefería Compañera, María Esther. Sería por momentos conversadora, hasta parlanchina, y cobraría un inusual protagonismo político que solo sería igualado hasta décadas más tarde por Marta Sahagún.

Ella se volvió eje de la política de solidaridad social del gobierno de Echeverría y, a fuerza de insistencia, de programas como el Nacional de Adiestramiento para Parteras Empíricas. Y el callado Luis Echeverría se transformó en un presidente de lengua suelta, locuaz, capaz de hablar por horas enteras, hasta el aburrimiento de sus oyentes.

En un elegante abrigo beige de lana, adornado con mink en los puños y el borde de la bastilla, en compañía de su hija Lupita Díaz Borja de Nasta, Lupita Borja, quien estaba a punto de dejar atrás la pesadilla que vivía desde el 2 de octubre de 1968 y que la había sumido en un silencio casi permanente, y María Esther, quien en poco más de dos años se encontraría con su propio 2 de octubre, se dieron un fuerte y prolongado abrazo tras la ceremonia de investidura presidencial, como reseñaron algunos periódicos de la época.

Allí llegó suave todavía la primera solicitud-orden de la nueva María Esther al séquito de reporteros y fotógrafos de la fuente:

«Espero que esa foto me la hagan grande y a colores y me la envíen». Y las dos primeras damas posaron nuevamente para las cámaras.

Jubilosa y sonriente, suelta al término de la ceremonia, ya sin las presiones de la campaña ni las amenazas de que, en algún momento, le sería retirada la candidatura a Luis Echeverría Álvarez por enojos de la cúpula militar, María Esther se comprometía «como esposa del presidente de México, mi patria, a estudiar y a realizar un poco de lo concerniente a mis futuras actividades que, espero, sabré cumplir dentro de mi estricta rectitud, especialmente los problemas de la niñez mexicana y todo lo relacionado con mis conciudadanas, las mujeres de México. Y después seguiremos platicando».

Aquel «después seguiremos platicando» sería una promesa porque pronto descubrirían los mexicanos que María Esther, como su esposo, el presidente, tenía un placer especial, hasta enfermizo, por hacerse escuchar en interminables jornadas de trabajo y desvelos prolongados en San Jerónimo. También dio su primera orden ya con la fuerza de ser la esposa del jefe del Poder Ejecutivo: «Primeras damas somos todas en nuestro hogar. *Compañera* es la expresión que identifica entre sí a los correligionarios que luchan y a las mujeres que trabajan; por eso me gusta que me llamen así». Ella fue *Compañera María Esther,* y para referirse a Los Pinos no se usaría más el mote: la «Casa de los presidentes», sino el de la «Casa del pueblo».

María Esther se creía una iluminada: hasta su muerte estuvo convencida de que había «nacido con un destino». De acuerdo con una anécdota que ella misma contó al periodista Juan Fernando Dagdug, señaló que desde que tenía siete años su destino de ser primera dama se había revelado ante sus propios ojos: parada en la gran plancha del Zócalo, un 15 de septiembre, mientras sobre ella hondeaba la bandera nacional, se vio a sí misma como adulta parada en el balcón de Palacio Nacional.

Criada en un hogar de costumbres mexicanas, en Guadalajara, capital del occidental estado de Jalisco, María Esther pasaría su niñez en la residencia familiar que, de acuerdo con la investigación de Valles Ruiz, fue considerada como la última sobreviviente de la arquitectura neocolonial, y fue conocida como La casa de Tezontle, «construida por el padre de María Esther con la colaboración de los más afamados e inteligentes escultores y artistas de la década de los años veinte [del siglo xx]»,[1] que en agosto de 1974, cuando ella era la primera dama o la Compañera, María Esther, fue donada a la Universidad de Guadalajara.

En parte, María Esther era historia pura: su acta de nacimiento está firmada por cuatro militares revolucionarios: Álvaro Obregón, Lázaro Cárdenas del Río, Manuel Ávila Camacho y Aarón Sáenz Garza; este último nunca llegó a la presidencia como los otros tres, pero fue tres veces secretario de Estado. «Nací con un destino, soy hija de José Guadalupe Zuno, un revolucionario, y de Carmen Arce, una mujer llena de fuerza social y juarista…», como le contó ella en 1990 al periodista Juan Fernando Dagdug Cabal, en una entrevista para la revista *Cambio*.

Pragmática, a su manera, adoptó el discurso de su esposo el presidente, quien le abrió el grifo de los recursos públicos, endeudando irresponsablemente al país —al imprimir papel moneda sin ningún tipo de sustento— además del programa nacional para capacitar a las parteras empíricas. Hizo que sus asesores crearan el programa de huertas familiares y el de la hidroponía para autoconsumo, impulsó un programa para atender niños con enfermedades diversas y para la distribución de desayunos escolares, pero eso la frustraría porque nunca tendría la capacidad para superar la popularidad e imagen de Eva Sámano; menos la de Amalia Solórzano de Cárdenas del Río.

---

[1] Entre esos artistas se encontraban Amado de la Cueva, David Alfaro Siqueiros, Xavier Guerrero, José Luis Figueroa y Carlos Orozco Romero, precisa Rosa María Valles Ruiz en *Yo no soy primera dama*.

María Esther y Echeverría soñaban con el poder absoluto en un país sumido en la pobreza y en la tragedia de la herencia represora de Gustavo Díaz Ordaz y, en ese proceso, con ellos al mando, el Estado secuestró el discurso y metieron al país en una guerra de baja intensidad a partir de 1965, cuando se desempeñaba como un intrigante secretario de Gobernación y Díaz Ordaz era el presidente.

Claro está que, en su cuento de hadas, María Esther hacía lo imposible por ignorar la política oscura y sanguinaria, aquella guerra de bajo ímpetu que se dirigía desde las oficinas de Palacio Nacional o los jardines y las alcobas de la mansión presidencial.

Antes de que le llegaran las desdichas propias, María Esther se adaptó debidamente al cargo y mostró una personalidad extrovertida y bastante emotiva. Y, como lo haría su esposo, la Compañera intentó darle un aire revolucionario a su presencia en la mansión presidencial. Cambió totalmente su vestuario y aprendió a usar con discreción los cosméticos: lápiz labial suave, un poco de polvo, poco maquillaje de base y esmalte para resaltar el cuidado de las uñas.

Pero tal pulcritud contrastó con la violencia letal del Estado que estalló en el sexenio de López Mateos, continuó en el de Díaz Ordaz y se recrudeció en el sexenio de Echeverría.

La historia de la Guerra Sucia,[2] una guerra de baja intensidad y represión contra la disidencia social rural y urbana en el periodo echeverrista, es una pesadilla y un rompecabezas de dimensiones colosales. Además de secuestro y tortura, incluyó

---

[2] Comprende desde mediados de la década de 1960 hasta mediados de la de 1980, periodo durante el cual el Estado desplegó acciones y operativos de contrainsurgencia para contener la insurrección popular y, literalmente, asesinar o desaparecer a guerrilleros y a opositores políticos. El abuso, el ultraje, la tortura y la desaparición de líderes sociales, maestros y estudiantes universitarios superaron cualquier proyección. Desde entonces, el honor militar está en entredicho porque no fue una guerra sucia, sino un periodo de terror.

vigilancia personal, hostigamiento, eliminación selectiva, desaparición forzada, violentas incursiones militares, intimidación, siembra de evidencias, juicios sumarios, ley fuga, simulación de enfrentamientos para ejecutar a guerrilleros, acusaciones de crímenes prefabricados, persecución a maestros, estudiantes y líderes sociales o comunitarios, criminalización del movimiento social y asesinatos de Estado.

Convertidos en una tenebrosa maquinaria contrainsurgente, capacitada por Estados Unidos, los cuerpos militares, grupos paramilitares e instituciones policiales del echeverriato responsables de la violencia de Estado, retomaron y perfeccionaron métodos de la Santa Inquisición. Según se ve a la distancia, solo cambiaron el nombre de las torturas: el pocito de la guerra contrainsurgente que coordinaron militares y policías élite fue llamado por los inquisidores la ley del embudo; el garrote vil se convirtió en la ley del bate de beisbol, mientras la detención arbitraria de personas tomó forma en las palabras *desaparición forzada*, como se verá un poco más adelante.

Ciertamente hubo algunas diferencias fundamentales: con la Santa Inquisición se sabía dónde estaba una persona y a dónde quedaban sus restos —la pira o la horca—, mientras las corporaciones militares y policiales mexicanas en la Guerra Sucia desaparecían a sus víctimas sin dejar rastros. Si estas no eran incineradas en hornos militares clandestinos, eran arrojadas en el océano Pacífico desde aeronaves que despegaban de la base aérea del Ejército en Puerto Marqués, en el sureste de la ciudad balneario de Acapulco.

Del pocito, golpes en las plantas de los pies, ojos vendados, toques eléctricos, la picana y el *tehuacanazo*, la contrainsurgencia dio paso a la «investigación científica» y «refinada» a través de la tortura —física y psicológica—, la cabeza cubierta con una bolsa impregnada de amoniaco, vejaciones, violación tumultuaria, intimidación a familiares, secuestro selectivo y el montaje para inventar delitos o justificar asesinatos. Los sospechosos de pertenecer a la guerrilla o personas que pudieran sumarse a la insurgencia quedaban en la indefensión absoluta y eran blanco de agentes sanguinarios sin escrúpulos.

La crueldad de los cuerpos gubernamentales responsables de investigar y aniquilar fue poco a poco documentada. La más insignificante delación, sospecha de infidencia o malestar se pagó con la tortura, la muerte o la desaparición.

\*

¿Enloquecieron María Esther Zuno Arce y Luis Echeverría Álvarez después de que el 8 de noviembre de 1969 Gustavo Díaz Ordaz ungió a su secretario de Gobernación como candidato presidencial? Un retrato íntimo y perturbador o una época terca y permanente en la memoria de los mexicanos la ofrece Julio Scherer García en *Los presidentes*: «La silla presidencial transmite el poder y algunos males. Enferma la sangre o el ánimo, o el ánimo y el juicio, o el ánimo, la sangre y el juicio».

Vivieron María Esther y Echeverría el encanto de la complicidad. En un país controlado por la maquinaria dictatorial del PRI, de la mano del presidente, la Compañera fue acogida y recibida con los honores correspondientes, como si nunca se hubiera perseguido ni reprimido a dirigentes sindicales, estudiantes, líderes agraristas y maestros, como si nunca hubiera habido violencia promovida por el Estado ni violación a los derechos humanos ni asesinatos políticos.

¿Conocía María Esther los graves problemas del país? Los conocía. En una carta que envió a su hijo un mes antes de la toma de posesión el 1.º de diciembre de 1970 y cuyo contenido rescata Valles Ruiz, la Compañera le cuenta a su hijo Rodolfo, quien estudiaba en Alemania, que desde marzo de aquel año su vida había cambiado y había sido intensa y agitada después de la toma de protesta de Echeverría. Seguro María Esther conocía los informes y cada detalle sobre la enfermedad mental de su antecesora, derivada de la matanza en la Plaza de las Tres Culturas, pero en la mórbida obsesión por el poder, tampoco se mostró sorprendida, había perdido la inocencia política, si algún día la tuvo.

Echeverría había enviado dardos envenenados directo al corazón del hombre que, en los hechos, lo imponía como su sucesor: Díaz Ordaz se sintió traicionado luego de que, durante su campaña, Luisito, como lo llamaba, intentara deslindarse de la matanza del 2 de octubre de 1968, fecha negra que marcaría el destino de los Díaz Ordaz Borja.

Díaz Ordaz jamás olvidaría que su sucesor, apenas al empezar la campaña, el 24 de noviembre de 1969, guardó un minuto de silencio en la Universidad de Morelia en memoria de los estudiantes asesinados en la Plaza de las Tres Culturas; ya él agregaría que lo hacía por todos los caídos, pero el daño estaba hecho: hizo enfurecer al Ejército y eso estuvo a punto de costarle la candidatura.

«El 3 de octubre de 1968, Díaz Ordaz le gritó, por teléfono, "¡asesino!" a Echeverría», cuenta Erasmo Fernández de Mendoza en *Conjuras sexenales*. Pero Díaz Ordaz fue tan culpable como Echeverría, pues de la Secretaría de Gobernación, a cargo de Echeverría, salieron parte de las ideas y los planes para sacar a los militares a la calle.

Si Díaz Ordaz es indefendible, Echeverría no se queda atrás. Los dos fueron creadores e impulsores de una guerra de bajo ímpetu, un periodo cruento, brutal, sádico y sangriento que, además de los centenares de muertos y desaparecidos en el país, propiciaron la proliferación de grupos paramilitares asesinos y la «especialización» de militares en técnicas de tortura, con la intención de arrancar confesiones y aniquilar a los enemigos del Estado y de la política priista.

Ciertamente, la Güera, como le decían sus círculos más íntimos a María Esther, tenía oculta una personalidad entre las sombras, pero le agradaba mostrarse como una mujer políticamente activa, orgullosa de su militancia en el Partido Revolucionario Institucional (PRI) a través de la Confederación Nacional Campesina (CNC) y, una vez en Los Pinos, con todo el poder, sería artífice de la política asistencialista y de solidaridad social del gobierno echeverrista.

Con el control de los medios y Echeverría como un seductor de intelectuales, se impuso una narrativa que, como a las primeras damas anteriores a ella, permitió deslindar a la Compañera de las atrocidades que se perpetraron en el gobierno de Echeverría y, por tanto, ser protagonista única de su historia, digna de reclamar un pedacito de gloria en la historia rosa de las esposas de los presidentes, amas de casa sometidas y amorosas. Sin embargo, como a sus antecesoras Guadalupe Borja de Díaz Ordaz y Eva Sámano de López Mateos, se le puede seguir un hilo fino hasta la historia sanguinaria del presidente.

\*

Ya en la Casa de los presidentes, la Compañera, María Esther, sabía cuánto le disgustaban al licenciado Echeverría el estilo afrancesado del expresidente Miguel Alemán Valdés y de la esposa de este, Beatriz Velasco Mendoza. A su manera, velada y abierta, el nuevo presidente había hecho saber que Los Pinos era una zona de desastre mayor. Por eso se mudarían al antiguo chalet tipo inglés que acondicionaron en un primer momento el general Lázaro Cárdenas del Río y su esposa Amalia Solórzano Bravo. En honor a ella, se había nombrado Los Pinos a la residencia oficial y, más adelante, en honor a él, el chalet fue renombrado como Casa Lázaro Cárdenas.

La Compañera, María Esther, como lo hicieron sus antecesoras, se encargaría, de la remodelación y adquisición del mobiliario que vestiría la Casa de los presidentes. Y ella encontró la casa en desorden, caos para el que no cabían las definiciones, pero que en los hechos representaban una crítica velada para la poderosa pareja Alemán Velasco y, de paso, a la de los Díaz Ordaz Borja. Aunque el presidente Díaz Ordaz solía comer regularmente en Los Pinos y permitía a sus hijos convivir como una familia común: podían llevar a sus amigos, organizar fiestas y reuniones privadas.

Como fuego ardiente, todavía estaba viva la mítica presencia del Rey Lagarto, no otro sino Jim Morrison, el carismático vocalista de The Doors en la residencia presidencial que habitaban los Díaz Ordaz Borja. Llena de leyendas, la visita quedó en el registro de crónicas posteriores no porque Alfredo, Alfredazo, como lo llamaban, el menor de la familia, Morrison e invitados hubieran tomado espacios presidenciales como fumadero de marihuana o «casa» para meterse ácido, coca, peyote y LSD, sino porque el evento tenía lugar al mismo tiempo que se cumplía un año del inicio del movimiento estudiantil de 1968, que culminó, como ya vimos, con la matanza del 2 de octubre en la Plaza de las Tres Culturas.

La fiesta-reventón-orgía-desenfreno en la residencia oficial terminó cuando, a media madrugada y solo con su pijama de dormir, el presidente Díaz Ordaz mentando madres se apersonó, confrontó a Morrison por su mal estado, quien se paseaba en paños menores; bueno, dice Eloy Garza, «cubierto nomás por un jorongo», y «lo único que se sabe, aunque sin mediar fotografías, es que Morrison[3] se incorporó del sillón donde estaba repantingado, se paró frente a un retrato del barón de Cuatro Ciénegas, don Venustiano Carranza, flexionó un poco las rodillas y meó largamente contra la pared».

---

[3] El 3 de julio de 1971, dos años después de su visita a la Casa de los presidentes, el cuerpo sin vida de James Douglas Morrison, el icónico Jim Morrison, fue encontrado en la bañera de su departamento. Tenía 27 años y nadie, fuera de su novia y el médico que firmó el acta de defunción, vio el cadáver.

Los Díaz Ordaz Borja también habían acondicionado el campo de golf, rehabilitaron con arcilla la cancha de tenis, al boliche le instalaron un sistema electrónico y Lupita Borja, quien había llegado a Los Pinos, en febrero de 1965, había hecho construir una alberca techada en el ala poniente para Gustavo y el júnior Gustavito.

Con la historia que se cargaba, a María Esther y a Luis Echeverría no les gustó la Casa de los presidentes. Como dicen en el pueblo, barrieron con todo, empezando por el uso de los espacios, el mobiliario, el aspecto de la casa principal, construcción de arcos para que se tuviera comunicación con todos los salones, modificaciones en el sótano a donde se construiría un museo con trajes regionales y sería paso obligado de amigos y dignatarios que visitaran *la residencia presidencial*.

El mobiliario europeo fue sustituido por otro de estilo mexicano, los equipales y las artesanías nacionales lucieron por doquier, escribieron Fernando Muñoz Altea y Magdalena Escobosa Hass de Rangel en *La Historia de la Residencia Oficial de los Pinos* (1988). Los días siguientes a la toma de posesión fueron frenéticos: desde el acomodo de alfombras y coloridos tapetes artesanales anudados a mano con lana virgen en telares de madera del pequeño pueblo otomí de Temoaya —la Persia de los tapetes mexicanos en el Estado de México— hasta la llegada de cuadros de pintores mexicanos. La intención era ponderar el gusto por el arte mexicano que había aprendido de su padre José Guadalupe Zuno, quien en su larga carrera política cultivó amistad y camaradería con Gerardo Murillo (el Dr. Atl), David Alfaro Siqueiros, el escultor Ignacio Asúnsolo, Diego Rivera, Carlos Orozco Romero, Juan Olaguíbel, Xavier Guerrero y Amado de la Cueva.

Por su parte, María Esther, además de los amigos que conoció a través de su padre, contaba con la amistad de Frida Kahlo y Diego Rivera. Según su versión, fue en la casa de esta pareja donde había conocido a Luis Echeverría Álvarez: ella tenía 20 años, mientras él tenía 22, y todavía no egresaba de la universidad.

Con esos antecedentes, María Esther no dejó ningún detalle al azar y encargó los cuadros a Bellas Artes. Hasta los candiles cambiaría, uno de hierro forjado sustituiría al de prismas de cristal del vestíbulo central de la Casa Miguel Alemán. En un abrir y cerrar de ojos, la mansión se llenó de equipales[4] de Zacoalco, Jalisco, forrados de cuero, tallados con machete curvado.

Con el presupuesto abierto, la primera dama ordenó crear los salones Colima y Taxco, que serían decorados con muebles artesanales estilo colonial mexicano y decorados a mano con temas del país. La Compañera echó a la basura, o a los museos que levantaran la mano, las dos Venus y los capiteles corintios dorados entre el salón y el vestíbulo principales. En ese proceso de remodelación y redecoración se descubrió que las columnas de mármol de la entrada principal no eran de mármol, como presumió en su momento la familia Alemán Velasco, sino solo un revestimiento.

En otras palabras, alguno de los arquitectos o diseñadores contratados por los Alemán Velasco se embolsó un dinero metiendo «gato por liebre», por lo que no fue complicado cambiar el estilo de las columnas para adaptarlo a los gustos del presidente Echeverría y a los deseos de la nueva primera dama, que también ordenó unir a través de arcos de tres puntos cuatro salones con el vestíbulo principal.

Un reportaje de la revista digital *Mira* precisa: «En el gran salón, contiguo al comedor, se construyó una chimenea que ya no fue de porcelana sino de tabicón y cantera. En el sótano, los

---

[4] Equipales: sillas artesanales prehispánicas de respaldo circular fabricadas de palo dulce, madera que se utiliza para el fondo y el armazón del equipal, y posa panal, para las estacas, por la calidad de su fibra. El armazón que sostiene al equipal y el que da forma al amplio respaldo se unen con ixtle, una fibra vegetal que los artesanos sacan del maguey y entretejen en el equipal.

espacios de fiestas y juegos se convirtieron en sala de usos múltiples con mesas cuyo largo se adaptaba con tablones, según la necesidad. Ahí, debajo del despacho presidencial, la señora puso una muestra de muñecas vestidas con trajes femeninos regionales».

Echeverría aparecía en eventos oficiales vistiendo guayaberas finas y lo imitaron sus más cercanos colaboradores. Como decían entonces, el presidente paralizó a las cúpulas política y burocrática, y la guayabera se hizo popular por todo el país, sin importar de qué tipo de evento se tratara ni las condiciones climatológicas. La guayabera era la prenda del licenciado. Yucabana, casa especializada en la confección y venta de guayaberas, reseñó parte de la historia:

Desde Porfirio Díaz hasta Gustavo Díaz Ordaz, existen fotografías de los presidentes mexicanos que visitaban la zona tropical del territorio utilizando largos trajes de vestir, aun cuando se sabe que en estas áreas las temperaturas suelen ser altas. Al término del sexenio de Díaz Ordaz, tomó posesión el que fuera su secretario de Gobernación [Echeverría] [...] Con este jefe de Estado muchas situaciones cambiaron [...] en el ámbito social, económico y político, pero un signo recordado por historiadores, periodistas y ciudadanos de aquella época es ver a Echeverría de guayabera en actos públicos, pues con esto buscaba romper con lo establecido por sus antecesores, al menos en cuestión de imagen.

Por sugerencias y consejos de su esposo el presidente, la Compañera, María Esther Zuno Arce, también impuso una nueva moda en Los Pinos: los trajes de alta costura, colecciones de estolas de mink tejido con zorro, armiño, mantillas españolas, prendas de diseñador importadas de las siempre exquisitas tiendas de moda parisinas y de los modelos exclusivos de Elsa Schiaparelli, Hubert de Givenchy, Christian Dior, Cristóbal Balenciaga, Coco Chanel, Ives Saint Laurent y Jeanne Lanvin —que acostumbraban sus antecesoras Soledad Orozco de Ávila Camacho, Beatriz Velasco de Alemán, María Izaguirre de Ruiz Cortines, Eva Sámano de López Mateos y Guadalupe Borja de Díaz Ordaz— dio paso a la vestimenta mexicana o al indigenismo, que era conocida como moda tradicional mexicana.

Las comunidades indígenas jamás saldrían de la pobreza, pero ella presumiría los trajes de tehuana que parecían extraídos de un lienzo que plasmaba la mexicanidad desde las culturas mixteca y zapoteca de Oaxaca. Se hizo ella una tehuana folclórica e impuso también su gusto por las artesanías mexicanas y los colores chillones.

La Compañera, según cuentan sus biógrafos, quiso hacer de la Casa de los presidentes un recinto de cultura y arte popular mexicano y, vestida de adelita o china poblana, sin dejar nunca los atuendos oaxaqueños de tehuana, se esmeró en recibir a los jefes de Estado y de gobierno vestida con atuendos regionales.

Las indicaciones del licenciado Echeverría se dieron en 1969. Ese año, apenas empezó la campaña presidencial, María Esther redescubrió los textiles indígenas mexicanos con los que estaba familiarizada desde su niñez y abrazó con pasión su nueva indumentaria. La haría un estilo de vida. En la campaña pidió que le confeccionaran prototipos de muñecos miniatura de 30 cm de altura y entregó, en cada comunidad indígena, mestiza y mulata del país, una pareja para que artesanos de cada región los vistieran con las prendas tradicionales de acuerdo con la usanza, belleza, colorido y riqueza de cada zona para rescatar la historia, costumbres y rituales de las etnias de México.

Se llegó al extremo de hacer minúsculos telares para confeccionar pequeñas telas con los diseños exactos que en la escala normal se usan. […] Los muñecos comenzaron a llegar a la casa presidencial en 1970, dicen que cada que llegaba una pareja de ellos se hacía fiesta pues los artesanos se esmeraron en reproducir el mínimo detalle no solo en el traje, sino en collares, sombreros, tocados y el desplegado se volvió algo excepcional que comenzó a decorar los pasillos de la casa y a lo largo del sexenio se acumularon 589, cada uno distinto cada uno con un sello característico y cada uno una auténtica obra de arte.[5]

Así que, por seis años, la primera dama presumió su vestimenta del folclor nacional.

Desmantelada la Casa Miguel Alemán, reconstruidas y desaparecidas las ideas de grandiosidad de Beatriz Velasco, la Compañera tomó un respiro: la Casa de los presidentes, renombrada por ella La Casa del pueblo, que recibiría a estudiantes, campesinos y obreros, estaba lista y acondicionada.

El desmantelamiento, reconstrucción, remodelación y equipamiento representaban un mensaje político-ideológico y propagandístico para las élites priistas que habían gobernado el país a partir del 1.º de diciembre de 1946, pero nadie estaba preparado para lo que el país viviría fuera de aquella mansión amurallada por el Estado Mayor Presidencial, hasta convertirla en La casa del mal.

Los Echeverría Zuno sembraron en aquella fortaleza, entre los pinos y ahuehuetes, y las paredes de la casa presidencial, los secretos de una violencia sangrienta que altera el sentido común y explota el miedo; sus alcobas y jardines conformaron el centro del poder de un sistema de gobierno que se sintetiza en tres palabras con un significado amplio y ominoso: terror, corrupción e impunidad.

\*

Si María Esther sabía o no que su esposo era informante de la Agencia Central de Inteligencia (CIA) es otra cuestión, pero de

---

[5] http://vamonosalbable.blogspot.com/2012/06/la-impresionante-coleccion-de-munecas.html (consultado el 1.º de junio de 2023).

que estaba bien informada, eso quedaba muy claro y ella también había dado muestras de que no importaba nada de lo que dijeran del licenciado Echeverría.

En *Yo no soy primera dama*, Valles Ruiz rescata parte de una entrevista que María Esther dio a la periodista Elisa Robledo en 1987: «Desde chica yo oía críticas y alabanzas a mi padre, José Guadalupe Zuno. Decían: "Zuno es un asesino", "Zuno es maravilloso", "Zuno es un mal hombre", "Zuno es extraordinario". Pero yo sabía perfectamente quién era ese ser, quién era realmente mi padre».[6]

Sin saberlo, tolerando o no creyendo, desde La casa del pueblo se incorporaron al lenguaje familiar palabras con significados terribles y sensaciones cuyo significado helaban la sangre: casas de seguridad, subversivo, sevicia, ejecuciones extrajudiciales, violación a derechos humanos, cateos ilegales, crimen de Estado, asesinatos colectivos, desaparición de estudiantes, lucha contrainsurgente, vuelos de la muerte, libertades acotadas, desollamiento en vida, desaparición forzada y crímenes de lesa humanidad, que dieron sentido a una guerra secreta, algunos la llamaron «Guerra Sucia», luego se supo que era una guerra de baja intensidad que acabó con poblaciones enteras, bajo la orden de militares sanguinarios, quienes serían condecorados, ascendidos —como un premio a la crueldad— al rango de generales y que terminarían enrolándose con el crimen organizado.

Ese fue el caso de Mario Arturo Acosta Chaparro Escápite y Francisco Humberto Quirós Hermosillo —ambos, parte del grupo paramilitar Brigada Blanca, de acuerdo con el informe de la

---

6 «Los hechos perfilan a [José Guadalupe] Zuno Hernández como un ser humano de múltiples facetas que lo mismo lo llevaron a reprimir a los cristeros en 1926 que a crear la Universidad de Guadalajara y la Escuela Politécnica, [además de sus clases en] la Facultad de Derecho y en las escuelas de Filosofía y Letras y de Artes Plásticas» y a darle un cauce importante al liderazgo universitario, como establece la *Memoria del Quinto Encuentro Nacional Sobre Empoderamiento Femenino de 2010*, coordinado por Carlos Mejía Reyes y Lilia Zavala Mejía, Universidad Autónoma del Estado de Hidalgo, 2010.

Comisión de la Verdad (Comverdad) para Guerrero—, dos militares verdugos que le dieron nuevos significados a la tortura para arrancar confesiones o hacer que las víctimas delataran a compañeros. Ambos pusieron en práctica todos los métodos conocidos, los adoptaron y los perfeccionaron para exterminar a la guerrilla.

La comisión estableció que Quirós y Acosta fueron encausados por delitos cometidos durante la Guerra Sucia, bajo el expediente militar SC/34/2000/IV/1E-Bis depositado en el Archivo General de la Nación (AGN), pero el juicio no prosperó y, como ha pasado con todos los militares, aquellos murieron en la impunidad, envueltos en sus uniformes de general brigadier.

Acosta Chaparro importó desde Sudamérica los macabros vuelos de la muerte, ejecuciones extrajudiciales o prácticas militares de exterminio: las víctimas eran subidas —drogadas algunas veces; otras, en sus cinco sentidos, pero todas torturadas— a aeronaves del Ejército para ser arrojadas al océano Pacífico. De acuerdo con los informes que existen hasta hoy, en cada vuelo que despegaba desde la base militar aérea en Pie de la Cuesta, una de las zonas emblemáticas del puerto de Acapulco, eran arrojados al mar, los cuerpos de, en promedio, 11 opositores al régimen.

Quirós cobró notoriedad porque a sus víctimas las acostaba en una plancha de cemento, las obligaba a tragar, y esa es la palabra, gasolina para después disparar a sus detenidos-víctimas con balas incendiarias. En 2000 las procuradurías generales de la República (PGR) y de Justicia Militar (PGJM) le fincaron cargos por narcotráfico, involucrado en una red que dio protección a narcotraficantes del Cártel de Juárez, con el general Acosta Chaparro.

Quirós fue juzgado por un Consejo de Guerra el 1.º de noviembre de 2002, que lo encontró culpable, lo degradó y condenó a 16 años de prisión. En 2005 fue absuelto del delito de operaciones con recursos de procedencia ilícita, pero continuó preso bajo el cargo de fomento al tráfico de drogas.

También hubo espías de suaves formas, pero tan crueles como los primeros, y allí encajó el capitán Fernando Gutiérrez Barrios, quien desde su despacho en la policía política o Dirección Federal de Seguridad (DFS), desde 1960, y su posición como informante de la Agencia Central de Inteligencia (CIA) terminaría encumbrándose a la gubernatura de Veracruz y a la Secretaría de Gobernación.

Incrustado en la DFS, desde 1952 y como titular de esta de 1964 a 1970, Gutiérrez Barrios fue un hombre despiadado que se convirtió en el eje de la lucha contrainsurgente, al mismo tiempo que un pilar invisible y perverso para mantener la paz social. En 1999, el Comité Eureka, una de las primeras organizaciones de madres, padres, familiares de desaparecidos, que fundó la luchadora social Rosario Ibarra de Piedra, lo responsabilizó de la desaparición de más de 500 jóvenes en la época en que ocupó la jefatura de la DFS.

Pero habría otros con un historial tan negro como el de Gutiérrez Barrios y esos son los casos de Arturo Durazo Moreno, Jesús Miyazawa Álvarez, Francisco Sahagún Baca y Miguel Nassar Haro, este último, otro policía de formas suaves, pero desalmado y cruel, «capaz de torturar a las personas con sus propias manos», como lo calificó Jorge Torres en *Nazar, la historia secreta, el hombre detrás de la guerra sucia.*

En la DFS tomó forma el grupo paramilitar Brigada Blanca, el brazo ejecutor de la presidencia de la República para desaparecer a líderes sociales, estudiantes universitarios, maestros rurales, académicos, dirigentes campesinos, guerrilleros y militantes de partidos de filiación socialista y comunista en el periodo de la llamada Guerra Sucia. El espionaje se extendería peligrosamente a los enemigos del régimen, sin reconocerlos como prisioneros de guerra ni darles el trato como tales.

La tortura jugó un papel fundamental, además de los vuelos de la muerte y de la ingesta de gasolina a través de embudos, militares y agentes de la DFS recurrieron a todos los métodos, desde los comunes hasta algunos desconocidos: patadas en los genitales, el estómago y las costillas, hasta provocar la muerte. Descargas eléctricas en el cuerpo mojado, los genitales, labios vaginales y el ano, aunque también en otras partes sensibles como encías, dedos de los pies y el interior de la boca o debajo de la lengua.

Las prácticas se usaban según la víctima y la información que se buscaba: rebanar la planta de los pies del detenido y hacerlo caminar para obligarlo a revelar información o delatar, así como desollamiento de piel de la espalda. Y de allí al pocito o submarino: atar en una tabla al detenido para inmovilizarlo y sumergirle la cabeza, hasta el cuello, en un tambo de agua sucia con excremento de animales, sobre todo caballos, y orines.

Graduados muchos de ellos en escuelas militares de Estados Unidos, aprendieron que los enemigos hablaban si los colocaban en posturas incómodas o de tensión, les ataban por horas los brazos por la espalda o si colgaban al preso por las manos para someterlo a brutales sesiones de puñetazos o palizas con palos o bates de beisbol.

Luego seguían las sesiones de abusos sexuales, incluida la violación, la amenaza o simulacro de ejecución con arma de fuego colocada en la nuca o disparos de fusil junto a un oído; colocar al detenido al borde de un precipicio o suspenderlo al aire desde una aeronave en pleno vuelo, así como la amenaza y simulación de castración con un bisturí.

Al menos 363 estudiantes y un maestro detenido, en octubre de 1968, enviados a la prisión del Campo Militar número 1, fueron sometidos a tortura física y psicológica: simulacro de fusilamiento. Casi todos ellos fueron consignados, según el informe de la Fiscalía Especial para Movimientos Sociales y Políticos del Pasado (Femospp).

«Sí, fue el Estado» se convirtió en un reclamo permanente a un presidente que intentaba borrar el pasado. Y desde la Casa del pueblo corrían sobre esos crímenes los más descabellados rumores porque cada abuso conmocionaba al país debido a que la violencia era irracional, pero los dos inquilinos mayores, el licenciado Echeverría y la Compañera María Esther, guardaban silencio, y el Estado se empeñaba en ocultar la verdad de crímenes que no se podían calificar con palabras.

Al margen de la manipulación del acopio de evidencia física, alteración de los escenarios y destrucción de informes sobre las atrocidades, el establecimiento de causas probables tiene elementos para documentar la participación activa del Ejército, los cuerpos de las policías, federal y estatales, y de otras organizaciones que a finales de la década de 1960 tomarían el nombre de grupos paramilitares: los Halcones, Brigada Blanca y Grupo Sangre, que operaban como escuadrones de la muerte y que se moverían por todo el país.

Custodiada por decenas de militares de los cuerpos élite del Ejército y la Marina, y agrupadas en un cuerpo conocido como Estado Mayor Presidencial (EMP), desde aquella residencia se desafió a la razón. Echeverría intentaba borrar de la memoria la matanza del 2 de octubre de 1968, seduciendo a intelectuales, censurando a la prensa y liberando presos políticos, pero le endilgó al país una masacre propia el 10 de junio de 1971.

Como hicieron sus antecesoras Guadalupe Borja de Díaz Ordaz y Eva Sámano de López Mateos, la Compañera, María Esther, calló sobre las atrocidades del régimen. Desde allí, desde donde se gobernaba, tomó forma una paradoja funesta y lamentable: un México parcialmente militarizado entró a su mayor crisis humanitaria, bajo un régimen civil.

Los Pinos, una superficie de unas 10 ha, parecía un cuartel de guerra habitado, como lo fue en su momento, por el general Álvaro Obregón, secretario de Guerra y Marina, o los también generales revolucionarios Plutarco Elías Calles y Joaquín Amaro Domínguez. En esa residencia, hoy un museo, quedaron atrapados los secretos del poder. Con el cargo de comandante supremo de las Fuerzas Armadas y junto a Díaz Ordaz encontraron la fórmula idónea para controlar a los militares y a su paso fueron dejando una larga estela de violencia política y terrorismo de Estado.

\*

Contrario a María Esther, Luis no descendía de una familia ilustre ni acomodada, aunque tenían algo en común: Jalisco. Los padres de él fueron Rodolfo Echeverría Esparza, originario de Guadalajara, capital de Jalisco, y Catalina Álvarez Gayou, del Distrito Federal; y sus abuelos paternos, el general médico militar Francisco de Paula Echeverría y Dorantes, originario de San Luis Potosí, y Concepción Esparza y Aranda, de Zacatecas; y sus abuelos maternos, Luis Álvarez León, de Oaxaca, y Ángela Gayou, de Guaymas, Sonora.

Sin embargo, Echeverría amaba a la Compañera, María Esther: después de enviudar en diciembre de 1999, siguió fiel a los recuerdos; puede decirse que la amó hasta la muerte, lo mismo que ella. Nada le ocultaba: cuatro meses después de su boda, el 2 de enero de 1945, en el Distrito Federal, a su lado leyó la noticia del nombramiento del general Rodolfo Sánchez Taboada como presidente del Partido de la Revolución Mexicana (PRM) y a ella le confesó que iría a pedirle trabajo. Y el militar revolucionario lo acogió como secretario auxiliar; ahí arrancó la carrera política que lo llevaría a la presidencia.

Diligente y sumiso, Echeverría se acomodó a los modos del general y María Esther; todavía, en ese entonces, una mujer ama de casa alegre, vivaz y trabajadora, colaboraba a su manera con los gastos para el sostén del hogar, además de cuidar a los hijos que llegaron pronto, María del Carmen, la primera. Sin penurias, aunque vivían apretados, casi al día. María Esther, apuntan sus biógrafos, trabajaba de sol a sol: limpiaba vidrios, lavaba la ropa, planchaba, cocinaba, lustraba el calzado de sus hijas, preparaba gelatinas y, embarazada, estaba al cuidado de la crianza de la familia. A los 26 años tenía cuatro hijos: Luis Vicente, María del Carmen, María Esther y Rodolfo. Para 1950 eran ya seis. Se habían sumado Álvaro y Pablo.

El empleo con el general fue providencial o la señal que necesitaba para encaminarse; cuando en 1952 el general fue nombrado secretario de Marina en el gabinete del presidente Adolfo Ruiz Cortines, lo llevó con él, pero ya no como secretario auxiliar ni secretario particular: lo nombró director general de Cuenta y Administración de la secretaría. En mayo de 1955, a la muerte del general-secretario, el presidente Adolfo Ruiz Cortines, le pidió a su joven secretario del Trabajo, Adolfo López Mateos, llevarlo como oficial mayor de la Secretaría de Educación Pública.

Astuto como era, a pesar de sus desacuerdos con el titular de Educación, José Ángel Ceniceros Andonegui, y con el manejo económico de la dependencia, Echeverría aguantó, agachó la mirada y se acercó a López Mateos: y este, con ambiciones largas y tejiendo en los sótanos de la política mexicana redes para posicionarse como el *tapado* de Ruiz Cortines, lo cobijó, lo amparó y envió como espía u oficial mayor de la dirigencia nacional priista.

La protección de López Mateos a Echeverría no era casualidad, además de una deferencia al general Sánchez Taboada, Adolfo y Luis habían tenido acercamientos cuando el primero, además de la Secretaría del Trabajo, ocupó la Secretaría General del PRI que encabezaba Sánchez Taboada; el segundo había ascendido de secretario auxiliar a secretario particular. Lo demás fueron pasos calculados: cuando López Mateos llegó a la presidencia, se lo endilgó a su amigo Díaz Ordaz como subsecretario de Gobernación.

Con ambiciones y bajo el ala protectora de María Esther, en 1955, Echeverría hizo su primera gran inversión, abandonó los pequeños departamentos prestados o rentados y adquirió una casa-granja con un terreno inmenso en Magnolias, calle principal del antiguo pueblo y colonia San Jerónimo Lídice, al surponiente de la Ciudad de México, donde se ofrecían atractivos negocios a viejos oficiales de alto mando que, después de la Revolución, se habían refugiado en fastuosas residencias de las Lomas. Así llegó la gente de dinero y de gran poder.

Allí, en San Jerónimo Lídice, se levantó el reino de María Esther, una inmensa granja, y los hijos del funcionario, nuevo rico, pasaron de escuelas públicas al entonces prestigioso Colegio Alemán. Para entonces se habían sumado a la familia Benito y Adolfo. La granja sería el eje de la economía familiar porque nadie sabía cuánto tiempo duraría la carrera política de Luis Echeverría Álvarez.

San Jerónimo era una promesa arbolada y tierra negra fértil. Además, el pueblo entero se dedicaba al cultivo de hortalizas y frutos: pera, manzana, membrillo, tejocote, ciruela, zapote blanco, zapote negro, durazno, higo, frambuesa, chabacano y capulín. El pueblo estaba lleno de flores: rosas, lirios, gladiolas, tulipanes, madreselvas, alcatraces, jazmines, margaritas. Y María Esther trabajó sola, ofreciendo sus productos de puerta en puerta, levantó e hizo producir a la granja. Cuesta trabajo pensar en la misma persona convertida en la Compañera, cómplice de Echeverría, hasta el último momento de su presidencia.

\*

Apenas empezaron a brotar y propagarse rumores de fuego sobre la sucesión del presidente, Luis Echeverría Álvarez, a mediados de junio de 1975, María Esther Zuno Arce, la primera dama y mujer más poderosa de México, convocó a un selecto grupo de amigas cercanas de la aristocracia social, a otro de esposas de políticos de la realeza priista y a uno más de la burocracia dorada del gobierno federal.

La convocatoria corrió como un evento especial que reuniría a los tres grupos a finales de ese mes para un desayuno de gala en un exclusivo restaurante del Distrito Federal, y al que asistiría la esposa de cada secretario de Estado o director general de organismos descentralizados presidenciable; sería una especie de pasarela de donde saldría la futura primera dama.

Negociantes del poder o enlaces para que el esposo respectivo se acercara lo mejor posible al futuro presidente, 150 mujeres estarían en el seleccionado grupo. Todas lo sabían: desde principios de 1975, la lista de aspirantes priistas corría como un rumor. La misión de las asistentes sería la de tratar de adivinar quién sería la futura primera dama de la nación y acercarse a ella para tener derecho de picaporte con el siguiente presidente.

La lista de los *tapados* de Echeverría se acortaba cada día: Hugo Cervantes del Río, Augusto Gómez Villanueva —quien se haría un diputado federal eterno—, Luis Enrique Bracamontes Gálvez y Porfirio Alejandro Muñoz Ledo y Lazo de la Vega —convencido este de que era, de veras, el verdadero *tapado* priista—, secretarios de la presidencia, Reforma Agraria, Obras Públicas y del Trabajo, respectivamente, además de Carlos Gálvez Betancourt, director general del Instituto Mexicano del Seguro Social (IMSS).

Echeverría tenía un lado autoritario oscuro y sombrío del que nadie quería hablar. Todo lo disfrazaba y era un vendaval de demagogia que decía la verdad, cuando la decía solo a su sombra o frente al espejo, a nadie más. En eso lo acompañaba, a imagen y semejanza, la Coronela, María Esther, o la Compañera, como ella misma había dispuesto que la llamaran desde el principio de la administración el 1.º de diciembre de 1970. A su manera, prohibió el nominativo de primera dama.

Y en ese juego perverso de disfrazar y esconder la verdad, Echeverría alentó la imagen de su *tapado* en la figura de su secretario de Gobernación, Mario Moya Palencia, a quien los jerarcas priistas rendían pleitesía como futuro presidente sucesor. Era una especie de trampa: de Gobernación habían salido los presidentes Miguel Alemán, Ruiz Cortines, Díaz Ordaz y el mismo Echeverría; no tenía por qué pasar de otra manera en 1975-1976, aunque en 1957 López Mateos, el *tapado* de Ruiz Cortines, salió de la Secretaría del Trabajo.

Responsable de la política interna, el manejo de la inteligencia, la relación del Poder Ejecutivo con los poderes Legislativo y Judicial, de las relaciones con las iglesias y la policía política, desde el llamado Palacio de Cobián, en la avenida Bucareli del Distrito Federal, su sede desde 1911, la Secretaría de Gobernación amasaba más poder que ninguna otra secretaría y había dado cuatro de cinco presidentes civiles; parecía, pues, el refugio seguro del *tapado* presidencial y, por lo tanto, la puerta natural de entrada a la presidencia.

Aleccionadas por el compañero respectivo y conociendo los intereses económicos, políticos o financieros de la familia, las damas de la alta sociedad, así como las esposas de los líderes de la cúpula nacional priista y las de los barones de la burocracia federal, tenían la mira puesta en Marcela Ibáñez Treviño de Moya Palencia, a quien le anteponían ya el «doña Marcela» como muestra de sumisión al poder. Y ella actuaba en consecuencia.

Fuera de los *tapados*, quedaban el procurador Pedro Ojeda Paullada y su esposa Olga Cárdenas Rentería; el canciller Emilio Óscar Rabasa Mishkin y su esposa Gloria Gamboa Cano Palacios, después de un boicot turístico de la comunidad judíaestadounidense, en represalia a políticas del mismo Echeverría de condenas sistemáticas contra Israel en la ONU, así como el titular de Hacienda y Crédito Público, José López Portillo y Pacheco y su esposa, la pianista Carmen Romano Nolk.

Los días que siguieron a la convocatoria nada extraordinario pasó. El poder real de la primera dama se había forjado desde décadas atrás a la sombra del primer mandatario. Bajo ciertos ropajes literarios, orales en la mayoría de los casos, se le atribuían poderes especiales, a través de secretos de alcoba o indiscreciones de comedor y porque, en su condición de esposa del presidente, los funcionarios de primer nivel, todos, le cumplían cualquier capricho.

La Coronela y el demagogo autoritario Echeverría iban de salida, pero todavía no empezaba la cuenta regresiva. De gala el desayuno, amigas aristócratas, esposas de funcionarios de primer nivel y aquellas de los dirigentes priistas llegaron puntuales. Vestían todas con solemnidad.

Convivieron, rieron, departieron y desayunaron. No obstante, como si hubiera caído un misil, la magia del acto protocolario se rompió cuando la Coronela pidió a las 150 mujeres donar las joyas que lucían aquella mañana de gala —collares, relojes, anillos, pulseras y prendedores— para depositarlas en una charola y así ofertarlas en una rifa especial de beneficio a niños y madres sin recursos, que se atendían a través de la Red del Servicio Social Voluntario y 23 programas sociales creados en el gobierno de su esposo.

La petición se presentó como una verdadera prueba que había que pasar. No obstante, Marcela Ibáñez Treviño de Moya Palencia no lo interpretó así y, sin más, se adelantó a tildar la propuesta como «un robo a ojos vistos». Creer que era la elegida para ocupar el papel de primera dama al terminar la administración de Echeverría fue su más grande desacierto, y María Esther no se lo perdonaría.

Esta era todavía una mujer poderosa y tenía «fama», bien ganada, de intolerante y caprichosa. El doctor Rafael Giorgana daba fe de esa mano dura, pues lo despidió en forma fulminante de la dirección general del INPI porque no podía eliminar todos los plátanos verdes cuando se entregaban los desayunos escolares gratuitos.

La anécdota de los plátanos verdes en los desayunos escolares pasaba de boca en boca hasta que la recuperó el periodista Erasmo Fernández de Mendoza:

> En una inspección de rutina que la Compañera María Esther realizaba a la línea de empacado de los desayunos, acompañada por el doctor Giorgana, vio unos plátanos verdes, por lo que ordenó que vigilara que esa fruta se empacara madura, para que no le hiciera daño a los menores que los consumían. Pasaron unas semanas [e] hicieron otra inspección de los paquetes de desayunos y ella encontró de nuevo plátanos verdes [...] le gritó al doctor Giorgana que estaba despedido y nombró en su lugar a Norberto Treviño Zapata.

El caso de Marcela Ibáñez, a decir verdad, fue más insolencia que ingenuidad porque esa clase de donativos eran costumbre impuesta por anteriores damas de la aristocracia que pertenecían a la Liga de la Decencia, esposas de empresarios conservadores, cómplices del saqueo del erario en los sexenios de los presidentes Manuel Ávila Camacho y Manuel Alemán Valdés. Las primeras damas Soledad Orozco y Beatriz Velasco, multimillonarias ellas mismas, habían involucrado a esa adinerada sociedad civil en tareas asistenciales a través de donativos voluntarios.

Pero como todavía no era la primera dama y faltaban unos meses para el destape, Marcela Ibáñez no estaba en condiciones de saber que unas semanas más tarde se arrepentiría de haber cuestionado aquella «donación» o pase de charola porque su esposo, el secretario de Gobernación, Mario Moya Palencia, sería defenestrado de la sucesión presidencial y humillado por la aristocracia del gabinete. Y doblemente herido cuando se documentaron sus relaciones con el capo-mafioso cubano Alberto Sicilia Falcón, traficante de armas, suministrador de armas a las guerrillas anticomunistas y las bandas paramilitares e informante de la CIA.

Inteligente, educado, culto y elegante, sicópata bisexual, escribirían en sus crónicas y reportajes periodistas de la época, Sicilia Falcón se movía en los altos círculos de la política mexicana desde sus elegantes residencias en el Pedregal de San Ángel, zona sur del Distrito Federal, y en Tijuana, Baja California, conocida como la Casa redonda. Sicilia Falcón, cuyas fastuosas fiestas cobraron notoriedad en el puerto de Acapulco, se fugaría del penal de Lecumberri a través de un túnel de 40 m de largo, sería recapturado, cumpliría su condena y sería liberado décadas después, pero su nombre, su captura, fuga y recaptura quedarían ligados para siempre al impulso que tomó el narcotráfico en México. Este escándalo propició el divorcio de Marcela Ibáñez Treviño y Mario Moya Palencia.

Algunas versiones descartan que hubiera habido tal rifa de las joyas que se juntaron en aquel desayuno. Sin embargo, la sorpresa más grande fue que Marcela Ibáñez Treviño no sería la primera dama. La noticia corrió a la par de otra que involucraba a la primera dama Esther como cómplice de jugosos negocios con su esposo el presidente Luis Echeverría, en el territorio de Quintana Roo y el estado de Morelos.

*

Tras su sexenio, Echeverría se convirtió en un acaudalado priista con la mira puesta en un gran negocio inmobiliario en una zona de belleza natural excepcional de la que se enteró cuando altos funcionarios de gobierno, entre ellos el secretario de Hacienda, Antonio Ortiz Mena, así como Rodrigo Gómez y Ernesto Fernández Hurtado, del Banco de México (Banxico), le expusieron al presidente Gustavo Díaz Ordaz un proyecto para desarrollar un centro turístico en el norte del territorio quintanarroense.

Con la aprobación de Díaz Ordaz, el Banco de México decidió comprar en secreto a través del abogado Carlos Nader, con apoyo del Departamento de Asuntos Agrarios y Colonización y la Oficina del Catastro de Quintana Roo, la mayoría de los ejidos y ranchos en los que se dividía Cancún, la costa mexicana del Caribe.

La precaria situación del campo quintanarroense fue fundamental para que el enviado del Banco de México y algunos otros personajes, entre ellos el secretario de Gobernación, y el gobernador del territorio, Javier Rojo Gómez, adquirieran terrenos clave para el nuevo desarrollo turístico.

Sumado al poder que le daba la cercanía al presidente, el dinero y la telaraña de intereses que tejió en 12 años, en la Secretaría de Gobernación, seis como subsecretario y seis como titular de la dependencia, Echeverría tuvo la solvencia necesaria para adquirir, con un halo de misterio y a precios de regalo —a su nombre y a nombre de su esposa, bajo seguros prestanombres— grandes extensiones de terreno en aquel territorio-paraíso.

Pronto, la Coronela conoció el proyecto completo: se trataba de amplias zonas con playas vírgenes y potencial turístico en el viejo *Kancum*, bajo el vocablo también antiguo de *Cancún* que, más adelante, quedaría enclavado en el municipio de Benito Juárez con el beneplácito de Echeverría. Él mismo se encargaría de impulsar y apuntalar el nuevo desarrollo turístico. El halo de misterio fue develándose con los años, pero la Coronela guardó celosamente el secreto inmobiliario del presidente y de sus adquisiciones que se ampliarían hasta Cozumel.

Desde mediados de 1967, cuando Echeverría despachaba todavía en Gobernación, Rojo Gómez, recién llegado al territorio, tenía una tarea: enviar informes puntuales y precisos sobre aquellas playas vírgenes. En su despacho del Palacio de Covián, sede de la secretaría, Echeverría sacó sus ahorros y a través de prestanombres se apoderó de algunas de aquellas tierras, con la «fortuna» de que el gobernador de Quintana Roo moriría en una visita al Distrito Federal el 31 de diciembre de 1970.

Con el único testigo de sus transacciones inmobiliarias muerto, el 10 de agosto de 1971, el presidente Echeverría hizo publicar en el *Diario Oficial de la Federación* el decreto sobre la creación de Cancún, que sería la atracción turística del mundo y desplazaría a Acapulco como el mayor destino vacacional y que era, no sobra decir, propiedad de la aristocracia político-económica protegida por los gobiernos de los presidentes Manuel Ávila Camacho y Miguel Alemán Valdés. Luego se supo que, con el visto bueno de Echeverría, los desarrolladores inmobiliarios habían empezado a trabajar desde 1970.

Aquella «compra» fue sobreseguro: en 1970, con el aval y solicitud del gobierno echeverrista, el Banco Interamericano de Desarrollo (BID) hizo un primer préstamo por 17 millones de dólares que dejó fuera las zonas habitadas por las clases más desprotegidas de la zona, para apoyar a banqueros y políticos, y la zona a desarrollar sería conocida como el primero de los Centros Integralmente Planeados o primer polo de desarrollo turístico. Luego llegarían inversiones por millones y millones.

Con todo el poder de la presidencia y con la intensión de superar todo aquello que representara al binomio Ávila Camacho-Alemán, Cancún se convirtió en el motor del crecimiento económico de Quintana Roo, y el matrimonio Echeverría Zuno, incluidos los hijos, en una pareja acaudalada.

Tanto así que, al inaugurar una planta de hielo en Chetumal, Echeverría anunció de manera informal a sus acompañantes la creación de Cancún, con una inversión de mil millones de pesos (casi el doble de lo que realmente invirtió el Banco de México, con todo y el crédito de BID). Pero el comentario casual, captado por un reportero sagaz, se convirtió en noticia de primera plana en la prensa local.

En 2007, cuando Echeverría gozaba a plenitud de sus facultades mentales, Fernández de Mendoza publicó en *Conjuras sexenales*: «Y en la otra ciudad, a donde Luisito se hizo de fantásticas áreas de terrenos urbanos y de invernaderos, fue Cuernavaca, Morelos, en donde destaca [a principios de 1976] el fraccionamiento de Sumiya en Jiutepec, poblado conurbado con Cuernavaca [con el apoyo] del gobernador-virrey Felipe Rivera Crespo», al que el mismo Echeverría había impuesto en mayo de 1970, con el visto bueno del presidente Gustavo Díaz Ordaz.

Con la aprobación de María Esther la nueva propiedad de los Echeverría Zuno, precisa Fernández de Mendoza, quedó a nombre de María del Carmen Echeverría Zuno de Porras a través de la firma inmobiliaria Mazatepec. «Y, ya dueña y señora de Sumiya —una adquisición dudosa, oscura y tramposa—, desarrolló varios fraccionamientos lujosos como el del Condominio Residencial Sumiya y se dedicó a vender hermosos terrenos a precios de lujo, haciendo una fortuna increíble, además de que les vendió a los hoteles Camino Real la inmensa casa de Barbara Hutton».

*

Nadie imaginaba que María Esther y el licenciado Echeverría, a través de prestanombres, levantarían un imperio en bienes raíces en los estados de Quintana Roo, Morelos, Guerrero y Guanajuato. Por eso en 2006 sorprendió que le embargaran nueve lotes en Cozumel para saldar un adeudo por casi 2 millones de pesos no pagar el impuesto predial.

En septiembre de 2021, el exabogado del expresidente, Heraclio Bonilla, hizo un señalamiento que dejó boquiabierto a más de uno. Palabras más, palabras menos, dijo: «La fortuna de Luis Echeverría es tan grande que creó 12 empresas solo para administrar los bienes raíces, aunque la suma de todos los ingresos que tuvo como servidor público no da para justificar tal riqueza»; en otras palabras, dio a entender que el exmandatario no solo era un asesino, también un gran ladrón.

De acuerdo con Bonilla, el expresidente, quien murió el 9 de julio de 2022, tenía mansiones en Playa del Carmen, en el Caribe mexicano, y una mansión en Ixtapa-Zihuatanejo, en el Pacífico. «La fortuna es inmensa. No le puedo decir a cuánto asciende, pero una de las casas más hermosas del Pacífico mexicano es de ellos» y dio a conocer que había presentado una demanda contra la familia por la falta de pago de unos 10 millones de pesos por los servicios que había prestado entre 2002 y 2010.

Bonilla, quien defendió a Echeverría por acusaciones penales en la matanza del 2 de octubre de 1968, cuando fue secretario de Gobernación, y por la matanza del Jueves de Corpus o *el halconazo* del 10 de junio de 1971 fue preciso: la propiedad en Playa del Carmen tiene un valor comercial cercano a 130 millones de pesos, y estas tierras fueron a parar a manos de Echeverría durante la época en que gobernó el país.

Con el poder pleno de una presidencia dictatorial, el 28 de agosto de 1974 cimbró al país un rumor que se hizo noticia pronto: una célula de las Fuerzas Armadas Revolucionarias del Pueblo (FRAP) secuestró al historiador humanista José Guadalupe Zuno Hernández, exgobernador de Jalisco, fundador de la Universidad de Guadalajara, pintor, universitario, obrerista, librepensador, agrarista, caricaturista, educador, ecologista, bohemio y revolucionario.

En un país al que incomprensiblemente el gobierno echeverrista metía a una guerra de exterminio, el secuestro cobró visos de alarma y tragedia, incluso internacional, porque el secuestrado era el padre de la Compañera, María Esther Zuno Arce, la primera dama, y, por lo tanto, era suegro del presidente Echeverría. Y las FRAP sumaban a su cuenta el secuestro de Terrence George Leonhardy, cónsul estadounidense en Guadalajara.

Hipótesis hubo de todos los calibres. La comunidad respondió con desplegados y cartas que exigían la liberación de Zuno, firmados también por Hortensia Bussi, viuda del presidente chileno Salvador Allende, y también por el presidente cubano Fidel Castro. El presidente guardó silencio y dejó el manejo de la información, toda, a la Procuraduría General de la República. La Compañera, María Esther, sin Echeverría, se sumó a las protestas afuera de la residencia de su padre. La condena fue unánime.

La respuesta oficial fue una y contundente: «El gobierno no pacta con criminales». Se prometió castigo para los criminales y el gobierno puso en marcha un plan inmediato para llenar de agentes federales encubiertos, militares de los cuerpos élite del Ejército, también encubiertos, y elementos paramilitares en la ciudad de Guadalajara y municipios vecinos. Nueve días después, el 7 de septiembre, sin señales de violencia, el exgobernador apareció tranquilo y caminando. No se había pagado ni un peso por la liberación.

Poco a poco aparecieron interrogantes: ¿por qué Echeverría guardó silencio ante una provocación a su familia y a él mismo? ¿Por qué no acompañó a su esposa en un momento tan delicado? ¿Quiso infundir miedo en la población? Y Mario Moya Palencia, secretario de Gobernación, hizo desde Bucarest —capital de Rumania—, donde se encontraba en una gira de trabajo, una declaración que cobraría sentido décadas más tarde: «Solo a mentes criminales y con espíritu de provocación», se les pudo haber ocurrido atentar contra el licenciado José Guadalupe Zuno, hombre de tantas virtudes morales y revolucionarias.

Y ese sentido y respuesta a mentes criminales se lo dio Javier Coello Trejo, subprocurador general de la República, responsable de la lucha contra el narcotráfico de 1988 a 1990, conocido como el Fiscal de Hierro, título que también le dio a sus memorias en 2021, y quien, en 1973, formaba parte del Ministerio

Público Federal y fue enviado a Guadalajara para coordinar el rescate del papá de la primera dama María Esther.

Coello afirma:

> La verdad es que el presidente Echeverría inventó lo del secuestro de su suegro para justificar el envío de más hombres a Guadalajara y tener bajo vigilancia a los grupos estudiantiles donde se formaban los cuadros para engrosar las filas de las guerrillas [...] Cateamos la mitad de Guadalajara, interrogamos gente, aprehendimos a presuntos guerrilleros, movilizamos cientos de hombres y de pronto apareció el viejo Zuno caminando por la calle como si nada hubiera pasado.

¿Cuánto sabía María Esther? ¿Cuál fue su participación? ¿Tenía conocimiento del secuestro? Coello Trejo hace otra revelación en *El Fiscal de Hierro*: «Participé en la investigación conjuntamente con Miguel Nazar Haro y Florentino Ventura, y quien nos daba las instrucciones era doña Esther Zuno —la Compañera Esther, como le llamaban a la esposa del presidente».[7]

*

A las cinco de la tarde del 10 de junio de 1971, al menos 10 mil maestros y estudiantes se hicieron uno y avanzaron rumbo al Monumento a la Revolución, minutos más tarde cayeron en una trampa sorpresiva que les tendieron contingentes de dos mil elementos, del temible cuerpo de granaderos de la Policía del Distrito Federal, los mismos que habían empezado la represión que detonó el movimiento de 1968, y decenas de agresivos elementos gansteriles de choque, o fuerzas paramilitares que vestían ropas de paisano o civil, e iban armados con varas de

---

[7] Coello Trejo Javier, *El Fiscal de Hierro*, México, Planeta, 2009, p. 71.

bambú o kendos, toletes policiacos y largas varas de maderas especiales para golpear.

Encapsulados, y rota la columna de la marcha pacífica, se sabría que aquellos jóvenes de cuerpos atléticos y cortes de cabello tipo militar, con formación castrense y entrenados en el manejo de armas de fuego, respondían al nombre clave de los Halcones, grupo clandestino de choque para el que se habían reclutado criminales, policías, pandilleros, jóvenes con escasa educación y militares, con el mero fin de reprimir y aplastar, después de la experiencia del movimiento de 1968, cualquier intentona de movimiento estudiantil que se detectara en la capital mexicana, pero había planes para reprimir y aniquilar estudiantes de todo el país.

El Ejército aguardaba agazapado en otras posiciones estratégicas para cazar y capturar a estudiantes y maestros que lograran romper el cerco de los granaderos y otros contingentes de Halcones, una fuerza de ataque letal.

Entrenados en artes marciales y peleas callejeras, los Halcones protegidos por los granaderos entraron en acción: embistieron a los manifestantes metidos en varias ratoneras; atacaban con furia desmedida y sangrienta. En la parte delantera de la marcha y en la retaguardia, estudiantes y maestros trataban de huir sin rumbo, desconcertados; escapar del ataque con kendos, toletes y varas de madera, reforzado con disparos de armas de fuego —fusiles de asalto automático M1 y M2—. Había caos entre las bombas de gases lacrimógenos, mientras otras unidades de granaderos y otros contingentes de Halcones cerraban y taponaban todas las salidas posibles: estudiantes, maestros y civiles caían de un lado y caían del otro, chorreaba la sangre por la calle, caían heridos o muertos; caían también civiles. Decenas eran detenidos con violencia desmedida. Por si fuera poco, los heridos fueron rematados en las salas de emergencias de los hospitales.

La policía política y el Ejército, además, habían infiltrado a sus elementos para causar caos en las filas de los manifestantes, disparar contra ellos y colocaron a francotiradores en algunos edificios y viviendas con órdenes también de disparar a maestros, estudiantes y a civiles que apoyaran la manifestación. Se documentaría que el comandante del segundo batallón de Guardias Presidenciales del Estado Mayor Presidencial había ordenado a sus elementos, unos 850, apoyar a los Halcones y al cuerpo de granaderos.

Entrenados en el manejo de armas, algunos de los guardias presidenciales serían también parte de los francotiradores, y en su informe sobre el 10 de junio de 1971, la Femospp concluyó: «Los grupos gansteriles sirvieron a los intereses y tuvieron el apoyo de los más altos niveles de la administración pública».

Fue una agresión a matar o matar. Pero ¿qué irritaba a Echeverría y a su secretario de Gobernación Mario Moya Palencia? Cualquier cosa. Los dos eran intolerantes, autoritarios. El presidente quería tener el control absoluto del país. Quería que el Ejército, la Policía y sus grupos de Halcones —capacitados y entrenados en Estados Unidos, Japón, Francia y Reino Unido— tuvieran control de las calles, barrios, colonias y pueblos. Quería tener en un puño al campo y a las zonas urbanas, y a todo el país comiendo de su mano para impulsar su reelección.

Agentes de inteligencia, la policía política de la Secretaría de Gobernación, la Dirección Federal de Seguridad y militares de la sección dos del Estado Mayor del Ejército, encargada de la «inteligencia militar», tenían agentes infiltrados en cada universidad y escuela de estudios superiores.

El recuento de daños fue claro: se especula que el número de muertos va de 22 a 220 estudiantes, de entre 14 y 22 años, fueron asesinados con armas de fuego; más de 100 heridos y más de 350 detenidos. Aún se desconoce el número real de muertos, pero hay una certeza documentada: el Ejército sí participó desde la planeación hasta la posición de francotiradores y la concentración de campamentos, contó con el apoyo de la Policía Federal de Caminos y el halconazo fue parte de un operativo de contrainsurgencia.

Como había pasado con el enriquecimiento desmesurado de la pareja a través de operaciones inmobiliarias en varios estados, y como pasó con el «secuestro» de su padre José Guadalupe Zuno, María Esther guardó silencio. De la mujer modesta que era cuando el 2 de enero de 1945 contrajo matrimonio con Echeverría poco quedaba.

Desde Los Pinos, se perfeccionó el arte de la sumisión y la impunidad. El partido servía de adorno, convertido en tramposa maquinaria electoral. Y el poder de los ciudadanos cada día se hizo más débil. En los hechos, aquellos se convirtieron y asumieron como sirvientes del presidente, una situación tan preocupante como perversa.

México aprendió a vivir con la realidad del terror de Estado: asesinato, tortura, desaparición de personas vinculadas con organizaciones insurgentes, guerrilleras, estudiantes rebeldes y maestros inconformes, en suma, crímenes de lesa humanidad. Echeverría daría luz verde a la violencia política, entendida como el ejercicio de la fuerza del gobierno para eliminar a rivales o enemigos a fin de perpetuar, sostener o modificar el régimen sin ningún tipo de oposición.

María Esther había resentido la pérdida del poder desde antes de que López Portillo los desterrara: la Compañera y Echeverría dejaron Los Pinos con meses de antelación al cambio de poderes. Un día, meses antes de que terminara el sexenio, regresó acompañada por Hortensia Bussi, viuda del presidente chileno Salvador Allende, y la guardia del Estado Mayor Presidencial les prohibió el acceso por la puerta principal. La Compañera y la viuda entraron por la puerta de atrás.

De regreso a México, en 1980, confinada en el olvido, fue forzada a retomar sus actividades de ama de casa, a cuidar su finca en San Jerónimo Lídice, como hasta antes del ascenso al poder de su esposo, a sostener conversaciones epistolares con algunas de sus amigas o a cuidar Los Laureles, viveros[8] de la familia en la zona de La Carolina, en las afueras de la ciudad de Cuernavaca.

En ese destierro decretado por López Portillo, la Compañera, María Esther Zuno Arce, condenada a vivir en el ostracismo, enfermó de tristeza, de resignación, de pura infelicidad, y por algunos males en la columna vertebral producto de una caída y por la diabetes que le había llegado pronto. Pasó lo que tenía que pasar después de ser una semidiosa, su imagen se desvaneció, cayó en el olvido, hasta que la fue a rescatar su hijo Rodolfo.

La diabetes le pasó factura y vivió algunos años, 10, según lo que se sabe, entre la silla de ruedas y la cama, donde la atacaron profundas crisis de depresión, hasta que, como sucedió con su antecesora y examiga Guadalupe Borja Osorno de Díaz Ordaz, se aisló del mundo y de su familia. Le habían pasado la factura por la muerte de su hijo Rodolfo, producto de una embolia en 1983, y la condena a cadena perpetua, en 1978, en Estados Unidos, a su hermano, Rubén Zuno Arce, por narcotráfico, cómplice de los capos Miguel Ángel Félix Gallardo, Rafael Caro Quintero y Ernesto Fonseca Carrillo.

Agobiada por el cúmulo de penas y la añoranza del poder, la Compañera, la Güera, María Esther Zuno Arce, la enamorada eterna de Luis Echeverría, murió el 4 de diciembre de 1999. «La amortajaron con cuidado extremo, con traje de gala, de te-

---

[8] «Ocho naves de quince metros de ancho por treinta de largo que integraban los viveros. Ahí se hacía un cultivo hidropónico de pepino japonés. Con las características de ese tipo de cultivo, explicó la señora Echeverría, a partir de 480 semillas se podían obtener cuatro toneladas de producto cada tres meses y medio [...] Este tipo de cultivos son de mentes primermundistas», tomado de *Yo no soy primera dama*. Todo mientras el campo de México se hundía entre el olvido y el abandono.

huana, de terciopelo negro con grandes flores en la parte final de la falda», escribió Valles Ruiz.

Décadas más tarde, allí en Magnolia 131, calle principal del pueblo de San Jerónimo Lídice, una zona de clase alta al surponiente de la Ciudad de México, lejanas sus grandezas y sin su compañera, el expresidente Echeverría viviría en soledad hasta pasados los 100 años, penosamente esclavizado a una silla de ruedas en una suerte de prisión domiciliaria. Decir que, tanto el uno como el otro, murieron con la marca del desprecio y rencor de los mexicanos es poco. Sin embargo, rencor y desprecio es lo mínimo para un represor y asesino como lo fue el expresidente Luis Echeverría Álvarez y lo mismo para toda su administración.

# 5
## CARMEN ROMANO,
## MÍSTICA *PRIMA DONNA*

Nombre: **Carmen Romano Nolk**
Nacimiento: **10 de febrero de 1926, Ciudad de México**
Fallecimiento: **9 de mayo de 2000, Ciudad de México**

Esposo: **José López Portillo (1920-2004)**
Periodo como primera dama: **1976-1982**

Agonizante en su cama, cuando se amontonan imágenes y las memorias mutiladas viajan a la velocidad de la luz y, en segundos, brotan, viajeras en el tiempo, múltiples interrogantes, Carmen Romano Nolk solo buscaba a su exesposo: José Guillermo Abel López Portillo y Pacheco.

Tendida allí, antes de que se le escapara la vida, la Muncy, como la llamaban de cariño, quería hablar y despedirse de su exmarido, expresidente de México, nepotista culto, frívolo y malicioso, apasionado de la literatura, la historia y la pintura, escritor que, después de los 38 años de edad, se empezó a inventar un pasado fundacional para labrar y justificar su ascenso al poder.

Con ese hombre vivió un matrimonio de 12 años, de 1951 a 1964, aunque la separación y el divorcio civil se formalizaron hasta después de 1982. Procreó tres hijos: José Ramón, orgullo de su nepotismo, Carmen Beatriz (Yiyí) y Paulina López Portillo Romano. La moribunda Carmen había compartido un sexenio de excesos, complicidades y corrupción, lleno de teatralidades que movían a la indignación y a la ira; muchas cosas y situaciones los mostraban como fuego causando estragos, pero, con él, como la pintaba la voz de la calle, había vivido el lado glamuroso y oscuro de la casa presidencial. Tanto poder tuvieron que ambos le perdieron el miedo a todo.

Pocas primeras damas hasta entonces representaban de forma más cruda y triste los estragos del desprestigio: a Carmen Romano, una mujer sofisticada que sabía lo que quería hacer con su vida y cuyo futuro desde niña mimada y sin privaciones se antojaba brillante, y a López Portillo, un político que, en su intrascendencia, saqueaba y acababa con un país entero, la figura de ambos cruzó de las engañosas sombras grises a lo negro de la historia nacional.

Nacida el 10 de febrero de 1926, en el Distrito Federal —de madre venezolana, Margarita Teresa Nolk Traviesso y padre mexicano, Alfonso Romano Guillemín—, Carmen impresionó a José, Pepe, para sus amigos, desde la infancia y desde la vecindad en la Del Valle, colonia de clase media alta. Vivió él mucho tiempo agobiado por la belleza camaleónica, extravagante y controversial de aquella mujer de cara ovalada y ojos cautivadores verde mar, que rompía los estereotipos de primera dama, hasta rayar en lo ordinario, por lo que se tejían historias y leyendas urbanas que, seguro, la alcanzaban en esa cama y por eso pedía ver por última vez a José López Portillo.

Controversial, la pareja daría mucho de qué hablar, sería tema de conversación por mucho tiempo y los mexicanos serían testigos, después de que Echeverría ungió a López Portillo como sucesor, de una «reconciliación» matrimonial arreglada y enfermiza.

En la antesala de la muerte, lejano ya el espectáculo y su mala fama, el caos de su notoriedad de primera dama se convertía en un epílogo tan coherente como disparatado de una mujer cuya vida en seis años fue perseguida por las sombras de la corrupción. Su nombre se convirtió en un lugar común que abrió la puerta a historias reales, anécdotas y chismes de todo calibre sobre su vida en la residencia oficial y referencia imprescindible no de una dama frívola y seductora en la Casa de los presidentes, sino de una pianista, una *prima donna* cómplice del despilfarro, la corrupción y la opulencia, capaz de amenazar de muerte, antítesis de lo que el pueblo esperaba como representante de la mujer mexicana en la residencia presidencial.

\*

Como no había pasado con ninguna de sus antecesoras, Carmen Romano, aquella mujer de piel blanquísima, alta, de talle largo, ojazos verdes, hermosa, según la describía en su juventud López Portillo, cuando tenían una década de casados, acaparó reflectores y despertó la irreverente imaginación de un pueblo acostumbrado a la engañosa mesura de las primeras damas.

Su enfermedad y su reclusión se mantuvieron casi en secreto por meses, pero, en aquellos días, en los que las noticias conmovían hasta la médula, la vida se le escapaba a la Muncy en el más absoluto de los silencios, como si hubiera sido una maldición y, con una mujer tan notoria como ella, eso también dio rienda suelta a todo tipo de rumores de un pueblo ocurrente y mordaz. La vida privada y la salud de las primeras damas eran una especie de secreto de Estado para mantenerlas a salvo de chismes y salvaguardar su honra y reputación, que era la reputación del país entero, en su calidad de madre de la nación.

Carmen Romano Nolk cobró notoriedad porque fingía muy mal un matrimonio sólido con José López Portillo. Esta pareja fue una hilarante comedia sexenal de la familia perfecta: vivían los dos en Los Pinos, pero lo hacían como vecinos respetuosos, distantes e independientes, estaban juntos, pero separados, y serían víctimas de su propia notoriedad: ella, una mujer fatal; él, un frívolo incapaz, y cuyas vidas terminarían después de largas y penosas enfermedades.

Ninguno de los dos tuvo reparo en aparecer como personajes temidos e iluminados. A Carmen y a Pepe, según parece, no les importaba lo que se pensara de ellos. Un largo historial de amoríos, relaciones polémicas y la sucesión de amantes conocidas del presidente que se comportaba como un *playboy* —Rosa Luz Alegría Escamilla, prestigiosa física curvilínea, la amante favorita del presidente, que sería incrustada en el gabinete como secretaria de Estado; la exótica Liliana Mendiola Mayanes, vedete de ascendencia china conocida en los centros nocturnos como Lyn May, la diosa del amor; la bailarina, vedete, actriz y violinista exótica Olga Eugenia Breeskin Torres, y la también modelo, vedete y actriz de televisión y películas de vodevil, ficheras o sexicomedia, la italiana de origen yugoslavo Aleksandra Aćimović Popović o Sasha Montenegro, como se conoce por su nombre artístico, con quien terminaría casándose y procreando un hijo, en 1985, y una hija dos años más tarde: Nabila y Alexander López Portillo Aćimović— esto sería solo una muestra del teatro familiar absurdo que durante seis años se vivió en Los Pinos.

Aleksandra o Sasha sería, desde principios de la década de 1980, una pesadilla para los López Portillo Romano. Le alteró la vida a toda la familia, empezando por Paulina, la menor. En *Horror*, libro que publicó en 1999, habla de lo que representaba la actriz: una especie de satanás del porvenir:

¡Esa cosa es un demonio! ¡Una prostituta diabólica! ¡Dios está muerto —Pepe, el iluminado, terminaría sin poder defenderse, hemipléjico producto de un infarto cerebral en 1994, reducido a una silla de ruedas atado a esa mujer de pómulos levemente marcados, grandes ojos, rostro simétrico del mentón a la frente, labios rellenos

y tez clara, atractiva natural— y ella lo quiere devorar! […] ¡Ella tan
vanidosa y no se puede ver en el espejo porque es la muerte!

Seducido por aquella belleza europea, Pepe terminaría enamo-
rándose, entregándole su voluntad y contrayendo matrimonio
civil y, viudo ya, por la Iglesia católica. Jovial, Sasha le despertó
nuevas ansiedades y deseos. En ese arremolinar de las pasiones,
el expresidente olvidó a sus dos hijas y a su primogénito. Y, por
supuesto, dejó de lado, para siempre, a Carmen Romano, a la
que ya no lo unía ni la costumbre.

El presidente López Mateos cobró notoriedad por sus escapadas nocturnas para manejar autos deportivos en una especie
de cacería de jovencitas, o en los grandes banquetes y ceremonias aparataba mujeres sin importar su estado civil, a Miguel
Alemán le sentaba bien seducir, enamorar y lucirse con artistas
y esculturales modelos, así también López Portillo mantuvo el
embrujo de sus pasiones oscuras en la cachondería de las vedets,
en el vitalismo del arrabal, y en el pandillerismo de sus amigos
rateros, traficantes e intelectuales orgánicos.

Los gustos arrabaleros de López Portillo llenaron la imaginación de muchos, tanto que alguna vez Jesús Silva-Herzog
Flores, secretario de Hacienda y Crédito Público, en 1982, señaló:
«Yo siempre cuento, y me gusta hacerlo, que llegamos a tener
[se refería al gobierno federal] hasta un cabaret, que probablemente haya sido el único cabaret en el mundo que perdía dinero».

Sasha fue un escándalo. Durante años fue la comidilla y nota
de la farándula política; pero todo eso no es más que un capítulo. El amorío con Rosa Luz Alegría escondía secretos propios
más allá de sus escapadas de desnudos explícitos y del matrimonio
de ella con Luis Vicente Echeverría Zuno, hijo del presidente
Luis Echeverría.

Rosa Luz era un asunto privado que cruzó los límites y
transmutó a lo público. Apenas se conoció el destape de Por-

tillo como futuro candidato, se la llevó a la Secretaría Técnica del Instituto de Estudios Políticos Económicos y Sociales del PRI. Pasadas las elecciones presidenciales de 1976, la hizo jefa de su cuerpo de asesores y, al tomar posesión, la nombró subsecretaria de la presidencia, donde la tenía cerca como amante y subordinada. Luego la nombró secretaria de Turismo.

*

Décadas después se confirmaría a través de WikiLeaks, el sitio web creado por Julian Assange para dar a conocer a través de filtraciones documentos secretos o confidenciales del gobierno de Estados Unidos, que, en su momento, al presidente Echeverría le cruzó la idea y analizó un plan para asesinar al presidente electo en 1976, su amigo Pepe.

Enfermo de poder, Echeverría intentaba extender su mandato. De acuerdo con el cable 1976MEXICO10067_b de la Embajada de Estados Unidos en México, los persistentes rumores sobre el plan para eliminar a Pepe empezaron poco después de las elecciones de aquel año. La élite del PRI y algunos académicos estaban convencidos de que Echeverría estaba renuente a entregar el poder.

En una entrevista con Julio Hernández López, Astillero, el médico psiquiatra y criminólogo Ernesto Lammoglia recordó un pasaje en el proceso sucesorio de Echeverría, que empezó en septiembre de 1975: «Nos reunieron a seis personas, intelectuales no orgánicos, para examinar el perfil de seis precandidatos y el peor calificado fue López Portillo». Aunque no dijo nombres, los *tapados* eran Mario Moya Palencia, Hugo Cervantes del Río, Augusto Gómez Villanueva, Luis Enrique Bracamontes Gálvez y Porfirio Alejandro Muñoz Ledo y Lazo de la Vega.

Echeverría lo hizo precandidato y presidente porque «sabía que tenía que dejar al más bruto, al más inútil, al menos capacitado moralmente, tenía 14 años separado de la Muncy», y tenía, además, una hija aparte, fuera del matrimonio, pero «decidieron [Carmen y José] unirse de nueva cuenta después de 14 años de separación» para darle forma a la familia presidencial, y así empezó la frivolidad que también se notó cuando López Portillo cortejó abiertamente a la física Rosa Luz Alegría, esposa entonces de Vicente Echeverría Zuno, hijo mayor del expresidente Luis Echeverría Álvarez.

El cortejo, la seducción y el poder hicieron su trabajo: Rosa Luz se acercó a López Portillo. Y todos lo supieron entonces, pero todos callaron, que el nuevo presidente pensaba no con la cabeza sino con la bragueta y que, por lo tanto, la toma de decisiones sería deficiente.

El tema de Rosa Luz Alegría y su amasiato con el nuevo presidente y la mente criminal de este con sueños de grandeza tuvieron su lado sucio y no fueron cosa menor, sino parte de un sistema político similar a una dictadura que también se sustentaba en el machismo y en la falsedad de la familia presidencial: los López Portillo Romano eran eso, simple apariencia.

El nuevo mandatario vivía entre la bohemia, el libertinaje sexual y una dudosa moral, evidenciada por un nepotismo vulgar que incluía a su madre María del Refugio Inés Pacheco Villa-Gordoa, su hijo José Ramón, las hermanas Margarita, su piel, y Alicia, y su primo hermano Guillermo. Fue otro sexenio de tráfico de influencias, corrupción extrema, amiguismo, compadrazgo e impunidad criminal.

La leyenda negra de López Portillo y sus amores inmorales no ha hecho más que crecer con el paso de los años y, cruel como es la realidad, ya muerto, Lyn May y la Breeskin advertirían que no había sido buena idea haber tenido una relación con López Portillo porque era muy escandaloso recibirlo en casa o tener una cita con él: «Que le sirva de lección a las nuevas generaciones», dijo la violinista, vía telefónica a un programa de información y chismes de la farándula que conduce la comunicadora Patricia Chapoy Acevedo, conocida más como Pati Chapoy, «que creen que tener un amante político rico te va a llevar a la dicha. Llegaba con 20 patrullas, llegaba con 200 guardaespaldas, era muy escandaloso cada vez que lo veía».

La docilidad, incapacidad, escaso poder político, por no decir ninguno, inexperiencia y ambiciones desmedidas de Pepe quedaron al descubierto desde el 29 de mayo de 1973 cuando, sin entender cómo operaba la economía mundial, menos aquella que se movía en los altos círculos petroleros, aceptó el nombramiento de secretario de Hacienda; López Portillo tendría un cargo de mentiras, solo firmaría para dar el visto bueno a los documentos enviados por el presidente Echeverría.

Con una labor esencialmente simbólica, López Portillo cobraría puntualmente sus quincenas, mantendría un proceso para acumular capital presidencial adulando y complaciendo a su viejo amigo de la adolescencia. A partir de aquel 29 de mayo, Echeverría tomaría todas las decisiones para modelar la economía a su imagen y semejanza. Hacienda sería un cero a la izquierda y el sumiso López Portillo, por tres años y seis meses, el patiño de las finanzas públicas.

En su papel de figura decorativa y hazmerreír de la casta divina del gabinete presidencial, pasaría por invisible mientras entendía, en brazos de múltiples amantes, esa forma muy priista de hacer política jugando al tapado, a la obediencia y la sumisión. Los gustos vulgares y arrabaleros de López Portillo o, como decían, de macho corriente, también llenaron la imaginación de más de uno: en su época, se llegó a señalar que, en muchas ocasiones, el presidente era un ferviente admirador y visitante secreto del imitador Francisco del Carmen García Escalante, máxima estrella del travestismo en México, conocido por su sobrenombre artístico de Francis, el travesti de México, y cuyo espectáculo glamoroso cautivó una parte de la vida nocturna y abarrotó, cada noche, por más de 15 años, el escenario de uno de los teatros de revista más emblemáticos de la capital mexicana: el Blanquita. El acercamiento de Francis a López Portillo se habría dado en forma natural a través de Sasha Montenegro, la primera clienta famosa del diseñador.

*

Desde antes de llegar a la Casa de los presidentes, sobre Carmen Romano se tejían también extrañas historias sobre una glamorosa mujer que quería cambiar la imagen del voluntariado que habían impuesto algunas de sus antecesoras, sobre todo, su amiga María Esther Zuno de Echeverría; y que estaba transformándose en una dama aristocrática y elegante relacionada con el misticismo y la metempsicosis, doctrina según la cual el alma experimenta, durante un ciclo determinado de tiempo, una serie sucesiva de reencarnaciones, pasando así de unos cuerpos a otros, seres humanos, plantas o animales en el proceso de purificación, hasta lograr su definitiva liberación, o teoría de transmigración de las almas.

La personalidad apática de esta gran primera dama se diluyó en los primeros meses del gobierno lopezportillista porque algunos funcionarios y periodistas la pillaron tomando decisiones, con su cuñada Margarita, directora general de Radio, Televisión y Cinematografía (RTC), en consultas a las ciencias ocultas, el esoterismo, la ufología y hasta en la brujería.

Ya fuera humor o sátira, la conducta de la primera dama se ajustaba a una práctica frecuente en un creciente número de religiones. En el caso de la ufología, se haría común la cienciología, creencia de que los seres humanos tienen una mente reactiva que responde a traumas de la vida, nublando la mente analítica e impidiéndonos experimentar la realidad; pregona, pues, que los humanos son seres espirituales inmortales que han olvidado su verdadera naturaleza.

El periodista José Gil Olmos rescata en *Los brujos del poder* una entrevista de su compañero de oficio Francisco Ortiz Pinchetti con la escritora, filósofa, locutora y pedagoga, Emma Godoy Lobato, para la revista *Proceso*:

> Porque si Marta Sahagún, en la campaña de Vicente Fox y durante los primeros años de su gobierno, recurrió a un grupo de simpatizantes de los «mayas galácticos», y además abrió las puertas de Los Pinos al brujo santero, el padre Felipe Campos, para que realizara sus ceremonias, años antes, Margarita López Portillo y Carmen Romano también trajeron brujos de Catemaco y participaron en ritos y sesiones en las que supuestamente se presentaban seres extraterrestres que daban consejos acerca de cómo gobernar al país.

Carmen Romano estaba convencida de que había nacido para algo grande. De hecho, su unión era parte de esa grandeza: los antepasados de su amigo, novio, luego esposo y finalmente presidente de la República podían seguirse hasta el primer López Portillo (capitán don Alonso López de Portillo)[1] que emigró a la Nueva España desde la villa de Caparroso para probar fortuna en la época de la Colonia. Pasando por el abogado, político alcalde de Guadalajara y senador Jesús López Portillo y Serrano, que a su vez fue padre del abogado, escritor, diputado y católico José López Portillo y Rojas, abuelo del historiador José López Portillo y Weber y, por consiguiente, bisabuelo de Pepe.

Para bien o para mal, los López Portillo estaban inscritos en periodos históricos infames; estaban destinados a la grandeza efímera, a la desgracia política y a la traición. Como López Portillo y Serrano que antes de servir a Huerta, el usurpador, se había hincado a la gracia del proyecto imperial y la corona envenenada del maleable Maximiliano de Habsburgo. Pero la vida está

---

[1] Carlos Sola Ayape. *El tlatoani de Caparroso: José López-Portillo, México y España*, México, Fontamara, 2013.

llena de momentos, de encrucijadas fatales, y Carmen Romano se sabía destinada a la grandeza no por la riqueza intelectual y política de los López Portillo, quienes se inclinaban por la deslealtad y el apoyo a los poderosos, sino que ella tenía historia propia, sensibilidad, aunque no estaba preparada para lidiar con las trampas del poder, la notoriedad, así que le dio por vivir una especie de autoficción, porque también era una mujer de sangre azul.

Navegando en el mar de leyendas de fantasía y grandeza y un contexto mítico, hubo quienes estuvieron convencidos de que por las venas de Carmen Romano Nolk corría la sangre roja de Chimalpopoca, tercer huey tlatoani (o tercer rey-sacerdote de Tenochtitlán),[2] de la dinastía gobernante en México-Tenochtitlan, hijo sucesor de Huitzilíhuitl II, en 1415 —y de Tetzihuatzin, hija de Acolnahuácatl, primer señor de Tlacopan—, hijo de Tezozómoc de Azcapotzalco.

El rumor lo había deslizado el mismo López Portillo, quien luego escribió en sus memorias:

A media cuadra de mi casa vivía la familia Romano. Dos hijas y un hijo de don Alfonso, magnífico hombre, aunque brusco y malhumorado, casado con la siempre hermosa Margarita Nolck. Él, alto funcionario de la Ford, oriundo de Tlapa, Guerrero, hijo de español asturiano y de mexicana medio francesa y medio india. Fue compañero de [el guerrerense Juan Andreu] Almazán cuando, al inicio de la Revolución, se «levantaron» en armas en la sierra de Puebla, para combatir a [Victoriano] Huerta. Concluida la primera etapa de la Revolución, mi después suegro optó por irse a estudiar a Estados Unidos y concluyó su vida como alto ejecutivo de la Ford y con una fortuna regular.

---

[2] Gobernantes mexicas que comandaron la civilización de México desde el siglo XV hasta la conquista de los españoles entre 1519 y 1521. El huey tlatoani, una figura de lazos dinásticos entre nobles y guerreros, un título, pues, adjudicado por herencia familiar. Cuauhtémoc, *Sol que desciende* o *Águila que cae*, fue el último huey tlatoani azteca; tomó el mando para defender a su pueblo en plena conquista española.

Margarita, mi suegra, hija de Hans Nolck, alemán, y una señora Traviesso, venezolana, fue una mujer hermosísima hasta los últimos días de su vida; tan hermosa que en Guatemala, en donde la conoció mi suegro, pues con su familia se había venido de Hamburgo, huyendo de la Primera Guerra Mundial, la gente del pueblo en masa la seguía por las calles por el gusto de verla.

Según su árbol genealógico, su padre, Alfonso Romano Guillemín, militó en las filas revolucionarias del zapatismo y, por intrigas zapatistas, terminó refugiándose en Estados Unidos, donde se enroló como alto ejecutivo de la armadora automotriz Ford Motors; fue hijo del español Faustino Romano Fuente y de Adolfina Juana Guillemín Sotelo.

La madre de Carmen, Margarita Teresa Nolk Travieso, era hija de la venezolana Teresa Traviesso, de ascendencia italiana, y del empresario alemán Hans Nolk y Nolk, joyero que hacía negocios en Nueva York, Caracas y Hamburgo. Con gracia y dones para la ópera y gusto por la música clásica, Margarita Teresa era la personificación de la belleza y hasta hoy circula en las redes sociales que, además de formar parte de una familia dedicada a la música, uno de sus antepasados fue el virtuoso violonchelista August Nölck, compositor alemán de gran envergadura y trascendencia del siglo XIX, educador musical de la Escuela Alemana del Romanticismo y director del Conservatorio de Viena.

Tan hermosa como su madre, Margarita Teresa, Carmen, pues, había nacido para la grandeza por herencia familiar. Pero ni eso ni la fascinación de López Portillo por ella decía qué clase de primera dama sería.

*

Carmen y Pepe fueron novios formales por tres años antes de unirse en matrimonio, aunque en aquella época ser novios «formales» era muy distinto, hasta terminar juntos para toda la vida, cualquier cosa que eso significara. Según lo deja ver el mismo expresidente en escritos y sus memorias, su vecina Carmen había sido su único amor platónico desde muy jovencita, con la que nunca fue más allá de eso.

¿Cuándo empezó el interés romántico-matrimonial por Carmen? Fue en 1948, y tres años más tarde, ella aceptó unirse en matrimonio. En ese momento, ella tenía 25 años de edad; él era seis años mayor y un abogado relativamente próspero, clasemediero y todero, como él mismo lo contaría más adelante, con una vida plana, rutinaria. En otras palabras, el futuro presidente no era tan brillante como hacen creer algunos de sus biógrafos y no tenía un futuro muy claro porque nunca había participado en la vida política del país; en otras palabras, era un donnadie.

López Portillo escribió en ese momento que a su Muncy no le gustaba la política:

> Por alguna razón ella la odiaba […] y cuando me le declaré, un día que la primavera entraba, entre otras obvias e indecibles cosas le ofrecí, formalmente, que jamás sería presidente de la República, lo que la hizo reír, pues lejos, lejísimos estaba yo de la política. Fue un recurso de reducción al absurdo de un destino que apenas se abría. No sé si por ese ofrecimiento me dijo que sí.

Carmen no odiaba la política como escribió su esposo; hechos de la campaña presidencial y posteriores a la llegada de la pareja a la Casa de los presidentes demostrarían todo lo contrario. A partir del 1.º de diciembre de 1976 ella se desinhibió, gastó, dilapidó, abusó, se exhibió, disfrutó cada segundo, a pesar de las habladurías, chismes y el cotilleo por el que pasaba de boca en boca; recorrió parte del mundo y México haciendo alarde del poder y de la desvergonzada ostentación lopezportillista.

Reinventó el concepto de primera dama. Alimentó los rumores como si hubiera disfrutado de verter combustible al fuego y ser el centro de atención. Superó con mucho la imagen perniciosa de sus antecesoras María Esther Zuno de Echeverría y Guadalupe Borja de Díaz Ordaz. Quedó la Muncy, como esposa del candidato priista y luego presidente, anclada en la lógica de la voracidad, la veneración por el gasto libertino del dinero público y marcada por la corrupción, aunque los biógrafos alineados y ordenados de Pepe, claro está, la veían como una mujer nacida con

disposiciones artísticas envidiables. [Recordaban que] de niña bailaba estupendamente. Y no pocas personas sugirieron a sus progenitores dedicar a la pequeña a la danza profesional.[3] Ya en la juventud tan manifiestas eran sus habilidades en el teclado, que obtuvo el privilegio de recibir clases del célebre pianista húngaro György Sándor, quien a menudo ofrecía temporadas en la Ciudad de México. Aquel caballero alto, distinguido y de rostro apergaminado, con su talento, disciplina y manos maravillosas instruyó a Carmen hasta hacerla dominar la técnica pianística de grandes ejecutantes. Algún concierto que diera la muchacha en el Palacio de las Bellas Artes fue un éxito glamoroso. De seguir la profesión de pianista habría logrado prestigio internacional. Pero la joven, por cierto, bellísima, estaba profundamente enamorada y comprometida en matrimonio. Dejó, pues, la promisoria carrera de piano por la no menos trascendente de cónyuge.

Ciertamente la Muncy vivió un estilo de vida alejado de las penurias y tuvo acceso a una educación musical diferente, pero los pretenciosos aduladores presidenciales sexenales exageraban.

---

[3] Jorge Mejía Prieto, *Llámenme Pepe, trazos biográficos de José López Portillo y Pacheco*, México, Editores Asociados, 1976.

En *Primeras damas, las ausentes presentes*, Alicia Aguilar Castro hace una observación pertinente: «Había estudiado piano, lo interpretaba medianamente y le gustaba todo tipo de música. [...] Siempre había sido muy consentida; a causa de una enfermedad que padeció de pequeña, todos sus caprichos le eran cumplidos por sus padres. Su marido mantuvo esa complacencia al inicio de su matrimonio, porque la salud de la esposa era delicada».

En un ambiente convulsionado por genocidio y crímenes de Estado[4] —heredados del echeverriato, censura, enfrentamientos con la clase empresarial, represión, crisis económico-financiera con una inflación cercana a 27%, la guerrilla, terrorismo, fuga de capitales a niveles ilimitados o hasta por 7 000 millones de dólares de la época, pánico financiero alimentado por una deuda pública que pasó de 4 000 millones de dólares en noviembre de 1970 a más 20 000 millones en noviembre de 1976, y una devaluación de 12.50 a 22 pesos por dólar o 76%; en síntesis, una economía casi en ruinas o a punto del desastre que le dejaba sus antecesor—, López Portillo aparecía en el horizonte político bien preparado, quizá más que todos los demás, y, por lo tanto, calificado intelectual, espiritual y humanamente para ser el presidente que México necesitaba y un hombre que uniría a los mexicanos a través de articulados discursos tranquilizadores.

Pocos sabían, y esos pocos callaron y ocultaron, que Pepe era un muñeco de trapo, una marioneta de hilos que, de 1970 a 1976, primero como titular de la Comisión Federal de Electricidad (CFE) y luego secretario de Hacienda, había sido maneja-

---

[4] Si la Matanza del jueves de Corpus, conocida como *el halconazo* del 10 de junio de 1971, estaba fresca, el presidente José López Portillo se encargó de reavivar las llamas de la Matanza de Tlatelolco del 2 de octubre de 1968 con el nombramiento del expresidente Gustavo Díaz Ordaz como primer embajador de México en España, después de la restauración de relaciones. Y seguía en proceso la guerra de baja intensidad o guerra de exterminio contra estudiantes y maestros universitarios, insurgentes, guerrilleros, «terroristas», desafectos al régimen, sublevados y opositores políticos.

do por las manos hábiles y astutas de Echeverría, quien en esos seis años había perdido el control sobre la dolarizada economía nacional y operaba a su marioneta como dictan los tratados sobre eso: en las sombras.

Con algunas variaciones a las de Echeverría, bajo la mano conductora de Díaz Ordaz, López Portillo fue por seis años, de 1970 a 1976, un muñeco diligente, transparente, frívolo, disciplinado, locuaz, demagogo, bohemio y adaptable del licenciado Echeverría, pero parecía generoso, al que, sin decírselo el presidente, le serían encomendadas dos misiones: preservar y garantizar la continuidad política del echeverriato y mantener vivo el echeverrismo. Estaría acompañado por personajes de ese gobierno: Porfirio Muñoz Ledo y Lazo de la Vega, Pedro Ojeda Paullada, Carlos Sansores Pérez y Augusto Gómez Villanueva, entre otros. Echeverría pretendía manejarlo a control remoto, como en su momento lo hizo el general Plutarco Elías Calles, jefe máximo de la Revolución, con los presidentes Emilio Portes Gil, Pascual Ortiz Rubio y Abelardo L. Rodríguez, e intentó hacerlo con el general Lázaro Cárdenas del Río.

Libre de ataduras y con el esplendor del poder en la mano, Pepe dejaría en claro casi de inmediato que él no era Echeverría ni su marioneta y que el país tenía nuevo presidente; cautivados los mexicanos, mostró, también casi de inmediato, que, como pasó con sus antecesores Alemán, Ruiz Cortines, López Mateos, Díaz Ordaz y Echeverría, le preocupaba la trascendencia de su persona más que de su obra. Tan bien conoció y entendió el sistema que, como lo hizo Cárdenas con Calles, terminaría «expulsando» a Echeverría con un cargo diplomático, embajador plenipotenciario, en el fin del mundo.

En su acenso al poder, Echeverría modificó la forma de vestir: del traje sastre a la medida y colores básicos en tonos gris, negro o azul, vestimenta conservadora y formal, continuación de la década anterior, que los políticos consideraban prendas aceptables, o saco, camisa y corbata para actos protocolarios, sin importar el clima, eligió la guayabera, ropa casual, como vestimenta oficial.

Como su esposo criollo, la Muncy haría una revolución para borrar la imagen de su antecesora, la Compañera, y su euforia por el folclor indigenista. Carmen Romano regresaría al pasado esplendoroso con primeras damas de alta costura, elegante, exuberante y casual: los muñecos fueron empacados y echados al olvido y ella, la Muncy, con paso soberano y presentada como *rockstar*, fue un furor.

Los excesos, el lujo, la opulencia y la despreocupación en la Casa de los presidentes corrieron como la pólvora. Carmen Romano no tardó en llamar la atención. Su presencia se hizo sentir a través de la alta costura en los exclusivos modelos del italiano Giorgio Armani, los de línea *prêt-à-porter* de lujo del también italiano Pancaldi, en lila limón, y el fucsia de Saint Laurent con pañoleta a la bandolera, en vivos verde esmeralda.

Carmen Romano atrajo la mirada y la atención de un país lleno de esperanza. Ella se hizo sentir no solo a través de su fascinación por sus llamativos vestidos de olanes y su maquillaje muy recargado, sino porque a ese pueblo esperanzado le mostró cómo deslumbrar con el brillo de sus colecciones de diamantes. Era ella el derroche personalizado.

Como todas sus antecesoras, teóricamente Carmen Romano Nolk carecía de poder político verdadero; pero eso era engañoso porque tenía a su disposición todos los recursos de la presidencia para cumplir el mínimo capricho. Alicia Aguilar Castro hace una acotación sobre su poder en *Primeras damas, las ausentes presentes*:

Los funcionarios que trataban de quedar bien con ella le regalaban collares, pulseras o aretes de muy buena calidad y alto precio. Sus caprichos generaron multitud de anécdotas, sobre todo su conducta errática cuando viajaba al extranjero, que puso en aprietos a nuestros representantes diplomáticos. La situación se agravaba porque siempre viajaba con escolta y acompañantes, comitiva que causaba aún más atropellos que los infantiles caprichos de la señora.

Tan pronto llegó a la presidencial, los mexicanos descubrieron que, al margen de ser un actor proclive al drama, Pepe utilizaría el poder a placer y, así como se desharía de su antecesor, lo haría con todos los echeverristas y del echeverrismo, empezando por Gómez Villanueva y Muñoz Ledo. Y como lo hizo Luis Echeverría en 1970, se sobrepondría a la crisis de legitimidad, aunque terminaría su gobierno en noviembre de 1982, como un desastre de dimensiones mayores, peor que Echeverría.

*

Carmen Romano no sería de las primeras damas más influyentes, y aunque jugaría un papel fundamental en el desarrollo de algunas áreas de la cultura, de un segundo a otro la rumorología y algunas de sus conductas la convertirían, durante sus seis años entre las extravagancias de la Casa de los presidentes, en una especie de dama fatal o una *prima donna* a la que, chismes más, habladurías menos, para empezar le endilgaron furtivos romances y escapadas con jóvenes oficiales del Estado Mayor Presidencial que servían de escolta personal. En Los Pinos nunca nadie intentó desmentir aquellos malsanos rumores por el temor a que se probara que eran ciertos los cotilleos sobre romances extramaritales, como eran los de su esposo el presidente.

No había sensatez ni disimulo: en el ocaso de su gobierno en 1982 y en lo que fue calificado como un episodio vergonzoso y humillante, Juan José Bremer de Martino, titular del Instituto Nacional de Bellas Artes (INBA), fue degradado políticamente, obligado a renunciar y enviado al exterior después de que apareció publicado en la revista *La semana de Bellas Artes* un cuento sobre la Feria de San Marcos en Aguascalientes que resultó ofensivo para el presidente y la primera dama: aunque no la citaba, se refería a Carmen Romano en términos muy duros por chismes como el de los oficiales del Estado Mayor.

En una plática entre reporteras de la época, una de ellas comentó: «En mi primer trabajo en los medios, a los 19 o 20 años, me tocó cubrir una ceremonia del grito cuando López Portillo era presidente. Su vieja daba miedo en persona y sí, le gustaba enseñar la cicatriz en el pecho».

El texto «La Feria de San Marcos», anónimo y mal escrito, fue atribuido por algunos al jefe de literatura de Bellas Artes: Gustavo Sainz. Al texto tuvieron acceso muy pocos, pero se hizo un escándalo por las palabras duras dedicadas a la primera dama. Luego se diría que la sacudida y limpia en Bellas Artes llegaría también, además de Bremer y Sainz, a una editora que habría sido la autora del texto y que, por lo mismo y después de una serie de amenazas, salió huyendo del país para evitar la venganza de la primera dama y del presidente.

El nombre de la primera dama pasaría de una boca a otra en algunas situaciones escandalosas como la anterior, o ridículas, más a allá de sus inquietantes inclinaciones por el ilusionismo, los fenómenos paranormales, el esoterismo, la astrología, la magia, las ciencias ocultas y el mentalismo esotérico que se reconstruyen desde las habitaciones y amplios jardines de Los Pinos; a través del ojo que se quiera ver, sus creencias fueron una inclinación peligrosa que la perseguiría durante todo el gobierno de su esposo, aunque poco se plasmaría en los medios escritos, radio y televisión, por el severo control que se ejercía sobre la prensa. Como quiera, el poder absoluto le cambió la vida.

En sus memorias, Pepe se sincera: Carmen leyó «todas las filosofías, exploró el ocultismo, estudió diversas religiones y discutió hasta llegar a la nada». Y ella, desde aquella mansión, engendró sus sueños y creó sus dioses. Nadie se fijó o nadie quiso fijarse en que su matrimonio terminó tan rápido como había comenzado. Por el contrario, se le descubrieron o inventaron cualidades especiales, hasta sobrenaturales, y ella y un equipo muy cercano se encargaron de propagar sus talentos de pianista concertista y sus creencias plenas en el mentalismo como parte del ilusionismo. Carmen veía al mentalismo como porvenir.

Meses antes de llegar a Los Pinos, recrea ese porvenir mágico. Por eso, apenas lo vio en un programa de la televisión mexicana en el que promocionaba su libro *Mi historia* (*My Story*) de 1976, y mostraba algunos de sus «poderes mentales», resultado de un encuentro con seres de otros mundos, la impresionó el ilusionista-mago-síquico-mentalista británico-israelí Uri Geller. Fue tanta la admiración que hizo de todo para tener una cita con él; su poder fue tal que la logró concretar.

No sin cierta arrogancia, el ilusionista reconoció a su manera que Muncy lo cautivó y le recompensó su tiempo, al grado de llevarlo minutos después del encuentro en el hotel Camino Real a la residencia de los López Portillo Romano, en el sur de la capital del país, para presentarlo, al día siguiente, con sus hijas adolescentes: Carmen Beatriz y Paulina y con su hijo José Ramón, convertido en la sombra de su padre, y que despuntaba como uno de los principales asesores de su padre y sería, finalmente, el orgullo del nepotismo de este.

Décadas después se haría público que Geller había recurrido a sus habilidades mentales como una fachada para encubrir su trabajo y labores de espionaje para el Mossad y la CIA. En 2017, en una entrevista para el periódico *La Razón* de España, Geller haría otra confesión que hizo más fácil su labor como espía: «Me presentan al presidente del país, que en aquel momento era López Portillo, y me hace agente secreto dependiente del Tesoro mexicano, me dan un permiso de armas y me entregan un Colt 45, cromado en plata y oro con el escudo del país en la culata».[5]

Sí, se involucró en una relación sentimental con Geller, como afirmarían después algunos periodistas. Además, José Gil Olmos hace algunas revelaciones más en *Los brujos del poder*:

> La escritora [Emma Godoy] cita a los personajes que influían con esas creencias en la familia López Portillo, entre ellos Claudio Farías [asesor esotérico de la cuñada Margarita] y Pedro Ferriz [Santa Cruz, locutor de aquella época convencido de la existencia de seres extraterrestres], de quien se recuerda su famoso programa sobre extraterrestres *Un mundo nos vigila* apoyado precisamente desde Los Pinos.

Qué admiraban o qué veían Carmen Romano y Margarita López Portillo en Pedro Ferriz Santa Cruz es ahora un misterio, pero era considerado un personaje de imaginación inquieta y curiosidad sin límites, así como un referente para los mexicanos amantes de las teorías conspiracionistas y de lo paranormal.

Olmos rescata otros señalamientos de Emma Godoy sobre el espectáculo o sesiones organizadas por Margarita y Carmen en el proceso de toma de decisiones y sobre la magia, ocultismo, hechicería, chamanismo, sincretismo o el fanatismo religioso, no otro sino el entrecruzamiento del fanatismo y las creencias que devienen en la protección de los dioses o brujos a quienes se invoca: «Eran *shows* de veras bonitos, bien montados. Una amiga que fue a una de esas sesiones me dice que llovía algo como nieve y había luces de colores aquí y allá, y humo, y los rostros de los grandes gurús o maestros que aparecían y desaparecían. Precioso. Mi amiga, que es re' vaciladora, cogió un copo de nieve y lo probó: ¡era pan Bimbo!».

---

[5] https://www.larazon.es/internacional/uri-geller-lo-que-averigue-sobre-el-asesinato-de-kennedy-nunca-saldra-a-la-luz-NG16768063/ (consultado el 1.º de junio de 2023).

Qué veía Carmen en el mago británico-israelí y por qué la cautivó, solo ella sabía, pero, prendido él mismo de la personalidad autoritaria de Carmen Romano, de hecho escribió las palabras de ella en su primer encuentro:

—Vi tu programa de televisión —comenzó emocionada, en buen inglés—. ¡Fue increíble! Sabes, estaba sosteniendo mi reloj y comenzó a funcionar, y mi hijo, su cuchara se dobló, y ¡oh, estuviste fantástico! Dios mío, toda mi vida he querido conocer a alguien como tú. Estoy tan interesada en estas cosas, y creo en ellas. ¡Debes quedarte en México! —Era una orden, no una invitación. Hablamos durante dos horas. Quería saber todo sobre mí y quería que yo supiera todo sobre ella, su familia, sus antecedentes y sus sentimientos sobre Dios, la religión y casi todos los misterios de la vida, desde los platillos voladores hasta las cucharas dobladas.

En esa fascinación, embrujo o hechizo, la Muncy se las arregló para conseguirle un encuentro informal inmediato con el presidente electo José López Portillo y Pacheco, quien

a pesar de su edad, se mantenía en buena forma corriendo una milla al día, nadando y golpeando su saco de boxeo. Cuando Pepito me llevó a su oficina, me llamó la atención el contraste entre su elaborado sistema de seguridad, con guardias y policías por todas partes, y la sencillez tanto de su apariencia personal como de su mobiliario. Estaba sentado en una mesa ordinaria, vestido con una típica camisa blanca bordada mexicana, sin corbata.

Semanas más adelante, Carmen le conseguiría una visita a Los Pinos, la Casa Blanca mexicana, la llamó el mentalista, para sostener un encuentro con el presidente Luis Echeverría Álvarez, quien se interesaba en conocer si Uri Geller podía usar sus poderes psíquicos para encontrar petróleo. «Lo primero que me dijo fue "¿Podrías encontrarnos petróleo?". Lo dijo con una sonrisa, y pensé que debía estar bromeando. Probablemente pensó que también estaba bromeando cuando le respondí: "Por supuesto, señor presidente. Al menos puedo intentarlo, aunque no puedo garantizar nada"». Como explicaré más adelante, ninguno de los dos bromeaba.

Hay quienes creen que Echeverría lo hizo traer a México para buscar nuevos yacimientos de crudo. A la Muncy y a Uri se les podía ver en los lugares más inverosímiles y hacer lo mismo hasta que ella hizo los arreglos legales para que él pudiera instalarse «definitivamente» en el país, obtuviera un pasaporte y, por si algo faltara, que Aeroméxico le entregara, a manera de regalo, un pase vitalicio para que pudiera viajar gratis en primera clase a todos los destinos en el mundo a los que volara Aeroméxico.

Llamado el psíquico de Los Pinos, Geller se hizo omnipresente; hasta en Washington conocían sobre la inclinación de Carmen Romano por el mentalista. Una crónica de enero de 1977 de *The Washington Post*,[6] a propósito de una visita como invitada especial a la toma de posesión de Jimmy Carter como trigésimo noveno presidente de Estados Unidos, dio cuenta de ellos y de la ostentación:

> Carmen Romano de López Portillo, esposa del nuevo presidente de México, fue la única integrante de una familia reinante en la política mundial invitada a la inauguración de Carter, y no fue difícil identificarla. Ojos enormes con grandes párpados azules dibujados sobre ellos en sesgo; rizos negros largos y saltones; collar gigante de diamantes y esmalte y anillo móvil a juego; traje ceñido de color rojo brillante con cuello de piel y zapatos de salón a juego. La representación viva de su patria, la llamó el secretario general de la Organización de Estados Americanos, Alejandro

---

[6] https://www.washingtonpost.com/archive/lifestyle/1977/01/22/first-ladys-return-visit/b1ce84e6-cb34-4048-9045-70caa0a628c0/ (consultado el 1.º de junio de 2023).

Orfila, en un almuerzo en la Unión Panamericana. Por lo general, los jefes de Estado y sus familias no son invitados a las tomas de posesión presidenciales, sino que son representados por sus embajadores, lo que simplifica mucho la vida y el protocolo.

Pero la señora López Portillo fue invitada por Rosalynn Carter (quien había asistido a la toma de posesión de su esposo en la Ciudad de México el 1.º de diciembre de 1976) y estuvo aquí con sus hijos, Paulina, de 17 años; Carmen, 21; José, 22, y la prometida de José [...] Ayer desayunaron con la Sra. Carter en la Casa Blanca, antes de reunirse con diplomáticos en el almuerzo de la Unión Panamericana, donde Orfila le brindó un largo y poético brindis sobre «Un hombre nuevo... a través de sus heridas, su sufrimiento y sus sacrificios, llegó a ser un pueblo. Y se llamó México» [...] Un amigo y asesor de la Sra. López Portillo que casualmente estaba en la ciudad, el psíquico israelí Uri Geller, no pudo asistir al almuerzo ya que está dando vueltas aquí como la cita de la cuñada de Jack Carter. Pero la vidente Jeane Dixon, quien conoce a la primera dama de México desde hace algunos años, sí lo logró.

Transitando entre el mundo de la parapsicología, la clarividencia, el espiritismo, la proyección del pensamiento, el misticismo, el poder de la mente, el esoterismo y la voluntad, o conjurando su ilusión de futuro en varias dimensiones, entre sibilas y profetas, sintiendo quizá que todo lo merecía, la Muncy creyó en él como una religión fuerte y viva y se entregó a las causas prestidigitadoras de Geller, a quien se le atribuyó también el don de la profecía, gracias a la inspiración divina o de seres de otros mundos, como él lo contaba.

De la mano de su mecenas, la poderosa primera dama, el mentalista británico-israelí conseguiría la ciudadanía mexicana y, con ello, la posibilidad de encontrar pistas nuevas sobre la visita de Lee Harvey Oswald a la capital mexicana, de la mañana del viernes 27 de septiembre de 1963 a la mañana del miércoles 2 de octubre de 1963. Todos los países comunistas y «democráticos» tenían una embajada en la Ciudad de México. Todo mundo sabía que era el único lugar del hemisferio occidental donde coexistían, casi abiertamente, diplomáticos y espías de uno y otro bloque, por lo que la CIA había reforzado sus operaciones en México.

Al margen del revuelo que causaba, el mecenazgo de la Muncy le sirvió al mentalista para conseguir, según lo cuenta él mismo, un amplio y lujoso departamento de tres niveles en la Zona Rosa de la Ciudad de México, con alberca privada. En *Conjuras sexenales*, el periodista Erasmo Fernández de Mendoza, quien conoció las entrañas del lopezportillismo, escribe que Uri Geller fue uno de los amantes de la primera dama: «Doña Carmen también tuvo lo suyo, por ejemplo, con el famoso mentalista Uri Geller, de quien se afirmaba que ella le había puesto una lujosa residencia en el Distrito Federal, con carros último modelo a la puerta y toda la cosa». Geller escribiría que al lado de Carmen Romano había vivido las experiencias más increíbles en aeronaves de la flota aérea presidencial. Viajaban en un jet de la presidencia cada que la señora lo disponía.

Años después, Geller conocería a Jacqueline Lee Bouvier, viuda del presidente John F. Kennedy y ex primera dama de Estados Unidos: «Fui a su apartamento y a ella le dije la verdad sobre lo que averigüé en México, y después mantuve el contacto con ella bastante tiempo y fui a su apartamento varias veces», y la estancia de Oswald en México, a pesar de sus habilidades mentales, caería en un pozo sin fondo.

En el crepúsculo sombrío del echeverrismo al lopezportillismo, es ahora imposible conocer con certeza si, blanda de tentaciones, Carmen Romano advertía los peligros que entrañaba depositar su futuro en aquel mago-ilusionista británico-israelí. Eso se vería después de que la Muncy y Pepe se volvieran adictos al poder, sin medidas ni contrapesos, y se dejaran devorar por él. Y ella convergiera en el misticismo, la brujería y el sincretismo mágico de los brujos del pueblo de Catemaco en Veracruz, un estado del golfo de México, a la salida del océano Atlántico.

La extraña relación con Uri Geller acecharía por años a Carmen Romano. En 1984, dos años después de haber dejado el poder y recluirse en su residencia familiar y cuando José López Portillo exhibía sus fiebres de primavera o los demonios de su pasión, y el país seguía hundido en una profunda crisis económico-financiera, se abrirían las cicatrices con la reseña de algunos caprichos de la ex primera dama al lado del personaje del pensamiento mágico, aquel que se desborda bajo el efecto de la sugestión o los trastornos y otorga atribuciones ilógicas de causalidad.

La intimidad, sin embargo, no era el único atractivo de Geller ni el espionaje. El presidente López Portillo intentaba usar sus supuestos poderes para encontrar crudo en el sureste y hubo ocasiones en las que se intentó hacer creer, sin ninguna base, que había sido parte de los descubrimientos del complejo Cantarell, uno de los más grandes tesoros energéticos de México, pero el crédito único de aquellos yacimientos era del humilde pescador Rudesindo Cantarell Jiménez.

«Un día me fui directamente al aceite. Vi que salía una enorme burbuja que se extendía en la superficie… Creí que era petróleo y se me quedó la idea. Un día le dije a mi señora "oye, creo que hay chapo [petróleo] en el Carmen"», le contó Cantarell a la revista *Proceso* en 1983.

Para sorpresa del mundo, la sospecha era cierta: en aquel lugar cercano a las costas, Pemex encontró el más grande yacimiento de crudo de la historia de México. Aunque guardó por casi una década el secreto, Rudesindo, cuya vida era en el mar, se encargó de contarle a ingenieros de Pemex, Javier Meneses, Serafín Paz y Mario Galván, y acercarlos al lugar a donde brotaba el chapo y se veía la mancha, a menos de 100 km de las costas de Campeche.

Rudesindo recibió un homenaje y una medalla de oro por el XL aniversario de Pemex, y una plaza —eventual o sin contrato fijo— como auxiliar de limpieza en un laboratorio de Pemex en Campeche. Fue todo. Los López Portillo Romano, todos, se dieron la gran vida: Carmen, Pepe, José Ramón, Carmen Beatriz, Paulina, Margarita, Alicia y la matriarca doña Refugio Pacheco Villa Gordoa. Todos también hicieron fortuna. Administraron para ellos mismos la abundancia petrolera.

\*

López Portillo era un heredero de abolengo: era nieto del académico, político y escritor José López Portillo y Rojas; bisnieto del cuatro veces diputado local, síndico de Guadalajara y tres veces gobernador, magistrado y profesor Jesús Eusebio de la Santísima Trinidad López Portillo y Serrano, abogado, colaborador del Ejército francés y, por la lealtad y servicios prestados a la Corona, prefecto, comisario imperial y consejero de Estado del departamento de Jalisco, en el Segundo Imperio Mexicano; y su linaje podía seguirse hasta su tatarabuelo José Pío-Quinto López-Portillo y Pacheco, cuya estirpe rivalizaba con la de su esposa, María Josefa Filomena Serrano y Ramírez de Prado, al menos en apellidos.

En 1975 no había país en el mundo con una dictadura partidista tan sólida y trabajada como la mexicana y, a su manera y con sus acepciones, Pepe representaba el símbolo propio de la realeza o sangre azul a la mexicana y quizá más porque, en su papel de iluminado, ejercía una verdadera fascinación entre sus súbditos priistas.

Claros los linajes y el pasado de los cuatro apellidos, la relación de la pareja parecía auspiciosa: después de tres años de noviazgo, la boda de Carmen Romano Nolk con su criollo enamorado, su vecino José Guillermo Abel López Portillo y Pacheco, se celebró a las 12:30 horas del 20 de octubre de 1951, en la antigua iglesia de San Juan Bautista, en Coyoacán. Guillermo Piani, arzobispo de Nicosia y delegado apostólico, oficiaría la misa en la que fungirían como madrinas de lazo y ramo Margarita Romano de Ugarte, hermana de la novia, y Alicia López Portillo y Pacheco.

Como se estilaba en esas ocasiones muy formales y lo exigían las costumbres de la Iglesia católica, entregaron a la novia sus padres, Margarita Teresa Nolk Traviesso y Alfonso Romano Guillemín, y la recibió Pepe, acompañado por su madre, María del Refugio Pacheco y Villa Gordoa, y el esposo de esta, José López Portillo y Weber. Más tarde, comentarían, se ofreció un banquete en la residencia de la familia López Portillo Romano.

A su regreso de Acapulco, a los López Portillo Romano les comían las ansias por empezar su vida familiar en la residencia que juntos habían empezado a levantar en la calle Colegio del Pedregal de San Ángel, al sur de la Ciudad de México. Esa sería, finalmente, la mansión personal de Carmen, después del divorcio formal y de la separación de Pepe al término de la presidencia. Bueno, todo esto después de regresar de Europa, a donde, cada uno por su parte, viajó para desacostumbrarse al poder.

En 1954 nació el primogénito José Ramón; tres años más tarde, en 1957, Carmen Beatriz. Nacida en 1959, Paulina sería la última hija del matrimonio; quería ser bailarina, con el apoyo de su padre grabó un par de discos y se casó con Pascual Ortiz Rubio Downey, nieto del general y expresidente Pascual Ortiz Rubio. Apenas terminó el sexenio de su padre, ella se retiró del medio artístico, estudió historia y escribió tres libros: *Poder y libertad*, *Muncy* y *Horror*. Luego se divorciaría para llevar una vida dedicada a la meditación y a las religiones orientales.

*

A poco menos de cuatro meses de su toma de posesión como sucesor de Echeverría, Pepe no olvidaría, aunque en el frustrado atentado hubiera perdido la vida David Jiménez Sarmiento, que el líder del comando había intentado llevarse a su hermana. Pudieron ir historias y llegar otras sobre los movimientos armados y la guerrilla, así como estudiantes y maestros universitarios, líderes campesinos y dirigentes sociales insurgentes, pero el intento para plagiar a Margarita transportaba a una experiencia directa, cobraba vida sin importar el tiempo que pasara ni que, en represalia, siete familiares de Jiménez Sarmiento hubieran sido asesinados y otros dos hubieran desparecido.

Pocos imaginarían el nivel de los operativos para cazar a integrantes de la Liga por el fallido intento de secuestro de Margarita. Pepe mismo se había apersonado allí después del ataque, pero rezumbaba por la noche el matraqueo de las ráfagas de ametralladora que salieron disparadas contra el parabrisas del Rambler Classic, auto en el que, con sus guardaespaldas, se transportaba la hermana del presidente electo.

No lo hubieran hecho. La venganza de Pepe por el atentado con metralletas y fallido operativo de la Liga Comunista 23 de Septiembre para secuestrar a su hermana Margarita e incluir en la lista de blancos secuestrables a su esposa formal y madre de sus hijos, Carmen Romano Nolk, fue violenta: cada uno de los 30 vuelos de la muerte que se reportaron en su gobierno cargaba a 10 paquetes, como llamaba la Brigada Blanca a los «enemigos» del régimen; en síntesis, arrojaron al océano Pacífico a 300 personas.

El exterminio lopezportillista estuvo plagado de acciones violentas: tortura, ejecución extrajudicial, desaparición forzada y juicios irregulares, cremaciones ilegales en campos militares y vuelos de la muerte. Como advirtió en su momento la Comisión Mexicana de Defensa y Promoción de los Derechos Humanos, A.C., esas acciones no se centraron en opositores políticos armados, sino que fueron parte de una serie de acciones sistemáticas que el Estado utilizó como una política formal, que se extendió al movimiento social, líderes de izquierda y sus familiares, así como a personas totalmente ajenas a la protesta social o la lucha armada. Las víctimas no solo fueron militantes de organizaciones insurgentes, sino también sus redes sociales y, en el caso de la guerrilla rural, comunidades enteras.

Los desaparecidos y ejecutados por el gobierno de López Portillo, como los de Echeverría o Díaz Ordaz, son un grito en silencio, que se escucha en todo el país. En ese gobierno reaparecen los desaparecidos «transitorios», desaparecidos fantasma o visitantes del infierno, no otros sino víctimas de desaparición que son llevados de cárcel clandestina en cárcel clandestina, donde se encuentran con otras víctimas destinadas a ser desaparecidos definitivos. Y ahí mismo se enteran de otras desapariciones.

Como sus antecesoras, Carmen nunca rompió el silencio por nada ni por nadie. Se llevó sus secretos a la tumba. La venganza de López Portillo fue implacable. Por eso no se atrevió a desaparecer la DFS. Lo hizo su sucesor Miguel de la Madrid Hurtado hasta el 29 de septiembre de 1985.

El atentado tuvo otra consecuencia que cambió la cara de México: el 11 de agosto de 1976, López Portillo delineaba su gabinete y, como futuro hombre más poderoso de México, ocultaría por unos meses sus rencores y venganzas por el atentado directo contra su hermana consentida. Aquel intento de secuestro era para él como una afrenta personal, porque también hubo versiones de que su esposa Carmen estaba entre los posibles blancos de plagios. Luego, meses más tarde, nombró a su amigo Arturo *el Negro* Durazo Moreno —agente de la Policía Judicial Federal y de la Dirección Federal de Seguridad, narcotraficante, pandillero, delincuente y criminal de Tacubaya, zona suroriente de la capital mexicana— como jefe del Departamento de Policía y Tránsito del Distrito Federal.

Si este nombramiento sulfuraba perversidad, el gobierno lopezportillista vendió su alma al diablo porque al mando de Durazo, quien respondería solo a las órdenes directas de su amigo, el presidente de la República, quedaría una corporación temible y tenebrosa: la División de Investigaciones para la Prevención de la Delincuencia (DIPD), que desde 1972 había sustituido a otra no menos aterradora corporación: el Servicio Secreto o Policía Secreta de la Ciudad de México.

Durazo sería jefe policiaco y jefe de los grupos delincuenciales y criminales que operaban en la capital del país. Controlaría a placer una buena parte de las estructuras del crimen y del imperio del hampa, escribiría en seis años una de las páginas más negras y sangrientas en la historia de la Policía y dejaría un legado porque, sin haber sido nunca militar ni haber pisado nunca la escuela de guerra ni el colegio militar, su amigo el presidente lo nombró general a la palabra.

La DIPD de Echeverría nació como una corporación policiaca de terror y se le permitió planear operaciones fuera del país para eliminar a enemigos del régimen. El poder de los *dipos* fue tal que las policías judiciales, Federal y de la Ciudad de México, a las que insertaron a la mayoría de los viejos, despiadados y recios agentes del Servicio Secreto, parecerían un mero artículo de decoración.

Los *dipos* tenían autorización para desaparecer, sin dejar rastro, a sus detenidos o «esconder» hasta por seis meses a criminales, delincuentes y ladrones de alto perfil, mantenerlos bajo control como delatores, informantes, *orejas* o *soplones*, liberarlos mediante la entrega de parte del botín o ponerlos a trabajar para ellos.

*

La residencia familiar del presidente López Portillo estaba al fondo de la calle Paseo de los Laureles en la colonia Bosques de las Lomas, sobre una loma arbolada desde la cual se apreciaba un valle que hacia el poniente domina la antigua carretera federal México-Toluca, y hacia el oriente Paseo de la Reforma, una de las avenidas emblemáticas de la Ciudad de México.

Antes de terminar su mandato estalló el escándalo de aquel montículo de unos 122 m$^2$, en el 278 del Paseo de los Laureles, en el que se levantaban cuatro enormes y fastuosas mansiones, construidas en 15 563 m$^2$, valuadas en 2 000 millones de pesos: una para su hijo José Ramón, otra para Carmen Beatriz (Yiyí) y una más para Paulina López Portillo Romano.

Para él, símbolo de su grandeza criolla: se afinaba allí mismo una residencia-estudio sobre un predio de 6 200 m$^2$, en tres pisos en forma de caracol, rematado con una cúpula y observatorio astronómico. La del hijo, orgullo de su nepotismo, no sería menos espectacular: casi 4 500 m$^2$ de construcción, contra la de 2 600 de Carmen y los casi 2 300 de Paulina.

Deportista, como se definía el mismo Pepe, el alucinante complejo incluía salón de armas, canchas deportivas, alberca y gimnasio. Aparte, se encontraban viviendas que ocuparía la servidumbre: trabajadoras domésticas, jardineros, barrenderos, mandaderos, personal de mantenimiento general, guardaespaldas del Estado Mayor Presidencial y choferes de cuya nómina se encargaría el gobierno federal que encabezaría Miguel de la Madrid Hurtado.

Como dictaba la costumbre, la presidencia del sucesor se haría cargo de los gastos y seguridad de su antecesor y la familia de este. El gobierno del Distrito Federal, en el que había colocado a su amigo Carlos Hank González, se había encargado de rellenar y emparejar la superficie, hacer accesibles todos los servicios públicos, agua, sobre todo, y, en acuerdo con la Comisión Federal de Electricidad (CFE), había levantado una subestación eléctrica.

Apenas se volteaba a la derecha, nada escapaba a los ojos de suspicacia ni a los cuchicheos de sorpresa desde la carretera México-Toluca de quienes tenían acceso al fraccionamiento Bosques de las Lomas y la mansión más elevada en la colina, la que habitarían Paulina y su esposo, Pascual Ortiz Rubio Downey, mostraba las dimensiones alucinantes, como las llamó el periodista Francisco Ortiz Pinchetti: «2 250 metros construidos, sobre un predio de casi 30 000 metros cuadrados».

¿Qué se proponía la familia presidencial con tal derroche de recursos y demostración de poder? ¿Presumir o impresionar? Solo Pepe y Carmen lo sabían: sospechosas y acusadoras, las cuatro mansiones representaban el verdadero emblema del poder y el alto contenido político del lopezportillismo. La palabra *lujo* quedaba corta, allí había corrupción, refinamiento, derroche, excesos, chimeneas, ventanales, amplios jardines con pasto inglés, salones forrados en maderas preciosas, portones tallados en cedro de importación, terrazas de mármol, estancias y habitaciones alfombradas con material importado. Todas las locuras de su imaginación o aquellas que podían comprar 2 000 millones de pesos.

Protegido por altas bardas de piedra de cantera y cemento —400 m lineales en la parte frontal y malla metálica de 3 m de altura en la posterior—, describiría Pinchetti después de hacer un recorrido, aquellos 122 000 m, equivalentes, como se documentó, a unos 17 campos de futbol, serían conocidos como la Colina del Perro, sobrenombre peyorativo y burla abierta, pitorreo y rechifla que Pepe se había ganado a pulso después de seductoramente prometer y comprometerse, con lágrimas en los ojos, duro, enérgico, macizo y con vitalidad frente a millones de mexicanos que lo seguían por televisión, a defender el peso como un perro.

Con amargura, Pepe relataría ese episodio en la segunda parte de su biografía *Mis tiempos*:

Fue entonces cuando, en un esfuerzo de comunicación, dije: «defenderé el peso como un perro». Y lo hice con el rostro crispado y enseñando los puños. Gente que me quería me lo criticó de inmediato. Concurrió a caracterizar mi imagen, hasta entonces absolutamente respetada. A partir de ese momento yo mismo me puse el mote, el apodo, el calificativo que desde entonces me identifica «¡el Perro!».

El autoelogio a su valor y decisión se convirtió en pretendida injuria.

Es imposible conocer cuánto dinero acumuló la familia López Portillo Romano, pero Armando Ayala Anguiano rescata en *La epopeya de México II, de Juárez al PRI*, publicado en 2005, señalamientos del extinto ingeniero Heberto Castillo Martínez, uno de los líderes más respetados y prestigiosos de la izquierda mexicana y muy cercano al general Lázaro Cárdenas del Río:

Durante todo el año de 1980 […], el boletín estadístico mensual de la Secretaría de Programación y Presupuesto —al frente de la cual estaba Miguel de la Madrid— reportó que en 1979 Pemex había tenido ingresos por 818 000 millones de pesos, mientras que la empresa reportaba solo 686 000 millones, o sea, 132 mil millones de pesos menos. Los millones faltantes […] podrían representar el valor del petróleo que se exportaba clandestinamente al mercado libre de Rotterdam [o el Rotterdam Spot Market, un mercado negro de petróleo] y que, según, las apariencias, se embolsaban López Portillo y sus familiares, pues al parecer [Jorge] Díaz Serrano [director general de Pemex] nunca pasó de tapadera.

Castillo iba por buen camino. El extravío o faltante de recursos petroleros en las arcas nacionales tenía una razón: Pemex desviaba o se autorrobaba elevados volúmenes de crudo que luego colocaba a través del mercado libre y al contado de Rotterdam, mejor conocido como el Rotterdam Spot Market, mercado spot o mercado negro de petróleo, que operaba sin controles desde 1959 de la mano de las multinacionales inglesas Halsey Peckworth y Shell Oil.

El petróleo se entregaba a través de voraces *coyotes* o intermediarios ilegales, que era en lo que se habían convertido líderes del Sindicato de Trabajadores Petroleros de la República Mexicana (STPRM), altos funcionarios de gobierno y de la paraestatal mexicana, así como prestanombres de poderosos grupos empresariales, tolerados y alimentados por el director general de la empresa Jorge Díaz Serrano, gran amigo de López Portillo. Aquellos *coyotes* triangulaban el combustible a través de empresas fantasma o voraces mediadores internacionales y lo trasladaban en buques-tanque pagados por Pemex; es decir, el negocio era redondo. Solo perdía Pemex.

Con esa experiencia del lopezportillismo, años más tarde, en el gobierno de Carlos Salinas de Gortari, nacería desde las entrañas de Pemex el robo de combustible a gran escala a través de volúmenes no controlados que se conocería como *huachicol*, y formaría parte del crimen organizado que se prolongaría cínicamente a los sexenios de Ernesto Zedillo Ponce de León, Vicente Fox Quesada, Felipe Calderón Hinojosa y Enrique Peña Nieto, en los que florecieron los cárteles del huachicol, mientras se mantenían el comercio internacional ilegal en el mercado negro de Rotterdam.

En 2021, *Sentido Común*, semanario político digital creado en 2007 y que tiene una presencia en las ricas zonas petroleras de Tamaulipas y desde donde por décadas se controló el Sindicato de Trabajadores Petroleros, encontró que «El gran robo del petróleo que se hace en el mar desde López Portillo (en 1977) […] Este robo de crudo mexicano fue la causa verdadera, pero jamás revelada del desafuero y encarcelamiento del senador Jorge Díaz Serrano, exdirector de Pemex».

También encontró que, en la administración lopezportillista Díaz Serrano, quien soñaba con meterse entre los *tapados* presidenciales de su amigo Pepe, sin saber que este decantaría casi desde el principio por el oscuro e infame secretario de Programación y Presupuesto, Miguel de la Madrid Hurtado, quien había dado cobijo en la dependencia a Rosa Luz Alegría Escamilla, la amante favorita de palacio en el lopezportillismo, y a José Ramón López Portillo Romano, como subsecretario del ramo, había obsequiado un buque-tanque, que se negociaría en el mercado negro de Rotterdam por 100 millones de dólares, a Margarita López Portillo y Pacheco, hermana consentida del presidente.[7]

Al arribar Salinas de Gortari al poder se reanudaron los viajes piratas a Rotterdam […] Con Zedillo disminuyeron por la merma de los yacimientos y el endeudamiento por el Fobaproa, pero cuando llegaron Fox y Calderón a la presidencia se dispararon y con Peña Nieto se multiplicaron a niveles escalofriantes.

El despojo a México no tiene comparación alguna en el mundo, vea usted: a 157 kilómetros de la capital campechana se encuentra Cayo Arcas, un conjunto de tres islotes paradisiacos rodeados de arenas de talco y aguas color turquesa en sus mares. Lo que está pasando parece una historia de ciencia ficción. Cerquita de ahí se ubica una boya de distribución de crudo que surte el hidrocarburo a los grandes buques que lo transportan a diversas partes del planeta necesitadas de esos bitúmenes, hasta

---

[7] https://sentido-comun.com.mx/2021/08/10/identifican-el-gran-robo-del-petroleo-que-se-hace-en-el-mar-desde-lopez-portillo-en-1984/ (consultado el 1.º de junio de 2023).

ahí, bien, el problema empieza cuando alguien analiza lo que está pasando desde hace mucho tiempo. El mercado petrolero mundial tiene protagonistas cotidianos.

A mediados de la década de 1980, también surgieron versiones inquietantes, que luego llegarían a blogs especializados en finanzas internacionales y columnas informativas de internet, respecto a que José Ramón López Portillo Romano,[8] hijo del presidente, manejaba e influía en los precios del mercado negro de Rotterdam, puerto de gran conexión de la provincia neerlandesa de Holanda Meridional, que ofrecía alternativas para envíos de carga sobredimensionada y con sobrepeso y que, a través del río Rin, lo conectaba con una vasta red de vías navegables que se extendía por toda Europa.

Al término de los 70 y en los 80 [del siglo xx] se supo que México [vendía] petróleo en el mercado negro de Rotterdam. Volúmenes que no estaban contabilizados en los flujos oficiales o formales y se estaban yendo al mercado *spot*, que en ese momento era muy dañino para el mercado de contratos —precisa el blog finanzasinternacionales.skyrock—. Miembros del cártel petrolero estafaban y México al ser vendedor bilateral en el mercado internacional también realizaba una estafa.

En los años de López Portillo [*Le Canard enchaîné*, periódico francés de sátira, fundado en 1915] mencionaba a José Ramón López Portillo como el que manejaba e influía en los precios spot de Rotterdam [...] Tuvieron que pasar 23 años para que, «sin temor a perder la vida», Arthur Rüggeberg pudiera denunciar la serie de atropellos que sufrió por un conflicto de índole personal entre las familias Rüggeberg y López Portillo.

---

[8] https://finanzasinternacionales.skyrock.com/1805777986-EL-MERCADO-DE-PETROLEO-DE-ROTTERDAM.html (consultado el 1.º de junio de 2023).

Arthur Rüggeberg [...] pretende ahora reconstruir la historia [...] cuya trama aborda detalles del exilio a que fueron condenados los Rüggeberg vía el acoso, persecución y amenazas de miembros del Estado Mayor Presidencial (EMP), organismo que [...] controla hasta los detalles más íntimos de [...] la familia presidencial y complace hasta sus más excéntricos caprichos.

La historia de las familias Rüggeberg Barber y López Portillo Romano —cuyos hijos habían trabado amistad entrañable en 1975— tendría un desenlace trágico que se manifestaría en noviembre de 1998, cuando, a la edad de 18 años, cercado por trampas emocionales que lo sumieron en una profunda depresión y agobiado por conflictos mentales ocasionados por el repudio de su familia paterna [los López Portillo], Kenneth Rüggberg se quitó la vida ahorcándose después de enterarse de que su padre biológico era José Ramón López Portillo Romano, quien tenía motivaciones ocultas, nunca aclaradas, para no reconocer a su hijo.

Misteriosos como aparecen en ocasiones algunos pasajes de la historia de la familia presidencial, en el año 2000, el periodista Fernando Ortega siguió hilos de una madeja que lo llevaron hasta las parejas de novios formadas por Berbel Rüggeberg y José Ramón López Portillo Romano y la de Paulina López Portillo Romano con Erwin Rüggeberg, cuya relación sentimental se había prolongado hasta que Berbel salió embarazada a principios de 1980, el cuarto año del lopezportillismo, y José Ramón negó a la Muncy y a Pepe cualquier responsabilidad y parentesco con el infante que nació ese año y a quien se le dio el nombre de Kenneth Rüggberg.

Aun si José Ramón hubiera aceptado su responsabilidad, había señalamientos serios de que la primera dama nunca hubiera aceptado un enlace matrimonial de esa naturaleza, así que la inteligencia del Estado Mayor Presidencial puso en marcha una violenta campaña de persecución, acoso y hostigamiento que obligó a la familia Rüggeberg Barber a huir del país y refugiarse en Houston, Texas.

Como se explicó antes, en noviembre de 1998, a la edad de 18 años, Kenneth se quitó la vida tras enterarse de que su padre era José Ramón, quien había negado su paternidad desde antes del nacimiento; de acuerdo con informes posteriores, Kenneth se ahorcó al no poder superar sus problemas de identidad derivados de la negativa de su padre a reconocerlo, quien atribuyó el embarazo de su novia Berbel Rüggeberg a un teniente del Estado Mayor Presidencial, de apellido Morán, como encontró Fernando Ortega en su amplia investigación.

¿A cuánto ascendía la fortuna de los López Portillo Romano? Con los rígidos controles oficiales que se impusieron a la prensa habría sido imposible conocerlo, pero había indicios que la misma familia, en pleno, ofrecía.

\*

Aunque en la primera semana de noviembre de 2022 la heredera de la residencia-biblioteca, la actriz Sasha Montenegro, viuda de López Portillo, se quejaría en declaraciones al periódico *El Heraldo* de la Ciudad de México de que la Colina del Perro, una alborada y llamativa loma con una larga barranca por un lado y por el otro una barda de 400 m lineales «Era una verdadera porquería, un cascarón enorme [con] las cortinas podridas», las mansiones dejaron ver una parte de la personalidad turbia y excéntrica de Pepe y de Carmen, la Muncy. Para revestirlas, se colocaron $2\,000$ m$^2$ de alfombras importadas, tapices de seda, domos corredizos y terrazas con acabados de madera, y la biblioteca, con un sistema especial de aire acondicionado para preservar la humedad, se alimentó con 30 mil tomos.

En 1982, el último año de su gobierno, no hubo necesidad de que Pepe y su familia abrieran los portones de sus mansiones del escándalo, custodiados por el Estado Mayor Presidencial y policías de la Ciudad de México, a la mirada escrutadora y curiosa de los mexicanos: en un país empobrecido, cuya economía estaba en quiebra, con un peso a la deriva devorado por el dólar, la inflación desbordada tanto como el déficit público y una deuda externa jamás vista o sobreendeudamiento por más de 80 000 millones de dólares. Las construcciones, las chimeneas y sus ventanales llamaban la atención porque la excentricidad, el despilfarro caprichoso y la frivolidad insultante —como actos de gobierno— eran visibles desde la antigua carretera federal que une a la capital del país con Toluca, capital del Estado de México, una ciudad hacia el oriente a 66 km de la capital del país por la que cada día circulaban (y circulan) miles de automóviles particulares y centenares de autobuses, cuyos pasajeros y conductores podían admirar la majestuosidad y simbolismos del Perro.

En el centro de un huracán por la ostentación de poder y derroche de recursos en la Colina del Perro, Pepe intentaría justificar en dos partes, contradictorias, confusas y ofensivas, aquel descubrimiento develado el último año de su gobierno a través de una solicitud de explicación del diputado federal Carlos Sánchez Cárdenas, del Partido Socialista Unificado de México (PSUM): la primera, cada familia López Portillo Romano construyó con sus recursos y su crédito, pero, al mismo tiempo, su amigo Carlos Hank González (un humilde profesor de educación básica, quien, a través de la corrupción y el amiguismo había escalado todos los niveles del poder priista hasta encaramarse en 1969-1975 como gobernador del Estado de México, la entidad más rica y poblada de México, y de 1976 a 1982, nombrado por su amigo Pepe, regente del Distrito Federal, y que terminaría su carrera política con una fortuna superior a 3 000 millones de dólares y como uno de los símbolos de la corrupción del PRI) les ofreció un crédito, que luego se hizo préstamo sin garantías, nunca oficializado, por 200 millones de pesos más algunas ampliaciones o sumas complementarias.

Por la zona, residencial en el que se encontraba, el tamaño del terreno y la construcción, investigaciones posteriores encontraron que el costo de las mansiones promediaba aquellos 2 000 millones de pesos de esa época, cuando el presidente López Portillo en sus seis años de gobierno había ganado 36 millones de pesos. Años después saldrían a la luz versiones de que aquellos 122 000 m$^2$ fueron, en su momento, propiedad del gobierno de la capital del país; en otras palabras, aprovechando su puesto, Pepe se apropió del «terrenito» para mantener a la familia unida después de diciembre de 1982.

La segunda justificación, tan importante como la primera, fue que cada uno de los López Portillo y Romano, además de él mismo, necesitaba un lugar para vivir con su familia respectiva: la compra del terreno, los 122 000 m$^2$, a precios de regalo, a Manuel Senderos Irigoyen, empresario y desarrollador inmobiliario, accionista principal de Bosques de las Lomas, quien «no quiso hacer negocio con la familia del presidente». A principios de la década de 1970, Senderos sería clave en la formación del Grupo DESC, Sociedad de Fomento Industrial. La familia, pues, se mantendría tan unida como en Los Pinos.

Las cuatro residencias, un conjunto arquitectónico en los 122 000 m$^2$ o 12 ha, parecían superar el esplendor y gloria de las mansiones que en la Ciudad de México se habían hecho levantar en su momento las parejas presidenciales formadas por Soledad Orozco García y el general Manuel Ávila Camacho, Beatriz Velasco Mendoza y Miguel Alemán Valdés y la de la Compañera, María Esther Zuno Arce y Luis Echeverría Álvarez.

Carmen y Pepe habían entrado a ese juego político complejo que aceptaba que, por seis años, todo giraba en torno a la pareja presidencial, y a esta, se le perdona todo. En ese juego el pueblo entero se enorgullecía de los incidentes de la historia. Les rendían a ellas pleitesía con vajillas de plata 925 o plata esterlina, ese metal mexicano de Taxco, Guerrero, que históricamente se usaba para diseños únicos, candelabros, cubiertos, regalos cubiertos con el presupuesto del gobierno del estado de Guerrero.

El 3 de mayo de 2015, el reportaje «Colina del Perro: abuso perpetuo» de Samuel Adam para el periódico *Reforma* hizo otras portaciones detalladas:

El préstamo no pudo ser liquidado al profesor Hank [...] ya que pretendían pagar con la plusvalía de las hectáreas que no fueron ocupadas y que, según la versión de José López Portillo, fueron donadas al Fondo Nacional de Reconstrucción, formado después del terremoto de 1985. Los terrenos donados sumarían 6 hectáreas, la mitad del terreno de la colina. [...] Los terrenos debían ser entregados para ponerlos a la venta y, con el dinero recaudado, reconstruir los hogares dañados en el terremoto.

El Fondo Nacional de Reconstrucción se manejó en total opacidad y, hoy en día, no existen registros de tal donación. En 1996, las hijas del expresidente relotificaron los predios de la Colina para desarrollar un lujoso fraccionamiento. Según el Registro Público de la Propiedad, la relotificación de casi 8 ha de terreno para construir La Toscana se realizó el 27 de mayo de 1996 y, cinco años después, se cambió la constitución de los predios a régimen de propiedad de condominio con 56 casas.

El desarrollador de La Toscana es Carlos Pascual Ortiz Rubio Downey, nieto del expresidente Pascual Ortiz Rubio y exesposo de Paulina López Portillo. Los descendientes de los presidentes se casaron en Los Pinos en 1981 y llegaron a ser los únicos habitantes de la Colina al término del sexenio de José López Portillo, cuando él y su hijo José Ramón se exiliaron en Roma, y su esposa,

Carmen Romano, junto con su otra hija, Carmen Beatriz, se fueron a París.

*

Si hay una regla que se cumple en las élites de poder priistas y panistas es que todos son iguales, al margen del rango, investidura y tiempo: López Portillo emulaba a su amigo Echeverría y a la esposa de este, María Esther Zuno Arce, quienes habían hecho levantar un paraíso residencial en San Jerónimo, parte del sur de la Ciudad de México, y al veracruzano Miguel Alemán Valdés y Beatriz Velasco Mendoza, cuya mansión en Polanco, pegada a la primera sección del bosque de Chapultepec, era una residencia que rivalizaba con la Casa de los presidentes, y a la de Manuel Ávila Camacho y Soledad Orozco García, que superaba cualquier fantasía.

En 1982, Carmen y Pepe habían perdido el glamur y todo el pudor. Habían perdido su poder seductor. Como escribí en *Los depredadores, historia oculta del presidencialismo en México 1946-2018*, la transfiguración de López Portillo que había empezado cuando lo nombraron candidato presidencial tenía otras facetas desconocidas, domeñadas por los cálculos del dinero público para beneficio familiar, de compadres, amigos, socios y benefactores políticos. La avaricia, la corrupción y la impunidad serían un sello primordial de esa otra faceta, que terminaría malogrando cualquier posibilidad de progreso, aunque él nunca reconocería sus monumentales fracasos ni aceptaría ninguna culpa.

Ella y su esposo de pantalla —el divorcio formal se materializó hasta terminada la administración— encabezaron un infame despojo a la nación. Las cuatro mansiones de la Colina del Perro sobrepasaron los límites de la prudencia y, en medio de una severa crisis propiciada por su incapacidad y la de sus colaboradores, a quienes acusaría después de engañarlo con cifras y números falsos sobre el déficit fiscal, el escándalo encontró terreno fértil. Representante de la fracción parlamentaria del PSUM en la Comisión Permanente del Congreso de la Unión, el 26 de agosto de 1982 Sánchez Cárdenas pidió al presidente López Portillo explicar «Al pueblo de México el porqué se están utilizando miles de millones de pesos en la edificación de mansiones para él y su familia, utilizando recursos del gobierno federal».

En la delegación (hoy alcaldía) Cuajimalpa, precisó el legislador, «lugar donde se construyen las mansiones, fue instalada una subestación eléctrica que bien podría abastecer de luz a todo un poblado de mediana dimensión [...] esas obras, que requieren de fuertes gastos, se han construido por cuenta del gobierno federal [...] No estoy acusando, no estoy denunciando; estoy solicitando simplemente aquí información».

Durante la lectura de su VI y último informe de labores el 1.º de septiembre de aquel año, ante el Congreso, Pepe afirmó: «Salgo y saldré con las manos limpias de sangre y de recursos mal habidos»; sin embargo, una semana más tarde, en el amplio reportaje de Guillermo Correa «Los detalles de la fortaleza», la revista *Proceso* se encargaría de hacerle algunas observaciones al señor presidente.

La Colina del Perro fue la comidilla del día por años. La familia López Portillo Romano tenía bien ganado el repudio de los mexicanos. Si las residencias de la Colina levantaron una ola de justificada indignación, el rechazo y aborrecimiento alcanzaron niveles superlativos cuando se hizo pública la apropiación, por el uso caprichoso del poder presidencial, de al menos otros 8000 m², delimitados por una barranca, en una zona exclusiva de Chapultepec, conocida como Lomas Altas, no lejos de la Colina, para levantar, con apoyo del gobierno del Distrito Federal, mansiones de aires moriscos y granadinos a su madre

María del Refugio Inés Pacheco y Villa-Gordoa (doña Cuca, Cuquita) —a quien apenas llegó a Los Pinos le acondicionó la residencia que habitaron Amalia Solórzano Bravo y su esposo el general Lázaro Cárdenas del Río—, y su hermana Margarita López Portillo y Pacheco.

El sexenio estuvo colmado de aventuras, dramas, decepciones y líneas sinuosas más allá de sus camas separadas. Carmen y Pepe se habían sentado sobre un volcán enriqueciéndose frente a las narices de millones de mexicanos. Se habían asentado sobre una colina que tantos problemas les traería en los años posteriores. La pareja mostraba que, después del desastre que fue el gobierno de la pareja antecesora, la clase política priista no había cambiado en nada.

Los muros infranqueables de la Casa de los presidentes se habían roto en la Colina del perro. Y como un secreto a voces, con fuego en la lengua se hizo público que el señor presidente había recibido del líder nacional del sindicato petrolero, Joaquín Hernández Galicia, más conocido por su sobrenombre de la Quina, una impresionante mansión de descanso, con amplios ventanales, pegada al mar, en el vacacional puerto de Acapulco; construida en dos plantas sobre un terreno de 3 326 m², que sería conocida como Villa Marga Mar, con su playa privada y su muelle en la exclusiva zona de Pichilingue de la bahía de Puerto Marqués, a donde Pepe se había hecho de un velero azul, al que llamaba el *Quetzalcóatl*.

La segunda semana de septiembre de 2000, 18 años después de terminar su gobierno y luego de un pleito legal de los López Portillo Romano, que perdió el licenciado José López Portillo y Pacheco, se conoció la verdad de aquel «regalo» petrolero: no eran 3 326 m², sino 17 018, que unas manos anónimas habían pagado dos millones de dólares de contado por la propiedad, a través de una empresa estadounidense de bienes raíces, y que se habían gastado al menos 40 millones de pesos en la remodelación y la construcción de un estudio, una cancha de tenis y una biblioteca.

El Tercer Tribunal Colegiado del Vigesimoprimer Circuito, con sede en la ciudad de Chilpancingo, capital del estado de Guerrero, negó un amparo al expresidente José López Portillo y Pacheco, en relación con el juicio civil que sostenía con la empresa Arges, S.A. de C.V., por lo que perdió en definitiva la propiedad en la playa Pichilingue.

Un representante de la Sociedad Anónima Arges dio a conocer que en el litigio por la propiedad iniciado el 16 de abril de 1997, bajo el expediente 252-1/97, el expresidente denunció una supuesta doble venta del inmueble que reclamaba como su propiedad.

La resolución no dejó lugar para dudas: la residencia de dos niveles se ubica en el exclusivo conjunto residencial playa Pichilingue en una extensión de 17 018 m², además de contar con playa privada. Se sabría que aquella propiedad era una mansión blanca, por cuyos ventanales inacabables entraba toda la bahía de Puerto Marqués.

Además, Carmen tenía su refugio propio, un espléndido y opulento *penthouse* en el condominio Loric, casi a pie de la playa El Morro en Acapulco, una piscina privada al aire libre, una terraza y envidiable vista al mar, desde la que podía admirar plena la bahía del puerto. Es un «condominio de dos pisos con piscina y lujos mil», escribiría asombrado en enero de 1984, el periodista Francisco Ortiz Pinchetti.

Como en su momento lo hicieron los matrimonios Ávila Orozco y Alemán Velasco —los Echeverría Zuno habían optado por construir un paraíso en el desarrollo planificado de Cancún y en Playa del Carmen, Quintana Roo, y Cuernavaca, Morelos—, Carmen y Pepe habían hecho de Acapulco su lugar de recreo.

La defensa *perruna* del peso solo había servido para enriquecer a unos cuantos, entre ellos los López Portillo Romano.

Del otro lado, la moneda mexicana se devaluó como nunca en la historia y su valor cayó en un barril sin fondo: el 18 de febrero de 1982, cuando el sexenio entraba a sus últimos nueve meses, la Secretaría de Hacienda declaró una moratoria de pagos y, tardíamente, aquel día Pepe aceptó devaluar de 28.50 a 46 pesos por dólar, luego a 57.20 pesos. Fue un barril sin fondo que lo obligó a cerrar el mercado de cambios. Solo así pudo su gobierno frenar la pérdida de valor del peso y anclarlo en 70 unidades por dólar, aunque por momentos el dólar superó los 100 pesos.

Había una distancia de años luz entre la retórica de López Portillo y la realidad del país. Como se documentaría después, Pepe tomaba decisiones por estado de ánimo o por ocurrencias. Y estas tomarían dimensiones turbias y de catástrofe el 1.º de septiembre de 1982, a tres meses de terminar su gobierno, cuando se transformó en un Judas moderno: culpó del caos a banqueros y los acusó de *sacadólares*: «Soy —dijo— responsable del timón, pero no de la tormenta», impuso por decreto presidencial el control de cambio y, ya enloquecido y en un acto de cobardía institucional y despliegue histriónico con lágrimas en los ojos, señaló: «Ya nos saquearon. México no se ha acabado. ¡No nos volverán a saquear!», nacionalizó la banca y expropió todos sus bienes.

México contaba con una banca deshonesta, pero la estatización decretada por López Portillo no sirvió para nada. Y si han de tomarse en cuenta los datos estadísticos de la CNBS, la nacionalización y expropiación de bienes de la banca costó al erario al menos tres billones de pesos entre pagos por indemnizaciones y compras a los banqueros.

En los años siguientes, políticos del PAN y del PRI, encabezados por Felipe Calderón Hinojosa, Santiago Creel Miranda, Diego Fernández de Cevallos, Ernesto Zedillo Ponce de León, Dionisio Meade García de León, Fidel Herrera Beltrán, José Ángel

Gurría Treviño y Guillermo Ortiz Martínez, endilgarían a las arcas otro billón de pesos, como deuda pública, para cubrir un saqueo, abuso y pillaje criminal de los neobanqueros —o la banca reprivatizada—, políticos y empresarios.

*

«Hay cosas, dice el refrán, que no pueden ocultarse por mucho tiempo: el amor, las ambiciones desmedidas, el desamor y el dinero en abundancia cuando no se ha tenido tanto». Por eso, no fue una casualidad que después de la farsa de las elecciones de 1976 y del acuerdo para presentarse como pareja unida y feliz cuando hacían vida separada, a Carmen Romano y al presidente electo López Portillo les ganaran las ansias por mudarse a la Casa de los presidentes.

Cuando ella tuvo la oportunidad de elegir qué haría en la residencia presidencial en su papel de primera dama, ya sabía. Seleccionó a quien se haría cargo de las tareas de asistencia social y, pronto, se encontró participando en varios proyectos y todos tenían que ver con la cultura, la música y las artes escénicas que, una vez en el poder, pondría en marcha.

A su lado, por el camino de la protección del mentalismo esotérico, llevaría a su gurú. Por eso se había asegurado personalmente de que el mago-mentalista Uri Geller estuviera con ella desde el minuto uno de la ceremonia del cambio de poderes en el Auditorio Nacional: le había hecho llegar una invitación para estar a unos metros de ella. Sea cual fuere la dimensión real de la presencia de Geller, este mantendría una influencia poderosa, hasta encargarle la búsqueda de nuevos yacimientos petroleros.

En 2009 el periodista José Gil Olmos publicaría un libro provocador: *Los brujos del poder 2*, en el que advertiría:

En la historia de las familias presidenciales, el esoterismo de los López Portillo solo se puede comparar con el de Marta Sahagún y Vicente Fox. En ambos casos, los miembros de la familia presidencial poseían una arraigada formación católica, pero al asumir el poder se entregaron a diversas creencias que rayaban en lo absurdo, como el hecho de realizar ceremonias y ritos esotéricos en el recinto presidencial o creer en la existencia de seres extraterrestres que habrían de determinar el destino del país.

En su camino de transformarse en una primera dama aristocrática intachable, Carmen conseguiría atraer a su ascensión al poder a una mujer que sería, al menos en imagen, de la mayor utilidad: Rosalynn Carter, esposa del presidente electo de Estados Unidos y, por lo tanto, futura primera dama de aquel país. Todos, y ese *todos* eran las élites del poder, conocían la influencia que Rosalynn tenía en Jimmy Carter. La señora Carter había aceptado una invitación especial para asistir a la ceremonia del cambio de poderes.

La opulencia de los López Portillo Romano y la ostentosidad de Carmen dejarían boquiabiertos a los mexicanos, pero la presencia de quien habitaría la Casa Blanca a partir del 20 de enero de 1977 superaría con mucho a las fuerzas místicas o cualquier sueño al que pudieran inducir los brujos del pueblo de Catemaco en Veracruz para proteger a Carmen y a la familia presidencial mexicana. Tendrían ella y Pepe la bendición y la protección de Washington.

Esa bendición se notaría casi de inmediato no solo porque la señora Carter había visitado México acompañada por el poderoso secretario del Departamento de Estado, Henry Kissinger, sino porque la noche del mismo 1.º de diciembre de 1976, pero ya en Albany, Georgia, después de asistir a la toma de posesión en México, la futura primera dama de Estados Unidos dio a conocer que Carmen Romano sería invitada especial a la toma de posesión de Jimmy Carter.

En realidad sería la única primera dama que recibiría esa invitación. Y aquella noche Kissinger señalaría que la presencia de Rosalynn Carter en la capital mexicana representaba una muestra de los deseos de Estados Unidos de estrechar relaciones con México y con otras naciones de América Latina.

Con sus modales afables, frente a su esposa, el «maestro» espiritual de esta, que en eso se convirtió Geller, la señora Carter, el presidente saliente Luis Echeverría, la saliente primera dama María Esther Zuno Arce y las élites políticas y burocráticas en pleno y el nuevo presidente José López Portillo harían patente lo que para él representaba la familia.

Al lado de la señora Zuno y la Muncy darían acomodo a doña María del Refugio Pacheco Villa Gordoa. El amor por su madre y sus hermanas marcaría a Pepe en la residencia presidencial: como su secretaria personal o secretaria auxiliar de la presidencia llevaría a su hermana Alicia; ella sería guardiana de sus secretos en la Casa de los presidentes. A su primo consentido Guillermo López Portillo, le entregaría el poder absoluto para manejar y controlar el deporte nacional a través de la dirección del Instituto Nacional del Deporte (IND). A su sobrino Roberto Martínez Vara López Portillo (hijo de su hermana Refugio) le daría la estratégica subdirección de la Comisión Nacional de la Industria Azucarera (CNIA), responsable de administrar los ingenios del sector público, coordinar la producción del azúcar, mantener bajo control a la Unión Nacional de Productores de Azúcar y comercializar el azúcar.

En ese gran amor filial, Pepe intentaría legitimar lo inmoral: el favoritismo para incorporar a sus familiares al presupuesto público. Así haría del nepotismo un vergonzoso estilo de vida presidencial. Familiares se comportarían como jeques árabes, derrochando y abusando del erario. López Portillo llegó a tener hasta 73 familiares políticamente activos durante los seis años de su gobierno, de acuerdo con *Relaciones familiares en la polí-*

*tica mexicana*, ensayo del analista político y consultor estadounidense Roderic Ai Camp.

A su madre misma le entregaría el Instituto Nacional de la Senectud (Insen), un organismo público descentralizado con personalidad jurídica y patrimonio propio, creado por la Ley de los Derechos de las Personas Adultas Mayores; en otras palabras, la mamá también entraría en la nómina porque, después de todo y como se decía, amor que no entra en la nómina es desamor.

La cereza del pastel sería su hijo José Ramón López Portillo Romano, a quien en una declaración pública llamaría «el orgullo de mi nepotismo», al dejarlo bajo cuidado personal de su amigo secretario de Programación y Presupuesto, Miguel de la Madrid Hurtado, nombrándolo subsecretario de Planeación.

Los apellidos priistas del nepotismo, herencias de poder, botín —mansiones de ensueño, jets privados, abultadas cuentas bancarias en paraísos fiscales, excentricidades—, cargos y privilegios brotarían como hongos y se les conocería como *bebesaurios, juniors* del saqueo, *mirreyes,* príncipes del sistema: José Ignacio Pichardo Lechuga, Javier Herrera, Octavio Borunda, Pablo Gamboa Miner, René Fujiwara Montelongo, Juan Ernesto Millán Pietsch, Rocío y Francisco Labastida Gómez de la Torre, Adolfo y Alejandro Ismael Murat Hinojosa, Alfredo del Mazo Maza, Sylvana Beltrones Sánchez, Emilio Lozoya Austin, Katyna de la Vega Grajales, Enrique de la Madrid Cordero y Claudia Ruiz [Massieu] Salinas.

Parentesco, compadrazgo, amiguismo, complicidades y relaciones empresariales darían cohesión a las aristocracias priistas: después del nombramiento de José Ramón López Portillo Romano, un sumiso y zalamero Miguel de la Madrid sería un personaje poderoso en el lopezportillismo; secretario de Programación y Presupuesto. De la Madrid sembró así la semilla de la sucesión siguiente en la que él sería el *tapado* que, en los hechos, se concretó el 21 de septiembre de 1981, en Los Pinos, según lo cuenta él mismo en sus memorias, *Cambio de rumbo*.

Profundizado el nepotismo, el saqueo a las arcas públicas se saldría de control y se harían evidentes la especulación propiciada por una banca privada conspirativa y poderosa, la inocultable e imparable fuga de capitales, la inflación —para el 30 de noviembre de 1982 se ubicaba en niveles de 459%—, una inevitable y violenta devaluación, el caos en la economía y la quiebra del país. Y José Ramón sería uno de los personajes infames al lado de Carlos Tello Macías y José Andrés de Oteyza y Fernández, quienes en 1982 fraguarían torpemente y en secreto la nacionalización de la banca.

Lo advertí en 2017 en *Los depredadores*:

De Oteyza se convertiría en las décadas siguientes en presidente del consejo de la filial mexicana de Obrascón Huarte Lain (OHL) y uno de los más poderosos e influyentes *brokers*, intermediario en operaciones de compra y venta de valores financieros o cabildero para que ese consorcio español obtuviera, bajo condiciones dudosas y ventajosas, multimillonarios contratos de obra pública en México.

Al júnior orgullo del nepotismo le esperaría otro futuro: en 1982 se integraría al equipo de campaña presidencial de su jefe De la Madrid, pero ya instalado en la Casa de los presidentes, este último lo desterraría vergonzosamente del país, por traidor y desleal, bajo el cargo de representante de México ante la Organización de las Naciones Unidas para la Alimentación y la Agricultura, más conocida como la FAO.

El 1.º de septiembre de 1982, durante su último informe de gobierno ante el Congreso, José López Portillo dejó para los minutos finales el anuncio de dos decretos presidenciales de ruptura que mostraron su poder personal y helaron la sangre de su sucesor, el presidente electo Miguel de la Madrid Hurtado:

He expedido dos decretos: uno que nacionaliza los bancos privados y otro que establece el control generalizado de cambios, no como una política de supervivencia del más vale tarde que nunca, sino porque hasta ahora se han dado las condiciones críticas que lo requieren y lo justifican. Es ahora o nunca. Ya nos saquearon [...] no nos volverán a saquear.

Mientras la comunidad financiera internacional entendió los decretos como una medida para tomar el control de un sistema financiero en bancarrota y una forma en la que el Estado mexicano garantizaba el pago de la deuda en dólares de los bancos privados, López Portillo culpaba a los banqueros de la época —había 32 grupos de banca múltiple, aunque Bancomer y Banamex controlan la mitad del mercado— de saquear entre 50 000 millones y 60 000 millones de dólares, 14 000 millones en depósitos en cuentas en bancos de Estados Unidos, 30 000 millones en la compra de inmuebles (de los cuales se habían pagado ya 9 000 millones y el resto, pagos pendientes de las hipotecas), al menos 12 000 millones en los llamados mexdólares y otros «piquitos».

*

Pepe habló con Carmen y acordaron aparecer en público como la pareja ideal, unida, ejemplo de la familia mexicana. Nadie vería con buenos ojos a un candidato presidencial separado y, menos, divorciado. Ese fue el arranque. Tan pronto el partido destapó a Pepe, ella puso en marcha una campaña personal, alterna a la de su marido, para recorrer el país. Y lo recorrió. No hubo códigos ni rituales, sino prisas. Carmen sabía que a partir del 1.° de diciembre de 1976 ella sería la nueva inquilina mayor de la Casa de los presidentes y, según parece, llevaba prisa por conocer su reino.

La casa presidencial aparecía, después de las elecciones de 1976, como un torbellino de pasiones y placeres: después de todo, lo que pasaba en Los Pinos quedaba atrapado entre los muros de la mansión y el Estados Mayor Presidencial, garante de los secretos más oscuros de la familia al poder en turno. Conociendo a profundidad la fiebre de sus primaveras, Pepe tomó una decisión que sorprendió a su familia: dormiría él acompañado por su consejero y orgullo de su nepotismo, su hijo José Ramón, desde la primera noche en la residencia oficial.

Luego ya se sabría que, así como lo atacaban sus fiebres de primavera y daba por sentado que el poder esconde las razones de los amoríos secretos, las primeras dos semanas sería pudoroso porque las buenas costumbres que le enseñó su madre no aceptaban relaciones amorosas extramaritales que definirían la historia de su presidencia. Solo en esa «casona» de más de 5 000 m² tendría sus primeros secretos: un tórrido amorío con Rosa Luz Alegría, quien sería uno de los personajes más notorios de su administración.

Disfrutó Pepe dos semanas en esa inmensidad en la compañía secreta y nocturna de Rosa Luz, quien de inmediato sería conocida como la amante de palacio porque los trabajos de restauración, adaptación de espacios y nuevo mobiliario, que un par de meses atrás había ordenado la primera dama, tardarían ese tiempo.

Justo dos semanas después, con Carmen Romano Nolk a la cabeza, llegarían los López Portillo Romano: Carmen Beatriz y Paulina. Llegaron también la hermana Margarita y la matriarca doña Refugio Pacheco Villa Gordoa, a quien acomodarían en el chalet que habían ocupado doña Amalia Solórzano Bravo y el general Lázaro Cárdenas del Río; Soledad Orozco García y el general Manuel Ávila Camacho y, por un tiempo, Beatriz Velasco Mendoza y Miguel Alemán Valdés, primer presidente civil.

La casa-chalet Lázaro Cárdenas tendría su historia, porque la tarde del 26 de enero de 1979 Pepe olvidaría y violaría abiertamente todos los protocolos para obligar a que el papa Juan

Pablo II celebrara una misa especial para doña Refugio en la capilla privada de la Casa de los presidentes. Olvidándose de su investidura, el presidente había enviado una solicitud al Vaticano para satisfacer los deseos de su madre. Soberbio, señalaría después que «pagaría de su bolsillo» las sanciones administrativas previstas por violentar la laicidad de un espacio oficial. Luego se sabría que la visita también encubría el catolicismo escondido de López Portillo.

La visita del papa fue interpretada como el principio del establecimiento de las relaciones entre la Iglesia católica y el Estado mexicano y un acercamiento sólido de la Iglesia con la sociedad que marcaría el camino para posicionar el discurso de la jerarquía eclesial en la estructura del poder político en México. Las relaciones se regularizarían en el gobierno de Carlos Salinas de Gortari. Hasta antes de aquella visita, los encuentros con los papas se habían registrado fuera del país.

Aunque ya no hacían vida marital, Carmen y Pepe intentaron guardar las apariencias y esconder el fracaso de su matrimonio: los trabajadores contratados por el Estado Mayor adecuaron una recámara presidencial amplia en el ala sureste de la mansión principal y, como destacarían las crónicas más adelante, estaba justo arriba del despacho con escalera privada y un mobiliario austero: muebles de madera, una mesa sencilla, un bargueño español, cama *king size* de cabecera sencilla, muros blancos y alfombra color camello.

Viviendo juntos, pero separados, Pepe había empezado a transmutarse en julio de 1975, cuando agentes de la Policía Federal dieron a conocer la captura del traficante de armas y capo cubano-estadounidense Alberto Sicilia Falcón y se dio a conocer que el criminal portaba una credencial de agente especial de la Secretaría de Gobernación, firmada por el titular de esa dependencia y precandidato presidencial más sólido: Mario Moya Palencia.

La candidatura presidencial se fue directo al cesto de la basura y Moya Palencia cayó en desgracia. Desde su despacho en Hacienda, Pepe seguía puntualmente el asunto de Moya y la credencial o charola única que lo acreditaba como agente federal especial. No lo comentó con nadie, pero Pepe intuyó que, caído en desgracia el secretario de Gobernación, cualquiera de los secretarios del gabinete podía aspirar a la candidatura presidencial del PRI.

Instalada en la casa presidencial, Carmen tomó vida propia y, conforme avanzó el sexenio, se hicieron cada día más evidentes su excentricidad, despilfarro e influyentismo. De arrogancia y reiterados desplantes, ordenó fusionar las dos instituciones que había para la asistencia a la niñez y la familia: el Instituto Mexicano para la Infancia y la Familia (IMPI) y el Instituto Mexicano de Asistencia a la Niñez (IMAN). Así tomó forma por decreto presidencial el 10 de enero de 1977 el Sistema para el Desarrollo Integral de la Familia (DIF), del que cedió el control a su amiga María Blanca Caridad Ogilvie Clark Peralta, conocida como Patricia Clark de Flores, de acuerdo con *Las mujeres y el poder*, de Tere Márquez.

Resuelto el tema del DIF y sin experiencia alguna, Carmen Romano tomó en sus manos la política cultural del gobierno de López Portillo. Entre sus primeras decisiones, ordenó que se integrara una orquesta sinfónica especial, la Filarmónica de la Ciudad de México, para dar a conocer sus dotes de pianista con temas del grupo Mocedades.

Carmen, la Muncy, fue de inmediato blanco de críticas, que nadie se habría atrevido a publicar, mientras su esposo de mentiras cabalgaba en Los Pinos, aprendía a jugar tenis en una cancha cubierta que le habían acondicionado en el frontón, nadaba en alberca descubierta o cubierta y ordenaba construir un picadero y un gimnasio en la parte de atrás de la mansión. «Creo —escribiría años adelante— que difícilmente puede pensarse que haya alguien que haya aprovechado más y ¿por qué no decirlo? disfrutado tanto de Los Pinos como yo».

Carmen y sus desplantes se hicieron notorios: se desplazaba por la Ciudad de México con 11 vehículos escolta y los hijos se casarían en fastuosas bodas en Los Pinos con una lista de regalos que incluía automóviles, viajes, terrenos, cuadros y joyas. Fue «legendario» el concierto en el que se hizo interpretar en el centro cultural Ollin Yoliztli, un espacio para la promoción, difusión y educación artística idea de ella misma e inaugurado en 1979, a la Orquesta Filarmónica de la Ciudad de México, las «obras» de su hija Paulina.

El mejor arreglista del momento, el argentino Bebu Silvetti, fue contratado por «la señora» —como todos se referían a Carmen— para que hiciera la orquestación del álbum *Just*, autoría de Paulina López Portillo Romano.

En abril de 1976, tres meses después del inicio de la construcción del Centro de Convenciones de Acapulco, ordenó importar para su oficina como presidenta del comité del consejo administrativo de ese lugar, mobiliario de Estados Unidos, pero sobresalían una enorme sala de caoba y una silla de piel importadas de Italia. Lo mismo había hecho antes de llegar a Los Pinos. Su escolta del Estado Mayor debía cargar hasta con la vajilla personal y alguno de los 32 pianos de su colección.

Al año siguiente, en junio, elegante en un caprichoso traje lila con limón y ya como presidenta del Comité Técnico del Fideicomiso del Centro de Espectáculos, Convenciones y Exposiciones de Acapulco, como finalmente fue llamado, asesorada por Giacomo Barabino, creador de la Reseña Mundial de Cine, solicitó un 100% de aumento al presupuesto, que ella manejaba.

Tres meses después, el 7 de septiembre, en la prensa de la Ciudad de México estalló un escándalo de la señora y una supuesta relación sentimental con el mentalista Uri Geller, que el presidente se vio obligado a silenciar mientras viajaba a Panamá. Reunido el mandatario en pleno vuelo con su equipo de prensa y relaciones públicas, se tomó el acuerdo de «pedir», como sinónimos de ordenar, a los dueños de los medios no hacer comentario alguno sobre ese tema ni aquellos que relacionaban a la primera dama con elementos de su escolta personal del Estado Mayor Presidencial.

La escritora Sara Sefchovich documentó algunas de las extravagancias, caprichos, desplantes y derroches de la primera dama en un amplio artículo en *El Universal*:

> Las lujosas bodas de los hijos y las casas que les construyeron en los terrenos de la residencia oficial; los viajes por el mundo acompañada de gigantescos séquitos que incluían funcionarios, directores de orquesta, músicos y artistas, secretarias, peinadora y hasta planchadora; su exigencia de que se le asignaran elementos del Estado Mayor Presidencial para cuidarla (costumbre que empezó con ella y se mantiene hasta hoy).
>
> Sus compras de ropa para las cuales mandaba cerrar tiendas de departamentos en Estados Unidos; sus visitas a restoranes: sus órdenes de cerrar las calles de la capital, incluido el anillo periférico de la capital para usarlas como autopista propia; sus arreglos, vestidos, zapatos, peinados sumamente llamativos (decían que su maquillista era Sherwin Williams): su pasión por las joyas y por los pianos de cola que dieron lugar a montones de anécdotas, a un folclor que devino pesadilla para los ciudadanos y para el erario.

Carmen también cerró tiendas y joyerías en una visita de Estado que López Portillo hizo a Brasil, de donde saldría con las alhajas más costosas y extravagantes. La mayor excentricidad, que pasó de plana en plana y de un comunicador a otro: llegó a tener los 32 pianos de cola. Los funcionarios de la época recuerdan que a cualquier lugar a donde llegaba, la señora debía tener uno de estos instrumentos en su habitación. En *La suerte de la consorte*, Sara Sefchovich escribe que «en Europa, cuando la llevaron a conocer el piano del mismísimo Mozart, se atrevió a probar su sonido nada menos que con "Los changuitos"». En París se hospedó en el lujoso hotel George V, pero su piano de cola no cabía, por lo que mandó llamar al gerente del hotel, a quien pidió autorización para tirar una pared pagando la indemnización correspondiente.

Tres meses antes de que terminara el sexenio, desde Los Pinos salió una serie de camiones de mudanzas hacia su residencia particular, a donde montó una sala de exhibición de regalos finos y mandó a editar un grueso folleto a todo color con las fotos de pinturas y demás objetos de arte que eran propiedad de la nación.

*

En 2005, a cinco años de su muerte, el Primer Tribunal Colegiado en Materia Civil impuso al productor Manuel Ávila Camacho, la reportera Alicia López Fuentes y a la revista *Mi Guía* una multa de ocho millones de pesos, más costes judiciales, por haber dañado el honor y reputación de Carmen Romano Knolk.

Familiar del expresidente del mismo nombre, el productor Manuel Ávila Camacho había difundido informaciones que relacionaban la muerte de la ex primera dama con una enfermedad infecciosa, y más tarde habló del Síndrome de Inmunodeficiencia Adquirida (sida), la etapa final del virus de inmunodeficiencia adquirida o VIH. Además de la revista *Mi Guía*, la información se había hecho pública en TV Azteca y la revista semanal del *Milenio*.

Terminado su gobierno, la salud de López Portillo empezó a deteriorarse, pero la vida de Carmen Romano contaba una oscura verdad detrás de la dictadura sexenal priista, de la que nadie nunca habría hablado: en los seis años del lopezportillismo descubrió en carne propia todo lo que una mujer puede hacer cuando es esposa de un mandatario tan poderoso, y entendió también que cualquier cosa, verdaderamente fea, puede pasar y nunca verá la luz pública, sino a través de rumores.

La exesposa de López Portillo no fue la única primera dama que se sintió dueña de aquella mansión del bosque de Chapultepec a donde todos los sueños se hacían realidad sin peligro y sin temor, pero con ella se empezaron a levantar velos de historias frívolas, prohibidas y ocultas de la esposa consorte del presidente. Aquel 9 de mayo de 2000, sus enfermedades —cáncer y osteoporosis, con síntomas de Alzhéimer, al menos esas eran las versiones— hablaban por ella, por lo que había pedido a Paulina llamar a su exesposo.

En condiciones precarias, a sus 74 años, los males la habían recluido en su residencia familiar y allí, en su cama, esperaba la muerte, aunque afuera se levantarían las sospechas, más allá del parte médico difundido por José Ramón, Carmen Beatriz y Paulina. En las calles, nadie creía los informes médicos y lo evidenciaban a través del humor negro y la sorna propia del mexicano cuando el poder lo avasalla y somete: síndrome de inmunodeficiencia adquirida (sida), sentenciaban y, burlones, acusaban: eso le dejó la conducta indiscretamente libertina en las entrañas de la Casa de los presidentes, que también ponía el dedo acusador en los desenfrenos de López Portillo.

La mañana del martes 9 de mayo de 1990, Carmen Romano presintió la muerte, colapsaba su cuerpo por las secuelas de aquellos largos y penosos males, los del parte médico o la enfermedad atribuida en las calles, no importaba, en el cenit de la bonanza petrolera lo había vivido todo con él y en exceso, por eso había confiado a Paulina, su hija menor, que quería despedirse de su exesposo.

Paulina cumpliría lo que parecía el último deseo de su madre: hizo la llamada a José López Portillo y Pacheco, quien vivía muy cerca, a unos minutos caminando.

Ese mismo día, su hijo José Ramón llegó en vuelo desde Oxford, Inglaterra, a México para festejar el 10 de Mayo como lo hacían cada año. Después de descender de la aeronave, pasar los controles de seguridad del aeropuerto y llegar a casa en un residencial de la zona sur del Distrito Federal, José Ramón conoció la gravedad de la situación. A su madre, la ex primera dama, se le iba la vida. Su estado de salud era frágil, con pronóstico de *muy delicado*.

Al otro lado de la línea, a Pepe, el hombre que alguna vez se había perdido en los ojos y la belleza de esa mujer, no le importó atender la llamada ni la invitación al lecho de muerte.

Si hay vida después de la muerte, vida después de la vida o existe el más allá, nadie sabe con certeza, pero a Carmen Romano Nolk la perseguirían fantasmas del abuso de poder muchos años después de la soledad de aquel 9 de mayo de 2000, hasta presentarla como una primera dama desalmada, capaz de amenazar de muerte.

Con la carga de la historia en los apellidos, Beatriz Barros Horcasitas, nieta de Justo Sierra,[9] el maestro de América, sobrina de Javier Barros Sierra, el rector de la UNAM que defendió a los estudiantes y la autonomía universitaria contra todo en las luchas estudiantiles de 1968, publicó en agosto de 2020 *Pese a todo*, libro que golpearía como un obús los cimientos del lopezportillismo y de la familia López Portillo Romano.

No se trataba ya de que otras mujeres del círculo familiar del expresidente, como sus hermanas Margarita y Alicia, hubieran abusado de los recursos públicos, cada una a su manera:

---

[9] Secretario de Instrucción Pública y Bellas Artes durante la presidencia de Porfirio Díaz, Justo Sierra refundó la Universidad Nacional de México, que en septiembre de 1910 se transformaría en la Universidad Nacional Autónoma de México (UNAM).

la primera creyéndose la reencarnación de Sor Juana y destruyendo la Dirección de Radio, Televisión y Cinematografía, y, la segunda, secretaria particular del presidente López Portillo, más taimada, que, como escribió en su momento la periodista y escritora Manú Dornbierer, le exigió al hermano una «pequeña» comisión de 35 millones de dólares en la compra-venta de los barcos petroleros *Ahkatun* y *Cantarell*, que luego se cargaron a las cuentas de Pemex y por lo que fue encarcelado y juzgado Jorge Díaz Serrano, en su momento director general de la petrolera del gobierno mexicano.

No, nada de eso, en las páginas finales de su libro, Beatriz advierte que Carmen Romano de López Portillo, la primera dama, fue el eje para levantar la Colina del Perro y, además, la llamó desde Los Pinos para intentar robarle una propiedad y amenazarla de muerte a ella y a sus hijos, por lo que se vio obligada a huir de México, autoexiliarse en España con ayuda de Jorge Carpizo McGregor, exrector de la UNAM y expresidente de la Comisión Nacional de Derechos Humanos.

Como le contó Beatriz a Julio Hernández (Astillero), la primera dama le exigió la entrega inmediata de los documentos de la propiedad con una amenaza directa: «ella tenía personal en [el estado de] Guerrero que me podían desaparecer a mí y a mis hijos. Fue desde un teléfono en Los Pinos [...] y ella me lo dijo».[10]

Difusa, la imagen de Carmen Romano Nolk se fue diluyendo de a poco, hasta caer en el olvido, como todas sus antecesoras. Luego llegarían otras, algunas muy oscuras y otras tan depredadoras como ella, pero con descaradas ambiciones de gobernar el país.

---

[10] https://www.youtube.com/watch?v=SvJhciWhABQ (consultado el 1.º de junio de 2023).

# 6
# PALOMA CORDERO,
# LA DAMA DE LAS TRAGEDIAS

Nombre: **Paloma Delia Margarita Cordero Tapia**

Nacimiento: **21 de febrero de 1937, Ciudad de México**

Fallecimiento: **11 de mayo de 2020, Ciudad de México**

Esposo: **Miguel de la Madrid Hurtado (1934-2012)**

Periodo como primera dama: **1982-1988**

Un gran estruendo y una luz de fuego iluminó de golpe el cielo de rojo. Eran las últimas horas de una madrugada fría. El estallido no necesitó ninguna interpretación porque en los minutos posteriores, que se prolongarían por casi una hora, otras explosiones mayores hasta sumar una docena se sucedieron en cadena. La tercera sería la peor, la más destructiva; luego, el horror, la desaparición de la vida humana y animal, la desolación y el terror de sobrevivientes huyendo, como ríos de lumbre, quién sabe a dónde, con la piel cayéndose a pedazos o marcas de las llamas violentas: quemaduras de segundo y tercer grado, cuerpos sin piel.

Los heridos intentaron huir, pero no tenían a dónde. Estaban en el infierno. Por la potencia de las explosiones, los sobrevivientes estaban convencidos de que se trataba del fin del mundo. Las detonaciones, el fuego y sus llamas fuera de control tuvieron origen a las 05:40 horas, cuando todos dormían, en una planta de almacenamiento y distribución de gas para consumo doméstico de Pemex.

El 19 de noviembre de 1984 el fuego devoró y desintegró cinco o seis manzanas enteras a la redonda de la parte habitada más al oriente del pueblo de San Juan Ixhuatepec, municipio de Tlalnepantla de Baz, Estado de México, dos kilómetros al norte de la Ciudad de México.

Las llamas entraron de golpe, con el estallido —que dejó un cráter de 200 m—, y se esparcieron por cada rendija y cada rincón. ¿Cuántas viviendas había? Nadie tenía ni tuvo nunca la respuesta, aunque los cálculos conservadores sobre el total de los habitantes promediaban 70 mil personas —45 mil permanentes y 25 mil de población llamada *flotante*—. Pudieron haber sido 200 viviendas, número que, tramposamente, manejaban las autoridades para quitarse la presión social. Más de mil era el número cercano a la realidad. Muchas quedaron reducidas a cenizas. Otras, en pie, reducidas a escombros en segundos.

Había una verdad, todas las viviendas eran de construcción precaria, habitadas por gente muy humilde, marginada y hacinada en asentamientos irregulares, en una especie de ciudad perdida, que había empezado a llegar a finales de la década de 1950 y hacía su vida ya mezclada con la población originaria y semirrural de San Juanico, como se conoce también a San Juan Ixhuatepec.

Ellos, los habitantes, eran fantasmas, invisibles al sistema. Nadie en el gobierno conocía de su existencia en esa zona segregada. Tampoco nadie sabía cuántos eran. Hasta entonces y a pesar de la manipulación oficial por la cifra de muertos y desaparecidos, ya abrasados por el fuego, los empezaron a contar, pero también los redujeron a nada. Fue una vejación sobre otra y un agravio tras otro que se fraguó en la presidencia de la República.

Eran migrantes de provincia, campesinos jornaleros y comerciantes en pequeño, que salieron de zonas rurales para insertarse en la capital para aprender nuevos oficios y hacerse electricistas, soldadores, choferes, albañiles, paileros, carpinteros, panaderos, pintores o convertirse en obreros. La mayoría llegó empujada por la pobreza y la promesa de trabajo en al menos una docena de plantas gaseras privadas que surtían hasta 40% del gas doméstico para la Ciudad de México. De estas fábricas se incluía una treintena de las llamadas de alto riesgo, y talleres que se habían instalado en el proceso de desarrollo de la Zona Metropolitana del Valle de México que rodeaba San Juanico.

Apoyándose en un decreto presidencial de diciembre de 1959, que despojó al pueblo de parte de sus tierras, Pemex comenzó a levantar su planta de Gases Licuados de Petróleo y otros productos químicos, que se erigiría desde el principio como una bomba de tiempo. Había dos gigantescas esferas de acero con capacidad para almacenar 15 mil barriles de gas butano cada una y 48 tanques salchicha, 22 de ellos de 12 m de largo y 2.5 m de diámetro con capacidad para 54 000 L de gas, también cada uno.

«Estábamos parados en un polvorín de bombas de gas altamente inflamable», como escribió Francisco Collazo Reyes en *Prohibido escarbar: Ixhuatepec, voces sin reposo*. Las esferas de acero y las salchichas aparecían cada mañana como un monumental recordatorio del peligro que enfrentaban los habitantes de San Juanico. Aunque de manera oficial eran un secreto exclusivo de Pemex los riesgos que corría la población y las medidas preventivas de seguridad. «Los habitantes del pueblo podían atestiguar a diario, desde distintas posiciones […] el avance en los trabajos de construcción de la planta de almacenamiento y distribución de gas más grande en México […] Una planta […] que siempre se sintió ajena y agresiva […] Sin imaginarlo, poco a poco nos dimos cuenta de que habíamos llegado a habitar el centro del riesgo industrial», precisa Collazo.

Sin reglas, planeación, infraestructura ni servicios, en el caos urbanístico, se encontraba el abuso de funcionarios y políticos poderosos, quienes hacían pingües ganancias con la triangulación de recursos públicos a través de una deshonesta y abusiva comercialización público-privada de pequeños lotes de antiguas haciendas; Pemex también había llegado y se había asentado en San Juanico, paso histórico en la entrada o salida norte de la Ciudad de México.

Fue todo casi al mismo tiempo. Al desorden de asentamientos irregulares, la empresa se les fue a meter allí, a menos de 150 m, sin respetar ningún ordenamiento y, por si algo hubiera hecho falta, algunos altos funcionarios habían permitido instalar tomas clandestinas para «ordeñar» gas. En los años siguientes, esa operación sería conocida como *huachicoleo*: llenado clandestino de tanques para las gaseras privadas o robo de combustible.

El desorden, el negocio ilegal y una visible falta de mantenimiento en la planta de Pemex, que nunca se atendió, y los secretos oscuros sobre las medidas de seguridad originaron aquel 19 de noviembre que la primera explosión a las 05:40 horas sacudiera violentamente a todo el pueblo y a otros cercanos. Hacia arriba, las llamas alcanzaron dos kilómetros de altura. Buscando salidas, el fuego se propagó y alcanzó cada rincón en cinco o seis cuadras a la redonda. En las viviendas más cercanas, los que no desaparecieron quedaron carbonizados.

Con un miedo paralizante en aquel infierno que todo quemó, los sobrevivientes esperaban una palabra de alivio de la guía moral de la nación y del presidente.

En su llanto sin consuelo, les habría mitigado el dolor sentir y saber que la primera dama, Paloma Cordero, y su esposo el presidente, Miguel de la Madrid, estaban allí con ellos, solidarizándose. Fríos, conjurando sus demonios y sus miedos en Los Pinos, los dos desdeñaron la tragedia.

A la pareja le aterraba el olor a piel quemada, ver sangre entre los escombros; tenían pánico de cruzar por el infierno y tropezar con un miembro arrancado de tajo a las víctimas mortales por cualquiera de las explosiones, temían el olor a tragedia. La primera dama y el presidente tenían la mente en otro lado y se acercarían a la tragedia, tal como en todo el sexenio de De la Madrid, de lejos, a larga distancia.

Casi 38 años después de la conflagración, un policía de 28 años de edad en aquella época, recordaría el terror del matrimonio presidencial a visitar físicamente San Juanico, no el 19 de noviembre, sino el día posterior. Asignado al sector 15, Miguel Hidalgo, de la Secretaría General de Protección y Vialidad de la Ciudad de México, responsable de hacer sus rondines en las calles de Los Pinos, aquel agente de Policía fue enviado, sin avisos previos, al cuartel central de Guardias Presidenciales para ponerse a las órdenes del comandante. Luego haría un recuento alucinante:

El 20 de noviembre, al otro día de las explosiones en San Juanico, la comandancia del Estado Mayor Presidencial pidió un policía uniformado que conociera una ruta para salir de Palacio Nacional hasta el municipio de Ecatepec, a donde el presidente supervisaría el trato que se daba a sobrevivientes internados en la Escuela Normal para maestros, a donde se había montado una especie de hospital ambulatorio improvisado, como se haría en otras escuelas, pero, y así fue la orden terminante, sin cruzar por San Juanico.

La Secretaría General de Protección y Vialidad me asignó y me citaron en Guardias Presidenciales de Molino del Rey, al lado de la residencia presidencial, de donde me enviaron al cuartel de Tlalpan y Viaducto para trazar la ruta de la comitiva que saldría de Palacio Nacional, a donde la familia De la Madrid Cordero presenciaba el desfile conmemorativo del 20 de noviembre, Día de la Revolución. Terminado este, 15 camiones de soldados se dividieron entre el frente y la retaguardia de las camionetas blindadas, con vidrios polarizados, en las que se transportaría la pareja presidencial, pero, insistieron, como orden precisa y clara, nada de San Juanico, hay que rodear esa zona en la que vivían en hacinamiento al menos 75 mil personas, pero con certeza nadie sabía cuántas eran.

¿Estás seguro —preguntó un comandante de Guardias Presidenciales— de que se puede rodear para llegar a Ecatepec sin pasar por San Juanico? Sí, respondí. Salimos del Zócalo y escolté a la comitiva presidencial con sus 15 camiones de soldados, cuya única labor era garantizar la seguridad del mandatario y la familia de este, hasta donde empieza Ecatepec, lejos de San Juanico. Había unos cuatro kilómetros de distancia entre el camino a la escuela normal de Ecatepec y la zona de las explosiones, aunque no vi si finalmente la primera dama subió o si estaba ya en alguna de las camionetas.

Carmen Romano y José López Portillo habían sido sórdidos e indecentes en cuanto al uso y abuso del dinero público, pero Paloma Cordero y Miguel de la Madrid parecían sentir aversión por la pobreza y el dolor. Por secreteos chismosos y murmuraciones de elementos de la avanzada del Estado Mayor Presidencial, el policía, ahora en retiro, se enteraría de que la pareja de más poder en el país no quería pasar por la zona de desastres por varias razones: la primera, evitar el olor a piel quemada y las imágenes dantescas de las que se comentaba desde las primeras horas de la mañana del 19 de noviembre, en los medios de comunicación; sobre todo, en los espacios noticiosos de la televisión privada.

Las comandancias del Estado Mayor Presidencial y guardias presidenciales querían evitar calles llenas de sangre mezclada con ceniza, los cuerpos mutilados o piel carbonizada. Los escombros, alertaba la seguridad, estaban demasiado calientes para visitar ese lugar y el fuego aún no se apagaba. Parecía una zona bombardeada. Tomaría semanas, si no meses, limpiar bien y poder transitar por aquellas destruidas calles. No los horrorizaba la muerte inmediata de centenares de personas, sino la posibilidad de encontrarse con escenas espeluznantes con restos humanos incompletos calcinados o arrancados de tajo por las explosiones y regados por todas partes.

Las escenas en las pantallas de la televisión y las descripciones en la radio habían horrorizado a la primera dama. En San Juanico habían desaparecido familias enteras y había víctimas carbonizadas tiradas en las calles. Las noticias eran descriptivas: en cada espacio, bomberos y rescatistas encontraban restos mutilados por los estallidos, muertos en las banquetas, antorchas humanas y víctimas mutiladas deambulando como almas sangrantes en pena y sin rumbo.

Carlos Monsiváis escribió en *Crónica de San Juanico*: los hechos, las interpretaciones, las mitologías que

En muchas casas, todos los habitantes mueren en el instante, familias enteras abrazadas en la desesperación o aún dormidas. Los demás salen a la calle como pueden, en pijamas, calzoncillos o absolutamente desnudos, en el pleno estupor de la huida. Algunos van envueltos en llamas [...] Calor extremo, luz enceguecedora, temblores de tierra, ruinas, hoyancos, montañas de cascajo y el «diluvio ígneo» que arrasa las casas y los enseres, y profundiza el paisaje de escombros, lamentos, cuerpos calcinados dentro y fuera de las viviendas. Humo, polvo, olor omnipresente a gas.

En el cuerpo de asesores de la presidencia también había temor a posibles reclamos de los sobrevivientes y de indignados vecinos de las calles más alejadas a la zona del desastre por una negligencia criminal, y también de colonias o barrios aledaños porque las gaseras y Pemex nunca debieron haberse instalado en esa zona porque el pueblo existía ya; además, el desastre había sido ocasionado por la negligencia de Pemex. Y a eso le tenían temor el presidente y la primera dama.

Finalmente, un grupo de asesores convencería a De la Madrid de visitar San Juanico, acompañado solamente por su gran amigo y «hermano que nunca tuve», como llamaba al gobernador del Estado de México, Alfredo del Mazo González, ya entrada la noche del día 20, después de visitar el hospital improvisado en la Escuela Normal para maestros de Ecatepec. Qué vio el presidente de noche, es difícil saberlo, pero muy poco porque los bomberos lograron controlar el fuego después de 40 horas.

El DIF y el Voluntariado Nacional, a cargo de Paloma Cordero, reaccionarían tarde, cuando ya la sociedad civil había organizado el apoyo a las víctimas, heridos, desplazados y miles de damnificados que se encontraban en albergues improvisados en la parroquia de San Juan Ixhuatepec, otras iglesias, escuelas y canchas deportivas.

Sin chiste, sin carisma y demasiado discreta, es difícil imaginar el papel de la primera dama en las tareas de apoyo en San Juanico porque ni siquiera lo pudo hacer su esposo, Miguel de la Madrid. En sus memorias publicadas en 2004, *Cambio de rumbo*, el expresidente no escribió una sola línea dedicada al trabajo de su esposa en San Juanico. En el capítulo «Pemex: estallido en San Juan Ixhuatepec», él habla del trabajo y los apoyos de su presidencia, pero en las casi tres páginas dedicadas a esa gran conflagración, ella es una mujer invisible. Ni un testimonio, aunque hay recuerdos dolorosos, como el caso de San Juanico, aparecen incluso sin nombrarlos.

La indignación crecía a medida que se conocían las fallas y negligencia criminal de la empresa y porque había evidencias de que una de las esferas de 54 000 L tenía un sobrellenado que no aguantarían las válvulas de presión, aunque el director general de Pemex, Mario Ramón Beteta Monsalve, hacía intentos desesperados por deslindar a la empresa y culpar a los habitantes. Mientras, en un panteón local, se cavaba una gigantesca fosa común con el fin de depositar todo lo que pareciera una parte de un ser humano. No se hizo nada por buscar ayuda para tratar de identificar los restos.

Los rumores no dejaban de crecer y eran muy frecuentes las versiones de que, meses antes de los estallidos, vecinos de San Juanico habían denunciado que había fugas de gas en ductos o tuberías de la planta, pero nunca nadie los escuchó. Y cayeron en oídos sordos las quejas que hicieron cuando el ambiente se impregnaba con olor a gas.

Antes del 19 de noviembre las últimas alarmas se habían reportado en marzo de ese mismo 1984, cuando centenares de familias fueron obligadas a correr de sus hogares por una fuga que culminó con un gran incendio. Luego, el 22 de agosto posterior: un incendio que Pemex minimizó. Una semana antes de la gran conflagración, el mechero de salida de presión estuvo fuera de control.

Las fallas y el mantenimiento deficiente eran un oscuro secreto de la empresa paraestatal con su sindicato, controlado con mano de hierro por su tenebroso líder vitalicio Joaquín Hernández Galicia, la Quina, desde principios de la década de 1960. Con un misterioso pasado al servicio de cuatro presidentes —Adolfo López Mateos, Gustavo Díaz Ordaz, Luis Echeverría Álvarez y José López Portillo—, la Quina había encontrado la fórmula para compartir la dirigencia formal con sus allegados, sin perder nunca el poder.

También había sospechas e indicios de que, conociendo a De la Madrid como lo conocía, aquel cabecilla estaba detrás de las explosiones para someter al presidente, pero este, como en todos los casos documentados de corrupción en el gobierno de López Portillo, nunca hizo nada. El destino político final de la Quina se dejaría para el sexenio próximo, a pesar de la letalidad de las explosiones en San Juan Ixhuatepec.

Hasta el 22 diciembre, a un mes y tres días de la conflagración con sus centenares de muertos, desaparecidos y miles de heridos, la empresa del gobierno fue obligada a reconocer la verdad: la tragedia fue originada por una fuga masiva de gas licuado en una de las válvulas de escape de una de las gigantescas esferas y Pemex tenía conocimiento de esa falla desde el 16 de noviembre; es decir, tres días antes del estallido del primer tanque.

De acuerdo con el Instituto Internacional de Protección Contra el Fuego, S. C., el fuego y la primera explosión posterior tuvieron origen en la ruptura de una tubería de 20 cm de diámetro que transportaba gas LP desde tres refinerías diferentes hasta la planta de almacenamiento cerca de la zona de tanques. El sobrellenado de uno de los depósitos y la sobrepresión en la línea de transporte de retorno fueron uno de los probables factores que, aunado a la falta de funcionamiento de las válvulas de alivio del depósito de sobrellenado, provocaron una fuga de gas durante casi 10 minutos.

También se confirmaría que la planta contaba con un total de seis esferas —dos mayores— y 48 cilindros horizontales o tipo salchicha de diferentes capacidades. Y en ese mar de información, conociendo su vecindario y a sus amigos, los sobrevivientes tenían su número de víctimas mortales, dos mil por lo menos, carbonizadas, asfixiadas por el gas propano o, de plano, difuminadas por las explosiones y el fuego, como si se las hubiera tragado la tierra. Otras más habían muerto por la gravedad de las quemaduras. Y había, al menos, otras dos mil personas heridas.

Los funcionarios no quisieron recordar que, a esa hora de la mañana, la de la primera explosión, ya se encontraban en las gaseras privadas decenas de trabajadores y sus ayudantes en pipas particulares llenando cilindros para distribuir por toda la capital mexicana, los cuales probablemente desaparecieron instantáneamente por la cercanía de su sitio de trabajo con el de la conflagración.

De estos desaparecidos y otros, nadie habló porque el fuego pulverizó gran parte de la zona y redujo a cenizas a los vecinos más cercanos a la planta de Pemex. Eran invisibles y así quedaron. Finalmente se reportaron 926 personas heridas de consideración, 353 con quemaduras de primer grado, 60 mil personas evacuadas, daños en un área de hasta un kilómetro de la planta siniestrada por la expulsión violenta de restos de las esferas y los tanques horizontales, además de siete mil personas atendidas en hospitales del Estado de México y de la Ciudad de México, de las cuales 249 requirieron cuidados intensivos y posteriores.

La primera dama terminaría el sexenio y se llevaría el secreto de la discreta opacidad del DIF y de ella misma, aunque desde la presidencia girarían órdenes para armar brigadas especiales del Voluntariado Nacional, del que era presidenta, para colaborar en las tareas alternas de apoyo a damnificados de San Juan Ixhuatepec. Como se escribió líneas atrás, ni siquiera De la Madrid se atrevió a escribir en sus memorias una línea sobre la participación de estos voluntarios, a cargo de su esposa, en la catástrofe de San Juanico.

Y habían quedado pendientes. Ni la señora Cordero Tapia ni sus asesores ni sus más allegados intervinieron cuando el presidente De la Madrid condicionó la participación de algunas instituciones estadounidenses especializadas en atender pacientes con quemaduras graves. La señora tampoco metió la mano cuando, meses después de aquel 19 de noviembre, se sabía que había víctimas menores de edad con quemaduras graves a las que se había negado atención en el Hospital Shriners.

Desde su pedestal en la Casa de los presidentes, Paloma y Miguel sintieron cómo, de una manera cruel, que nunca intentaron entender, la ciencia ficción los había alcanzado y rebasado, pero no en el futuro, sino en su presente. Para De la Madrid, todo era cuestión de números. Para ella, nunca se supo.

La atención y seguimiento a víctimas y damnificados de San Juanico quedaría a cargo de una improvisada Comisión de Rehabilitación formada por vecinos del pueblo, quienes harían, sin recursos y sin ayuda oficial, el trabajo del Voluntariado Nacional y del DIF que encabezaba doña Paloma Cordero, aunque, como se reconoció y aceptó, las explosiones e incendio en San Juan Ixhuatepec habían sido una negligencia criminal de una empresa del Estado: Pemex.

\*

A Paloma Cordero le pasaría de todo en Los Pinos. Viviría una tragedia por la mediocridad e incapacidad de su esposo para sacar al país de la severa crisis que le heredó López Portillo y por la indiferencia propia, pero, claro, aun en el peor y más torcido de los pensamientos o de las pesadillas, nadie habría imaginado lo que atravesaría a su paso por la Casa de los presidentes.

Entre la desazón y el recelo de los mexicanos, quienes pronto descubrieron que De la Madrid dejaría impune la corrupción de la familia López Portillo Romano y de los amigos de su antecesor y que él mismo había sido artífice de la crisis porque, como secretario de Programación y Presupuesto en el gobierno anterior, alteró o falsificó informes de la marcha de la economía. Por otro lado, la primera dama se convertiría en una pieza más de la decoración o del inmobiliario de la residencia oficial, una mujer sonriente y afable, pero pasiva, fría e indiferente a la tragedia de las familias mexicanas. Viviría durante seis años a la sombra. Ella viviría en un mundo propio y alterno.

En la campaña presidencial de 1982, cuando acompañaba a su esposo Miguel, Paloma conoció de primera mano el llamado Plan Nacional de Integración de la Mujer al Desarrollo, un diagnóstico sobre la problemática de la mujer, que había delineado la Agrupación Nacional Femenil Revolucionaria (Anfer). El plan, precisó Alicia Aguilar Castro, definió como marginada la situación de la mujer, lo que se reflejaba dramáticamente en los índices de empleo y educación que habían originado los patrones culturales tradicionales. Proponía modificar esas condiciones y hacer posible la integración de la mujer al desarrollo social en términos reales si se tomaban medidas de fondo, sobre todo, educativas y de formación, para transformar el patrón cultural.

Al tomar posesión, Miguel de la Madrid olvidó aquel plan de la mujer, y su esposa también. Paloma Cordero asumió un papel anodino, discreto y tradicional, como ama de casa preocupada fundamentalmente por su familia. Tan pronto tomó posesión como jefa de Los Pinos, pareció que su única preocupación fue borrar la imagen de sus antecesoras.

Escarbar las cosas del pasado a veces parece una pesadilla y, por irreal que parezca, la pesadilla de doña Paloma sería un largo sexenio de terror: resintió constantes y severos cuestionamientos por el deficiente trabajo del DIF.

En su biografía edulcorada —*La suerte de la consorte*—, se menciona que Margarita Cordero Tapia tuvo siempre un camino recto acercado a Dios porque no solo era hija de una familia católica, sino que su primera formación estuvo a cargo de colegios de monjas, a donde aprendió los menesteres de cómo ser una buena esposa y madre de familia. Además, se dice que fue este amor incondicional aprendido lo que la llevó a apoyar a su marido y no una adicción a la publicidad.

Paloma era ejemplo del orden y la sencillez, con un arreglo sencillo y correcto, siempre con vestidos y sacos de colores suaves y con el peinado impecable, hasta su participación en la vida pública, en la que supo mantener su lugar. Todo en ella, describió Sara Sefchovich, quien retomó imágenes de Tere Márquez en *Las mujeres y el poder*, estaba colocado en donde debía ir, en la moral y en la educación.

Quizá porque no se trataba de un asunto de represión ni violencia política, los dos principales comentaristas-conductores de Televisa, Jacobo Zabludovsky y Guillermo Ochoa, dieron cuenta de la tragedia en San Juanico. Propiedad del Estado, Canal 13 sería opacado por las indecisiones y la pasividad del DIF y de su presidenta doña Paloma, a pesar de que decenas de familias enteras habían desaparecido calcinadas y se reportaban miles de heridos, así como por el marcado desdén del presidente De la Madrid, lo que impidió conocer desde el principio la dimensión real de la desgracia y la responsabilidad de Pemex. Por su intensidad, el incendio que esparcieron las detonaciones sería el más mortífero en la historia de México, aunque la cifra real de muertos y desparecidos jamás se conocería a ciencia cierta.

Grupos de rescatistas y bomberos habían llegado al lugar de la catástrofe a las 06:20 de la mañana. Al final, se había contabilizado la presencia de al menos 400 rescatistas y 200 ambulancias. Gris, lento, timorato y apagado como era, el presidente De la Madrid reaccionaría hasta casi cinco horas después, una eternidad para el infierno que se vivía en aquella colonia perdida, con seres humanos que nunca habían contado para nadie: a las 10:30 ordenó y autorizó, por fin, poner en marcha el Plan DN-III E de las Fuerzas Armadas o Plan Civil de Socorro y Ayuda en Casos de Desastres. Pero a esa hora, cuerpos enteros carbonizados, mutilados o solo partes sueltas habían sido levantados en aquellos camiones de carga de redilas, carrozas y ambulancias y enviados a un panteón municipal para ser depositados, como desechos, en fosas comunes en las que serían cubiertos con cal, cemento, arena, tierra y agua, una especie de mortero o argamasa para evitar epidemias.

«El entierro dura hora y media —se habla en ese momento de los restos de 272 personas, entre ellas, al menos 175 menores de edad—. Son trescientas mil personas en la valla fúnebre a lo largo de Ecatepec, y cinco mil los asistentes en el panteón», escribió Monsiváis. Ningún funcionario se paró por allí para conocer de cerca la situación en la zona de la tragedia.

Los sobrevivientes eran enviados a hospitales improvisados de la Ciudad de México o municipios vecinos. Mientras la primera dama se resguardó en Los Pinos y guardó silencio, el presidente actuó tarde y mal. Y, acordonada la zona por policías granaderos y militares, la información se controló. Nadie supo bien a bien qué pasaba en la zona de desastre ni quién llevaba cuenta de los muertos.

Cuando en el caos y el temor se organizaban bomberos, rescatistas, granaderos de la Policía de la Ciudad de México y, sobre todo, habitantes de San Juan Ixhuatepec, pueblos y municipios aledaños, el Ejército apoyó en el desalojo de al menos 30 mil personas. La sociedad civil, además de organizar y coordinar albergues improvisados, con apoyo de escuelas de educación superior, como contó Monsiváis, compró, de su dinero, pañales, biberones, cobijas, leche en polvo: «En casas y restaurantes se hierven miles de litros de agua para los pequeños. Se juntan cerros de ropa, zapatos y medicamentos. En autos particulares y en taxis se llevan a los sitios señalados dinero, comida, abrigos, suéteres, sacos, chamarras, pantalones, sueros. Centenares de médicos, enfermeras y monjas, se presentan en los albergues. Gente muy pobre regala sus anafres para hacer café y sopa». Movilizados todos por la radio y Televisa. El DIF de doña Paloma, la institución de la familia, jamás apareció, sinónimo de que llegaron muy tarde y muy mal, cuando la población no los necesitaba ya, muy a pesar de que ella siempre se jactó de ser la mano amable del poder. Muy amable, pero nada empática.

Dos décadas después, cuando Miguel ya no tenía credibilidad, había hundido a México en el peor desastre económico de su historia, había copiado mal el modelo de Ronald Reagan y Margaret Thatcher para sentar las bases e imponer el neoliberalismo, escuela económica que, en los hechos, solo favorecería el enriquecimiento salvaje de la vieja clase empresarial. Impulsaría la creación de nuevos magnates, quienes, como los anteriores, abusarían de los recursos del gobierno para colarse entre los multimillonarios del mundo y abriría las puertas del gobierno a políticos estudiados en el extranjero, pero incapaces, depredadores de recursos públicos y muchos abiertamente ladrones,[1] De la Madrid intentaría lavar la cara de su «trabajo» en la tragedia de San Juanico y la minimizaría en el recuento de daños.

«Las explosiones causaron, hasta mi conocimiento, 452 muertos; 4 248 heridos, el desalojo de 1 600 familias y 31 mil personas desplazadas. Además, 88 casas habitadas por 179 familias fueron destruidas, 16 casas sufrieron daños mayores y 1 300 daños menores».[2] Y se quejó de la cobertura noticiosa, cuando él no se paró en San Juanico: «Hubo amarillismo de los medios de comunicación, particularmente de Televisa y, sobre todo, en el noticiero del señor Zabludovsky. Las repetidas imágenes de los muertos, de los heridos y del entierro colectivo fueron, sin lugar a duda, una exhibición de morbo que estuvo coloreada de un tinte emotivo antigubernamental».

La palabra del presidente para encubrir la ineficiencia de la primera dama llegaría a niveles de inflar o manipular números y situaciones. En una carta que envió a Sefchovich, a propósito de la publicación de *La suerte de la consorte*, De la Madrid exhibe una moral muy dudosa:

En el libro se apunta una duda sobre la cifra que mi gobierno dio a cerca de la cobertura del sistema de asistencia social a cargo

---

[1] Hasta el 30 de noviembre de 2018, eso dejó la apertura de fronteras, la reducción del proteccionismo, los impuestos al consumo, la reducción en el gasto público, la venta casi en su totalidad de empresas paraestatales, el fomento al movimiento de capitales y la protección al ambicioso y voraz capital empresarial nacional y extranjero, que en eso se sintetiza el neoliberalismo.

[2] Miguel de la Madrid Hurtado, *Cambio de rumbo*, Fondo de Cultura Económica, México, 2004.

del gobierno federal. Las cifras de cobertura de salud y asistencia social que el gobierno publicó se refieren a la población potencial de asistencia social susceptible de acogerse a los sistema e instituciones establecidos, principalmente el DIF y no definitivamente a las atenciones efectivamente prestadas.

En otras palabras, De la Madrid manipulaba las cifras de atención y trataba de enredar con las palabras porque los alcances del DIF se maquillaban.

De la Madrid llegaría al cinismo y a la cobardía de culpar a las víctimas, sin que hasta este punto la correcta primera dama diera la cara por las familias muertas y desaparecidas, como se pensaría, ya que su puesto implica el contrapeso en el poder que mira por la sociedad sin mediaciones políticas:

> En el fondo, yo creo y así lo he dicho, que se trata de una responsabilidad colectiva: es culpa de quienes permitieron los asentamientos humanos junto a esas empresas, pero también lo es de los individuos que se asentaron en áreas tan peligrosas, pues debemos reconocer que cada individuo es responsable por su vida. Finalmente, la culpabilidad fundamental recae en Pemex, por no tener la seguridad industrial requerida.

Si bien reconoció 452 muertos y 4 248 heridos, en esa zona de San Juanico nadie en los gobiernos estatal y federal sabía qué tan grande era la colonia porque se había convertido en un gran negocio al robar recursos públicos y despojar a los habitantes a través de la comercialización amañada de pequeños lotes, en complicidad con antiguos propietarios de esa tierra, gestores, mediadores, prestanombres y una urbanización con fraccionadores sin preparación o hasta fantasma.

Los habitantes de San Juanico, por otro lado, tenían sus propios números: dos mil víctimas mortales, incluidas las desaparecidas, aunque nadie les creyera. Los números del presidente Miguel de la Madrid sembraron más dudas y abonaron a la desconfianza hacia él, el recelo hacia la invisible primera dama y la opacidad de todo el gobierno federal.

En la vaguedad en la entrega de los apoyos para la reconstrucción de la zona afectada en San Juanico, Sigales Ruiz y Caria precisaron que a la población fuertemente marcada por los incendios (la más afectada directamente por las explosiones en cadena y el fuego) no le permitieron regresar a vivir a San Juanico, entregándole casas de interés social [en otras colonias], manteniendo en absoluto secreto su ubicación y con la prohibición de acercarse a San Juanico, bajo amenaza de quitarles la ayuda.

La negligencia criminal de Pemex desnudó a la clase política mexicana, exhibió al presidente y a la primera dama, pero mostró la solidaridad de la sociedad civil. Mostró, como escribió Miguel Ángel Gorostieta Monjaraz, que «San Juanico es más, mucho más, que una instantánea mal contada».

\*

Después de los excesos de Carmen Romano y José López Portillo nadie imaginó que podía haber algo peor en la residencia oficial; por eso, los «sabios» de la política mexicana auguraban buena ventura a la nueva pareja presidencial. Paloma descubrió pronto que las cosas que sucedían y quedaban atrapadas en los muros de Palacio no eran color de rosa y que la herencia de Carmen Romano de López Portillo y María Esther Zuno de Echeverría y otras antes que ellas era en realidad un monstruo de mil cabezas que la tragaría toda completa entre la desesperanza y el ahondamiento de la crisis económica, propiciada por la incapacidad de su esposo.

Si vio al país vestirse de fiesta, engalanarse con luces multicolores para recibirla con alborozo en la campaña presidencial, apenas puso un pie en la Casa de los presidentes se enteró de que su antecesora Carmen, cuya labor aparecía estrechamente vinculada con la corrupción lopezportillista, entre 1976 y noviembre de 1982, había cargado en la flota aérea oficial hasta con el perico o su piano de cola personal, para precisarlo; en otras palabras, impunemente había saqueado la mansión presidencial.

Por el saqueo y porque los López Portillo Romano decidieron abandonar la residencia presidencial hasta el último día de gobierno, la familia De la Madrid Cordero se mudó a vivir a Los Pinos hasta febrero de 1983. Lo habrían hecho antes si no hubiera sido porque, al igual que las otras primeras damas, doña Paloma quería un espacio ordenado y reconstruido a modo propio.

Había en el gabinete presidencial de De la Madrid el sentimiento de que el gobierno iría a la deriva si no controlaba la severa crisis económica que heredó del lopezportillismo. En Los Pinos había confusión porque la primera imagen de la extravagante y derrochadora doña Carmen que aparecía en oleadas de realidades fue también aquella que, con una caravana de camiones de mudanzas, la última noche de noviembre de 1976 llegó a Los Pinos para cargar con todo el mobiliario y trasladarlo a la residencia personal de la ex primera dama. Nadie supo cuántas cajas cargaron los responsables de la mudanza. Carmen había intentado no dejar huellas de su entramada red de secretos ni de los 32 omnipresentes pianos de cola que acumuló en los seis años del lopezportillismo. Pero a pesar del hermetismo de los efectivos del Estado Mayor Presidencial, se supo que tal mudanza había sido planeada por Carmen Romano tres meses antes del cambio de gobierno y que parte de las cajas fue a parar a una residencia que tenía en Polanco.

Mientras el presidente De la Madrid ponía en marcha, a partir del 1.º de diciembre de 1982, medidas opacas y sospechosas para intentar cumplir con su lema de la «Renovación moral de la sociedad», Paloma y su equipo hacían esfuerzos inútiles por sacudirse los fantasmas de la antecesora —una promotora real de la cultura, al margen de sus exceso, abusos y desmanes— con el fin de hacerse cargo de la política de asistencia social a través del Sistema Para el Desarrollo Integral de la Familia (DIF) y del Voluntariado Nacional.

Carmen, la Muncy, representaba el símbolo de la codicia que había viajado a todo lujo por Europa y ciudades de Estados Unidos en el avión presidencial, acompañada de los músicos de una orquesta sinfónica y cargando con un piano Petrof de cola, aquellos que se fabricaban en Hradec Králové, corazón de la República Checa, pero en enero de 1977, por iniciativa de ella, su esposo creó el DIF a través de la fusión del INPI y el IMAN.

La figura estrafalaria y la imagen estrambótica y colorida de Carmen Romano fue como una noche aciaga e interminable que dejaba una herencia de arbitrariedades, pero había impulsado, como nadie antes, la internacionalización del Festival Cervantino, y le dio forma al Fondo Nacional para Actividades Sociales (Fonapas) y «todo lo enmarcó bajó el símbolo de Ollin Yoliztli: vida y movimiento».[3]

También, bajo el ala protectora de la primera dama Carmen Romano, se formaron orquestas profesionales como la Filarmónica de la Ciudad de México, en 1978, bajo la batuta del maestro Fernando Lozano Rodríguez. Y en mayo de 1979, se creó el Premio Internacional Literario Ollin Yoliztli, para ponderar los méritos de los escritores en habla española.

Con todo eso, se le venía el mundo encima a doña Paloma, una mujer acostumbrada a la intimidad de la familia, a la soledad sin miradas indiscretas. Aun así, entendía a su manera que heredaba las tareas del DIF de doña Carmen Romano, con todas sus tareas: protección a menores, maltratados, rehabilitación de discapacitados, procuración de justicia, protección a

---

[3] María Teresa Márquez, «Las esposas de los presidentes de México», en *Las mujeres y el poder*, México, Diana, 1997.

farmacodependientes e invidentes, atención a estancias y albergues, centros de desarrollo infantil y campamentos recreativos.

Su antecesora y las indiscreciones de esta se convertirían en una sombra permanente para ella, que parecía haber sido moldeada a la antigua, alejadas de miradas curiosas. Carmen había tenido una vida presidencial repleta de viajes, habladurías sobre relaciones amorosas y toda clase de excesos.

Heredaba Paloma un panorama desolador; además, cargaba con la incapacidad de su esposo el presidente. Con la Muncy acabaría la época de esplendor de la «realeza» mexicana. Hasta Paloma llegarían imágenes de esposas de secretarios de Estado y subsecretarios del gabinete lopezportillista, quienes impúdicamente utilizaban los aviones de la flota aérea de Pemex para ir de compras a las tiendas más prestigiosos de Los Ángeles, Houston y Nueva York. Del 1.º de diciembre de 1976 al 30 de noviembre de 1982 doña Carmen disfrutó de lujosas compras, viajes privados extravagantes en la flota aérea de la presidencia solo para comprar joyas valiosas. Y se cuenta que, en alguna ocasión, durante el regreso de un viaje a Washington, ordenó al piloto aterrizar el avión en una ciudad solo para que un escolta del Estado Mayor le fuera a comprar pollo frito y en un viaje a Brasil hizo cerrar una joyería para comprar algunas alhajas. Y eran estas las que lucía cada vez que podía.

La concentración de chismes y abusos de poder sobre Carmen Romano, que rebasaron cualquier alcance de la imaginación y alimentaron el hartazgo de los mexicanos con su primera dama, engulleron pronto a Paloma Cordero. Mientras que tomaba posesión como nueva inquilina mayor de la residencia oficial en el bosque de Chapultepec, a partir de febrero de 1983, se desgranaban a la luz pública los secretos más extraños y retorcidos de la ex primera dama, quien intentaba mantenerse en el más absoluto de los silencios y en el anonimato después de abandonar Los Pinos.

Austera y discreta, Paloma Cordero se refugió y deambuló agobiada en Los Pinos. Sumisa, sonriente y siempre dispuesta para apoyar a su esposo, Miguel de la Madrid, entendía su papel entre aquellos muros tan llenos de los secretos pretenciosos de su antecesora, cuyos rumores superaban la imaginación.

Sobria, de estilo conservador y una mera figura decorativa en Los Pinos, Paloma Cordero conoció de oídas sobre la colección de joyería de alta gama propiedad de Carmen Romano, que podía compararse a la de una reina. Inconscientemente, rechazaba todo eso y también la notoriedad desde que, el 27 de junio de 1959, se había casado con su novio, Miguel de la Madrid Hurtado.

Paloma era consciente de que, como pasaba con ella, el papel de primera dama no lo había pedido ninguna de sus antecesoras. Y, sin que lo dijera, porque así lo enseñó desde que él fue nombrado secretario de Programación y Presupuesto y, por lo tanto, ella jefa del voluntariado de esa dependencia, su labor sería solo de acompañamiento al presidente de México. Esa era su personalidad y esos eran sus valores católicos y su actitud.

Sus panegíricos están convencidos de que debe ser recordada, por sobre otras primeras damas, por su compromiso con el trabajo en la presidencia del DIF, al cual sirvió con dedicación, y por su labor altruista en las tragedias que vivió México en el gobierno de De la Madrid, creando programas para beneficiar a la niñez, proteger a los menores maltratados y para el apoyo a la rehabilitación de menores de edad adictos o farmacodependientes.

Hija del abogado Luis Cordero Bustamante y Delia Tapia Labardini, una pareja muy conservadora en su época, Paloma Delia Margarita recibió, como se escribió en párrafos anteriores, una educación en los colegios de monjas Lestonnanc —corto de Santa Juana de Lestonnac—, cuya historia puede seguirse hasta 1755, en la Orden de la Compañía de María en México y el Colegio de Nuestra Señora del Pilar, y el colegio Motolinía, fundado por la madre superiora Ana María Gómez Campos y el padre Félix de Jesús Rougier.

Paloma Delia Margarita Cordero Tapia era una mujer conservadora, educada en la colonia Hipódromo Condesa de la Ciudad de México, bajo rígidos principios de la Iglesia católica para formar una familia y dedicarse a ella de tiempo completo. Su historia de pareja fue corta y casi invisible: conoció a Miguel en 1953, en una fiesta familiar, en 1955 se hicieron novios y en 1959 contrajeron matrimonio en la iglesia Santa Rosa de Lima. Y procrearon cinco hijos.

También un conservador en todos los sentidos, Miguel

> nació el 12 de septiembre de 1934 en Colima, hijo del jurista Miguel de la Madrid Castro —asesinado violentamente el 24 de febrero de 1937— y de Alicia Hurtado Oldenbourg, quien decidió abandonar Colima, radicar en la Ciudad de México, y, por lo tanto, nieto del gobernador colimense Enrique O. de la Madrid Brizuela (1902-1911), bisnieto del gobernador Miguel de la Madrid Guerrero (1883-1883) y sobrino del médico militar Gerardo Hurtado Sánchez (1923-1925), también gobernador colimense. Linaje conservador tenía de sobra para aspirar a la presidencia. No era cosa de un momento de calentura, porque la herencia de casta empataba con la española de López Portillo.[4]

Conservadores los dos, el desafío de Paloma Delia Margarita no era hacer el trabajo que le habían heredado todas sus antecesoras, sino, según se veía en el sexenio, pasar como invisible. Y de ella, Tere Márquez escribiría que era una mujer austera de gran distinción: «muy medida con su participación en la vida pública, evitando en todo momento destacar o hablar fuera de lugar». Y citaría a una amiga muy cercana a la entonces primera dama:

---

[4] Francisco Cruz Jiménez y Marco Antonio Durán, *Los depredadores, la historia oscura del presidencialismo en México*, México, Planeta, 2017.

Ayer [se] comentaba que muchos de los votos que había tenido Miguel [habían sido] por Paloma, por la imagen que daba [...] de una mujer a la mexicana, discreta, bien definida, sumisa, educada. No había un detalle que te dijera que estaba fuera de contexto, fuera de la moral de la educación estilo mexicano de la clase media.

Esta mujer es la disciplina total hasta la fecha [...], no sube un gramo, hace su gimnasia todos los días y tiene muy bonito pelo. [Durante la campaña] la peinaban tempranísimo, a la hora del desayuno ya estaba lista y le rechocaban las entrevistas de televisión. A mí me lo decía: «Me molesta, me siento mal que todo el mundo [me] esté viendo» [...] Se sentía agobiada. Yo lo que siento es que es tímida, sumamente discreta, educada con una educación muy estricta, muy rígida, como muy a la mexicana. Le ayudó muchísimo a Miguel porque lo quería muchísimo.

Sumisa, tímida, conservadora, discreta y subordinada, con los pies en la tierra sobre el papel que le correspondía, Paloma dejó todo el trabajo, incluido aquel de las tareas históricas de asistencia social a la familia y el de la promoción integral de los derechos de niñas, niños y adolescentes, bajo el imperativo constitucional del interés superior de la niñez, en manos de Miguel de la Madrid. Ella parecía dispuesta a convertirse en una esposa discreta y juiciosa. Entendía a su manera que el jefe del Poder Ejecutivo era su marido.

Antes de la toma de posesión el 1.º de diciembre de 1982, doña Paloma había tomado la decisión de dejar todo en manos de su esposo. Por eso, él tomaría la decisión de los arreglos y remodelación de la Casa de los presidentes para la familia De la Madrid Cordero, empezando por separar el área de trabajo: la oficina presidencial que sería en la Casa Lázaro Cárdenas del Río, aquella a la que inicialmente le había dado un toque personal la esposa del general, Amalia Solórzano Bravo.

También de él fue la idea-orden de dividir en dos alas la planta alta de la Casa Miguel Alemán: una para el estudio y otra para la residencia familiar. Y él, de acuerdo con los trabajos de remodelación que se harían, fijó para los primeros días de febrero de 1983 la mudanza a Los Pinos. Acaso, Miguel autorizó a la primera dama hacer un cambio de mobiliario y algunos arreglos: floreros de porcelana, cuadros de la familia o de pintores famosos.

Y le permitió opinar en algunos aspectos, según se desprende del amplio reportaje «Los Pinos a través de los sexenios», firmado por Sara Pablo y Juan Manuel Magaña el 20 de diciembre de 2018, para la revista especializada *Expansión*:

> Cambiaron el color de muros, llevaron a la sala principal de la residencia muebles de alta calidad, de marquetería poblana y Chippendale mexicano, y objetos de arte mexicano como tapetes de Temoaya. De la Madrid definió la decoración como contemporánea […] Se conservó el Salón Colima, de donde él era oriundo, y el comedor familiar, de arriba, con los muebles de artesanos de Comala. Y hasta le agregaron piezas de cerámica precolombina del mismo estado. Al lado derecho, en una sala de recibir colocaron muebles y objetos de su casa de Coyoacán, como una talla en madera estofada que representaba a Santa Clara y un piano vertical antiguo que ella tocaba.[5]

El presidente no dejó dudas sobre quién mandaba en la casa, así que sus gustos y necesidades quedaron plasmados de la casa familiar hasta su despacho:

> Con puertas de madera tallada. El ocupante lo quiso sobrio, con un estrado tapizado en piel café para conversar entre varios; después un amplio escritorio de madera tallada, con enseres, lámpara, globo terráqueo, águila del escudo nacional y retrato de Pa-

---

[5] https://obras.expansion.mx/arquitectura/2018/12/20/los-pinos-a-traves-de-los-sexenios (consultado el 1.º de junio de 2023).

loma [y], detrás del sillón, cuadros [del paisajista mexicano José María] Velasco; el Corzo [el general liberal Ángel Albino Corzo, el héroe más grande de Chiapas] y en un nicho del muro la estatuilla de un metro de altura de Morelos, su héroe.

Los Pinos, pues, fue en el sexenio de De la Madrid una residencia familiar con sabor al presidente. Siempre atrás de él, la primera dama ocupó un segundo plano, fue un fantasma. Pero si el gobierno arrancó el 1.º de diciembre de 1982 entre la desesperanza y malos augurios, «blanco de miradas maliciosas, burlonas […] porque recibía De la Madrid un país en ruinas [a lo que él contribuyó] y sumido en la desgracia de una profunda crisis económica, política, financiera, social […] con huellas de corrupción regadas por cada rincón»[6] del país, la vida presidencial de Paloma Cordero Tapia transcurriría como una tragedia shakespeariana donde el ascenso antecede la tragedia.

Arriba, en aquella escalera del poder, la alcanzó una calamidad tras otra, navegando y lidiando entre la doble cara y doble moral de su esposo. Para que los dueños de los medios y sus periodistas, de por sí dóciles y dependientes del dinero público, no se atrevieran a tocarlo y menos a su esposa doña Paloma, por si les ganaba la tentación, se sacó de la chistera la llamada Ley sobre Daño Moral, inventándose el delito de deslealtad en el uso inadecuado de la información de gobierno. En otras palabras, legalizó la mordaza y la censura.

Para amarrar el círculo y proteger a su esposa de habladurías insanas o verdades incómodas, una vez que le había dado su lugar como florero en la vida presidencial, De la Madrid pidió al equipo jurídico de la presidencia preparar la iniciativa de Ley de Responsabilidades de los Servidores Públicos, cuyo objetivo era uno: castigar a funcionarios que difundieran o entregaran a

---

[6] Francisco Cruz Jiménez y Marco Antonio Durán, *Los depredadores, la historia oscura del presidencialismo en México*, México, Planeta, 2017.

la prensa informes sobre su administración, el DIF o el Voluntariado Nacional.

El 30 de mayo de 1984, casi cinco meses y medio antes del incendio en San Juan Ixhuatepec, las leyes de control mostraron el verdadero rostro del presidente De la Madrid: la tarde-noche, en una calle de la Ciudad de México, cayó asesinado Manuel Buendía Téllez-Girón, uno de los periodistas más influyentes que ha dado México en la época de los presidentes civiles, tan influyente como Miguel Ángel Granados Chapa, Vicente Leñero, Elena Poniatowska, Luis Spota, Carlos Monsiváis y Julio Scherer García.

Buendía, crítico de la ultraderecha mexicana y los vínculos de esta con la Agencia Central de Inteligencia (CIA), fue ejecutado de cinco tiros por la espalda al salir de su oficina en el cruce de las avenidas Paseo de la Reforma e Insurgentes. Existen dos versiones de este hecho; la primera dice que el asesino material, Rafael Moro Ávila, agente de la Dirección Federal de Seguridad (DFS), fue detenido, pero cumplía órdenes de su jefe José Antonio Zorrilla Pérez. La segunda versión afirma que el asesino escapó en la moto de Moro Ávila y que fue asesinado tres días después en Zacatecas, y que por esta razón se inculpó al primero. Granados Chapa, otro prestigioso e influyente columnista, llamó a esta la primera ejecución de la narcopolítica en México.

El asesinato de Buendía sería parte del anecdotario de asesinatos de periodistas si no fuera porque la violencia les dio sentido a las acciones de gobierno de Miguel de la Madrid: en el sexenio se contabilizarían una veintena de desapariciones políticas o desapariciones forzadas. Y se echarían al cesto de la basura todas las acusaciones contra los gobiernos de sus antecesores Gustavo Díaz Ordaz, Luis Echeverría Álvarez y José López Portillo.

Tecnócrata oscuro educado en Harvard y burócrata gris inescrupuloso, De la Madrid recibió un país en bancarrota, pero se encargaría de sembrar un futuro amenazador no solo por los ejes de su política económica, un cambio brutal llamado neo-liberalismo, que en los hechos representaría entregar el país a empresarios nacionales y extranjeros y socializar las pérdidas, sino porque con él se promovió el ascenso de personajes que escribirían algunas de las páginas más oscuras y terribles del país: Carlos Salinas de Gortari, Pedro Aspe Armella, Ernesto Zedillo Ponce de León, Emilio Gamboa Patrón y Carlos Hank González.

Protegida por el cuerpo élite de Guardias Presidenciales que la mantenía alejada de la contaminación informativa sobre la violencia, los fracasos y abusos de la política económica salvaje que imponía su esposo el presidente, Paloma solo estaba expuesta a los chismes que volaban sobre Carmen Romano, a quien habían cuestionado por sus extravagancias, la prisa por derrochar y abusar de los recursos públicos.

Entre un chisme y otro sobre Carmen Romano, que no la dejaban descansar en paz, una y otra ley dictadas por su marido para entregar el país a los empresarios y los banqueros, la devaluación brutal del peso y la contención de los salarios mínimos, la primera dama, sus asesores y la presidencia estaban convencidos a mediados de 1985 de que habían superado el incidente en San Juan Ixhuatepec.

El manejo informativo oficial de la figura de la primera dama había pasado por una meticulosa elaboración al regreso ideal institucional: sencillez y armonía con una notable sensibilidad y otros atributos personales. Los hacedores de imagen intentaban que se volviera de nueva cuenta un ideal en el matrimonio, la tutelar de la niñez mexicana y, por tanto, de la familia entera, como un tipo de conciencia para su esposo el presidente.

La nueva imagen se reforzaba por el avance de otras mujeres: en 1982, cobraban relevancia la primera procuradora de Justicia del Distrito Federal, Victoria Adato de Ibarra; la primera presidenta del Tribunal Superior de Justicia del Distrito

Federal, Clementina Gil de Lester, y la primera secretaria general del PRI, Irma Cué de Duarte.

Pero la meticulosa construcción de la nueva imagen se derrumbaría casi de inmediato porque nadie en su cuerpo de asesores ni en el de la presidencia contaba con la intranquilidad de la señora Cordero de la Madrid en la cercanía con la gente. Tampoco habían tomado en cuenta otros episodios que la meterían, con su esposo, en una especie de trampa del destino y la marcarían para toda la vida, al menos mientras viviera en Los Pinos. Esa trampa tenía nombre siniestro: desastres naturales. Ya nada la salvaría.

Su papel secundario representaría un retroceso en el papel de la primera dama y su invisibilidad la colocaría a un lado de María Esther Zuno de Echeverría y Carmen Romano de López Portillo. Sin embargo, doña Paloma se haría visible en el rostro de cada mexicano que ya de por sí sufría por la incapacidad y los atropellos de poder del presidente De la Madrid.

Esa marca negra tendría fecha y hora precisas: 19 de septiembre de 1985 a las 07:17 de la mañana, cuando las entrañas de la tierra temblaron hasta alcanzar un sismo trepidatorio-oscilatorio de 8.1 en la escala de Richter, que sacudió con fuerza brutal, y en 90 segundos destruyó gran parte de la Ciudad de México.[7]

El terremoto más destructivo y letal en la historia de México cubrió las cicatrices de las explosiones y el incendio de San Juanico y le ganó a la pareja el repudio generalizado por la indolencia del presidente ante la catástrofe, la ausencia de medidas gubernamentales inmediatas, el rechazo irracional del presidente a la ayuda internacional, las órdenes al Ejército para limitar su participación inicial a labores de vigilancia, la indi-

---

[7] La ruptura o falla que produjo el sismo se localizó en la llamada Brecha de Michoacán. Se ha determinado que el sismo fue causado por el llamado fenómeno de subducción de la Placa de Cocos por debajo de la Placa Norteamericana. Y una de las diversas apreciaciones en cuanto a la energía que liberó dicho movimiento fue un equivalente a 1 114 bombas atómicas de 20 kilotones cada una.

ferencia al impacto del terremoto en los estados de Michoacán, Guerrero, Colima y Jalisco, donde también se reportaban muertes, y la censura para difundir cifras reales de la tragedia.

\*

Miguel de la Madrid Hurtado era un personaje engreído y negligente, obsesionado por darle un vuelco a la economía del país. Y era feliz cuando podía ayudar a los empresarios y a los grandes empresarios. Era enemigo de las empresas del Estado. Sus modelos políticos eran el presidente estadounidense Ronald Reagan, al que le habría gustado parecerse, y la primera ministra británica Margaret Thatcher.

Y también quería seguir a Thatcher, al menos en sus ideas básicas: limitar al mínimo la participación del Estado en la economía —por eso sentó las bases para vender a empresarios, en su sexenio y en los siguientes, las 1155 empresas paraestatales—, libertad absoluta para los mercados, recortes salvajes al gasto público y apoyo incondicional a los empresarios.

Una vez en Los Pinos, impuso una serie de cambios de choque que de 1983 al 30 de noviembre de 2018 condenarían a los mexicanos a deshumanizados mandatos de los bancos mundiales y organismos internacionales. En otras palabras, condenaría a los mexicanos a la pobreza y sentaría las bases para crear una nueva clase de banqueros ladrones y una casta de supermillonarios en la que más adelante destacarían mexicanos que se codearían con la élite internacional de los dueños del mundo.

Ese era Miguel: el presidente de los millonarios. El otro era el apático, perezoso y salvaje con las clases más desprotegidas. Si el 19 de septiembre en la destruida Ciudad de México se hubiera conocido aquella orden del 20 de noviembre de 1984 del Estado Mayor Presidencial y Guardias Presidenciales para evitar que la pareja presidencial, en su camino a la Escuela Normal para maestros de Ecatepec, se encontrara de frente con el infierno de San Juan Ixhuatepec por temor a las escenas de terror que difundían los medios de comunicación, la imagen y la credibilidad de Paloma Delia Margarita y Miguel habrían sufrido un daño irreparable.

Después de las explosiones y el incendio en la planta de gas para uso doméstico de Pemex a las 05:40 de la mañana de aquel 19 de noviembre, De la Madrid reaccionó cuando ya voluntarios de la población civil, socorristas, bomberos, rescatistas de servicios privados y la Cruz Roja, estudiantes, conductores de taxis, comerciantes, obreros, amas de casa y habitantes de otros municipios se habían organizado sin los gobiernos estatal y federal.

El presidente visitaría San Juanico hasta el día siguiente y lo haría casi a hurtadillas, por la noche. Pero nada aprendió: el 19 de septiembre de 1985 cambió la historia de México con cifras y números de miedo, y como había pasado después de las explosiones en cadena y el incendio en la planta de Pemex, De la Madrid fue de nueva cuenta indolente y lento. Apoltronado en la comodidad de su oficina en la Casa Lázaro Cárdenas, respondió cuando ya los capitalinos, todos, habían formado una gran brigada civil de rescate y trabajaban en varias tareas, pero, sobre todo en las primeras: la búsqueda de personas vivas entre los escombros y la remoción de cadáveres.

El recuento de daños aterrorizaba e inquietaba a cualquiera: caía un edificio, otro, el Hospital General; uno más, el Hotel Regis, la secundaria 3 Héroes de Chapultepec, el edificio Nuevo León en Tlatelolco, el edifico 1-A en el multifamiliar Juárez; cayó un edificio más, otro, el del Conalep. En resumen, la ciudad había colapsado.

Y con esa ciudad colapsada, emergieron otros vicios, otros males y otros problemas ocultos: el sismo destruyó más de 800 talleres de costura, en su mayoría clandestinos, en los que trabajaban sin ningún tipo de prestación social, más de 40 mil costureras. Organizadas después, ninguna propuso ni pensó acercarse a Paloma Cordero, la primera dama; lo sabían, era un cero a la izquierda.

La orden del presidente Miguel de la Madrid fue quedarse en casa. ¡Qué terror!, con la ciudad cayéndose a pedazos. Nadie le hizo caso y tres horas después, una eternidad, ordena al ejército y a la Policía patrullar.

No salieron para apoyar en la búsqueda de sobrevivientes, sino a resguardar edificios en ruinas, pero así había hasta 700 patrullas. Al final, la Comisión Metropolitana de Emergencia del Distrito Federal estimó la dimensión destructiva: 2 831 edificios sufrieron daños estructurales, 880 quedaron en ruinas, 370 habitables después de importantes reparaciones y 1 581 recuperables tras reparaciones menores.

Como dirían después, el pueblo rescató al pueblo, mientras, el presidente y la primera dama se quedaron apáticos, agazapados en su cuartel; así los vieron, dijo Miguel un año después en una entrevista con Televisa. Pero con él, arrastraba la imagen de su esposa, la salvaguarda de la familia. Y cuando ella salió, ya se veía con mejores ojos a María Esther Zuno de Echeverría. Las crónicas orales le mostrarían qué sentían por ella en aquellas calles destrozadas: si María Esther hubiera sido la primera dama, habría improvisado un hospital en Los Pinos.

Se hablaba de 12 843 muertos, de acuerdo con las estadísticas —que a eso redujo De la Madrid a los capitalinos, a simples números, así como redujo a los habitantes de San Juanico—, cuando en las calles se hablaba de la pérdida de 25 mil a 36 mil personas y al menos 50 mil heridos. La ciudad se tuvo que recomponer sola de entre sus muertos, recomponerse a pesar de la primera dama y de su esposo el presidente, a pesar de los 4 100 millones de dólares en pérdidas por el terremoto, un fenómeno natural que se juntó con la violenta sacudida por la crisis económica, la inflación, la inestabilidad, la fuga de capitales, la devaluación del peso y el estancamiento económico. Y aún se resentía el impacto severo por la moratoria temporal del servicio de la deuda externa del 12 de agosto de 1982.

\*

Como bien reza el dicho, «una desgracia nunca viene sola, sino a batallones»: Paloma Cordero nunca estuvo tranquila. Cuando ella y su esposo el presidente pensaron que todo había pasado, el 19 de octubre de 1987 colapsó el Índice de Precios y Cotizaciones de la Bolsa Mexicana de Valores que dejó en la ruina, atendiendo a los números de las memorias de Miguel de la Madrid, a 350 mil ahorradores y, en contraste, apuntaló la riqueza de los 26 propietarios de casa de bolsa, en la que esos miles tenían sus ahorros.

Los males la persiguieron hasta afuera de Los Pinos. ¿Qué mal hizo o qué debía Paloma? Imposible saberlo, pero ya afuera de Los Pinos le tocó ver morir lentamente a su esposo por un enfisema pulmonar y otras insuficiencias orgánicas. Y antes de que muriera el expresidente, también le tocó ver cómo se sumía en la más profunda de las oscuridades y desgracias políticas.

En mayo de 2009, cuando intentaba repararse un poco de los males que había hecho o recuperar la dignidad, su esposa atestiguaría en silencio cómo —solo Miguel supo si fue por él mismo o por consejo o coacción de alguno de sus hijos— su esposo se sumía en la desgracia, firmaba su muerte política, terminaba su carrera como un demente senil y era víctima del escarnio público.

La historia sería muy corta: el día 13 de mayo Miguel de la Madrid estampó su firma en una carta de 87 palabras que enviaría a la periodista Carmen Aristegui, principal conductora de noticias en la cadena MVS noticias, para desmentirse y desacreditarse a sí mismo, aclarando que no sabía lo que había contestado en una entrevista cuando afirmó que el expresidente Carlos Salinas de Gortari se había robado parte de la partida secreta de la presidencia de la República y sobre que Raúl Salinas de Gortari tenía nexos con el crimen organizado.

Si doña Paloma conocía el contenido de esa misiva que en los hechos hacía pasar a su esposo por loco o demente senil, solo ella lo supo, pero con esa autodesacreditación, Miguel se quitaba el derecho a tener autoridad moral histórica y terminaba como un viejo vetusto y enfermo de enfisema pulmonar y, como escribí en *Los depredadores* en 2017, perdía cualquier autoridad que hubiera tenido.

Desacreditado y demente senil, Miguel moriría el 1.º de abril de 2012. Cuando aún estaba en duelo, Paloma Delia Margarita Cordero Tapia murió sorpresivamente el 11 de mayo de 2020. Su sombra marcaría el rumbo que tomarían las siguientes dos primeras damas de la nación: Cecilia Occelli González de Salinas y Nilda Patricia Velasco Núñez de Zedillo.

# 7
# NILDA PATRICIA VELASCO,
# EL MIEDO EN LA RETINA

Nombre: **Nilda Patricia Velasco Núñez**
Nacimiento: **1953, Ciudad Cuauhtémoc, Colima**

Esposo: **Ernesto Zedillo Ponce de León (1951)**
Periodo como primera dama: **1994-2000**

Se esforzaba por guardar las apariencias. No es que le gustara ir fingiendo por la vida o esconder lo que pensaba o sentía en una sonrisa falsa. No, Nilda Patricia Velasco tenía un interés único y legítimo en la vida: su familia; es decir, sus hijos y su esposo, su papá y sus hermanos. Nada más. Eso estaba fuera de toda negociación. Y le aterraba la idea de que su esposo Ernesto Zedillo Ponce de León pudiera en algún momento convertirse en candidato presidencial del PRI.

Nilda Patricia transmitía su aversión por la gente y los sentimientos de terror que la acompañaban y atormentaban. Contagiaba y traspasaba sus tribulaciones. Su sonrisa era una mueca de intranquilidad larga, ansiosa y permanente. Por eso mismo, fue considerada antipática; odiosa y hostil, en ocasiones, aunque también era clasista y por eso, quizá, reivindicó el trabajo doméstico y condenó que muchas mujeres trabajaran solo para gastar en combis y comprarse medias. Pedía educar bien a la mujer para que aprendiera a escoger buen marido; así y solo así, la mujer podía superarse.

De 1994 a 2000, los mexicanos rodearon a Nilda Patricia de rumores, algunos maliciosos, como un supuesto alcoholismo; es dipsómana, la señalaban otros muy perversos. Pero a Nilda Patricia no le importaba cómo la veían ni lo que pensaran de ella. Dejó así de lado la asistencia social, labor que habían asumido todas sus antecesoras. Si algunas tareas fundamentales del DIF no desaparecieron, fue algo que no puede explicarse a través de las leyes regulares, sino a un suceso extraordinario, un milagro. Porque ella tiró todo al garete.

Producto de su abandono, en el desamparo absoluto quedaron tareas y acciones de asistencia social como la protección física, mental y social de personas en estado de necesidad e indefensión. En otras palabras, la familia mexicana en situación de pobreza y los grupos vulnerables se las tuvieron que arreglar como pudieran o dejándose a la buena de Dios, para sobrevivir al gobierno de Ernesto Zedillo, quien tendió los puentes para entregar todos los apoyos del gobierno federal a la comunidad empresarial.

Ella era feliz yendo a misa o, las más veces que pudiera, al cine, acompañada por sus hijos y, a su manera, dio a entender que ella estaba satisfecha con el machismo de su esposo. Las instituciones que realizaban tareas de asistencia social nunca contaron con ella y la olvidaron por completo. Fue un cero a la izquierda.

La colecta anual de la Cruz Roja fue quizá la única tarea en la que en algún momento hizo acto de presencia y, seguro, por órdenes de Zedillo.

También disfrutaba cada Navidad, cuando ponía un nacimiento con casi dos mil figuras y era una anfitriona de estudiantes, promotoras, discapacitados y otros grupos vulnerables. Y, como dicen sus biógrafos, acompañó a su esposo el presidente casi a todos los lugares a los que asistía, incluidas giras nacionales e internacionales, aunque no fuera necesaria su presencia, y recibió y acompañó en ceremonias a dignatarios extranjeros, si bien en algunos apareció solo como una convidada de piedra.

*

En esa personalidad poco ortodoxa que manifestó apenas atisbó la posibilidad real de Zedillo entrando al juego sucesorio para reemplazar a Luis Donaldo Colosio Murrieta en la candidatura presidencial del PRI, Nilda Patricia empezó a vivir entre la angustia, el miedo tatuado en las retinas que la marcaría por seis años y la desesperación, que empeorarían porque su padre Fernando Velasco Márquez y sus hermanos Fernando y Francisco Velasco Núñez fueron involucrados en actividades del tráfico de drogas.

Uno y otros habían sido relacionados con los hermanos José de Jesús, Luis Ignacio y Adán Amezcua Contreras, los Zares de las metanfetaminas o Cártel de Colima —ciudad de origen de la familia Velasco Núñez—, especializados en la producción, comercialización y exportación ilegal de potentes y peligrosas drogas sintéticas de diseño elaboradas en «cocinas» clandestinas, a partir de sustancias químicas no naturales para producir efectos alucinógenos, opiáceos o estimulantes, que se originaron durante la fabricación de las anfetaminas y del éxtasis, la droga ilegal de diseño por excelencia. Luego llegaría el todavía más peligroso fentanilo, un opioide sintético.

Verdad o rumor, cuando ni siquiera imaginaba que tendría posibilidades de llegar a ser la mujer más poderosa de México, y que su esposo dejaría desde Los Pinos una huella profunda de incapacidad y una estela de corrupción que concluiría con una especie de asalto a la nación —porque el gobierno pagaría un billón de pesos que habían robado banqueros, políticos y empresarios—, Nilda Patricia tenía razones para estar preocupada y temerosa por su papá y hermanos porque las agencias policiales de Estados Unidos habían ubicado a los hermanos Amezcua como los principales exportadores ilegales de efedrina de México en la década de 1990.

También les seguían la pista desde 1993 a través del Instituto Nacional para el Combate a las Drogas (INCD). Desde su posición de poder en el gabinete del presidente Carlos Salinas de Gortari y por gris que fuera, secretario de Programación y Presupuesto y titular de la Secretaría de Educación Pública, Zedillo debió estar al tanto de que la Fiscalía Especializada para la Atención de Delitos contra la Salud (Feads) tenía un expediente abierto de investigación y seguimiento a los hermanos Amezcua por el tráfico internacional de efedrina y los vínculos de estos con Fernando Velasco Márquez, así como con Fernando y Francisco Velasco Núñez.

Los Amezcua habían cobrado notoriedad a finales de la década de 1980, y en 1994 se habían consolidado como un cártel mayor porque para producir drogas sintéticas habían forjado una sociedad sólida con criminales de República Checa, India, Holanda, Tailandia y Alemania, países de donde les enviaban precursores químicos a los puertos de Lázaro Cárdenas, en Michoacán, y Manzanillo, en el estado de Colima.

Aquella organización se consolidó con ambiciosos operativos desde Colima, apoyada por la familia de Nilda Patricia. Con los años mutaría de nombre, pero no abandonaría sus planes para desplazar a grupos locales o al Cártel de Sinaloa respecto a las drogas sintéticas en toda Latinoamérica. En Colima usaron los dos puertos para importar precursores químicos también de China con el fin de elaborar y diseñar drogas sintéticas que culminarían con la popularización del fentanilo, un opioide sintético, cuya potencia es de 50 a 100 veces superior a la morfina, según la preparación en las cocinas o pequeños laboratorios clandestinos, por lo que crea una mayor dependencia o adicción.

¿Cuándo y cómo llegó a México el fentanilo? No hay una fecha precisa, pero sí indicios sólidos de que en 2015 estaba en el mercado y en 2020, cuando estalló la pandemia de COVID-19, se aceleró su importación de China e India y los cárteles mexicanos encontraron en esta droga una nueva mina de oro por su rentabilidad, la demanda en Estados Unidos y el desplazamiento de otras drogas sintéticas, como las metanfetaminas. Dos de los mayores beneficiarios directos eran Nemesio Oseguera Cervantes, el Mencho, y su cuñado Abigael González Valencia, ambos la cabeza del Cártel Jalisco Nueva Generación (CJNG), que más adelante contarían con el apoyo de la Agencia Federal de Investigaciones (AFI) y, después, la Secretaría de Seguridad Pública, ambas bajo el mando de Genaro García Luna, si bien la mayor parte del fentanilo llegaría a Estados Unidos a través de laboratorios trasnacionales estadounidenses y la frontera con Canadá.

La huella de la producción de fentanilo podía seguirse hasta 1990 a través de Purdue Pharma LP —o Purdue Frederick Company—, farmacéutica privada estadounidense fundada por John Purdue Gray, con oficinas centrales en Stamford, Connecticut, y para 2022 la droga alcanzaba un valor de 150 000 millones de dólares en EUA y de 625 000 millones de dólares en todo el mundo. En 2020, Purdue Pharma se declaró culpable de engaño para comercializar fentanilo, pero las autoridades de aquel país solo le impusieron una multa de 6 000 millones de dólares y voltearon la vista para culpar a México de su desastre, de fomentar la adicción y de propiciar una severa crisis de salud.

Los nuevos «cocineros» mexicanos se convertirían en piezas clave en zonas clandestinas de producción de metanfetamina en algunos países de la Unión Europea (UE) por su aprendizaje de décadas y capacidad para producir cristales más rentables de metanfetamina. A través de facilitadores, los cárteles mexicanos se involucrarían en la operación de laboratorios de conversión de cocaína en territorios de la UE.

La Colima de Nilda Patricia, los Velasco Márquez, Velasco Núñez y de los Amezcua, vecina colindante de los estados de Jalisco y Michoacán, dejaba de ser un pequeño paraíso en el océano Pacífico para abrir sus puertas a organizaciones criminales que la convertirían poco a poco en el inframundo, una hoguera en la que se sospechaba de la familia de la mujer que, sin quererlo ni desearlo, se encaminaba para ser la primera dama.

Los rumores sobre los Velasco Márquez y Velasco Núñez que se tradujeron casi de inmediato en carpetas de investigación establecían que padre y hermanos de Nilda Patricia eran fundamentales para que funcionarios de Aduanas en los dos puertos cooperaran con los hermanos Amezcua, aprovechando los cargos de Zedillo: secretario de Programación y Presupuesto del 1.° de diciembre de 1988 al 7 de enero de 1992, y de Educación, del 7 de enero de 1992 al 29 de noviembre de 1993, cuando renunció al gabinete para coordinar la campaña presidencial priista de su amigo Luis Donaldo Colosio Murrieta.

Con esa organización sólida, el Cártel de Colima se había expandido a Guadalajara, Tijuana y la Ciudad de México y, más adelante, sería eje en la formación final criminal del Mencho, personaje explosivo que daría forma a una de las organizaciones más sanguinarias y mejor armadas de México con la complicidad de Genaro García Luna y de Felipe Calderón Hinojosa: el CJNG o cuatro letras, como les dio por llamarlo.

Desde Colima se fortalecería la formación criminal de Nemesio, cuyos orígenes podían rastrearse hasta Michoacán, con su cuñado el capo Abigael González Valencia, el Cuini, quien terminaría como el poderoso brazo financiero y de negocios del Mencho y el CJNG. La fusión del clan González Valencia o Los Cuinis, unos 12 hermanos —aunque hay quienes suman 18, más los descendientes, pero todos dedicados a la misma actividad— que habían consolidado el Cártel de los Valencia con la banda del Mencho se formalizaría en 2006, cuando huían a marchas forzadas hacia el occidental estado de Jalisco, por la amenaza violenta que representaban Los Zetas a su llegada para tomar la plaza de Michoacán.

El origen de Los Cuinis podía rastrearse al Cártel del Milenio de su tío Armando Valencia Cornelio, el Maradona, quien no aguantó la presión ni la violencia salvaje de Los Zetas. Estos le habían declarado la guerra al Milenio. Hasta 2010 fue responsable de un tercio de los envíos de cocaína a Estados Unidos. Sin alternativas ante el empuje Zeta, Los Cuinis y el Mencho abandonaron a los Valencia, dejaron su terruño y huyeron hacia Jalisco. Una vez a salvo, se reorganizaron, contaron con el apoyo del capo Ignacio, Nacho, Coronel Villarreal, uno de los jefes del Cártel de Sinaloa, echaron raíces y se quedaron en tierras jaliscienses.

A salvo y reorganizados, los González Valencia y el Mencho, casado con Rosalía González Valencia, concretan acuerdos para darle forma en 2007 al CJNG y transmutarse en criminales de alto nivel. El cuñado sería jefe máximo de la organización, apoyado en Los Matazetas, grupo sanguinario como Los Zetas; y Los Cuinis, brazo financiero. Autoridades de Estados Unidos consideran que la fortuna de estos se ubicaría en el rango de 50 000 millones de dólares, que forjaron en los noventa, en el gobierno de Ernesto Zedillo Ponce de León, fabricando drogas sintéticas.

Paciente, con recursos ilimitados, sin amenazas de división en su nuevo cártel cuatro letras y con el visto bueno de Genaro García Luna, secretario federal de Seguridad Pública, el Mencho copió los esquemas de violencia de Los Zetas, impuso una disciplina marcial, armó a sus comandos y, protegido por las autoridades, se lanzó a conquistar parte del territorio, hasta dividirlo en su mayoría con el Cártel de Sinaloa. Luego, tomó la decisión de ampliar sus dominios para establecer rutas que lo llevarían a los mercados de Australia, Eslovaquia, España, Italia, Holanda, Croacia, Eslovenia, Bélgica y países de Asia más lucrativos y menos riesgosos que Estados Unidos, aunque mantendría una guerra interna con el Cártel de Sinaloa con el apoyo de células remanentes del Cártel de Colima, para mantener y expandir su presencia en el tráfico de fentanilo, metanfetaminas, cocaína, heroína y marihuana.

El país descubriría años más adelante que los miedos de Nilda Patricia tenían su razón de ser porque, entre 1996 y 1997, el Instituto Nacional de Combate a las Drogas (INCD), bajo la dirección del general Jesús Gutiérrez Rebollo, documentaría que la familia Velasco Márquez y Velasco Núñez, la de Nilda Patricia, formaba parte de los complejos engranajes del Cártel de Colima y que tenían relación directa con los hermanos Amezcua.

La unidad de Inteligencia del INCD, creada en junio de 1993, había interceptado llamadas telefónicas, que contenían miles de horas de conversaciones de los Amezcua que involucraban al padre y a los hermanos de Nilda Patricia en el redituable negocio de exportar ilegalmente metanfetaminas y otras drogas a Estados Unidos. Las grabaciones habían sido entregadas al general Enrique Cervantes Aguirre, secretario de la Defensa Nacional en el gabinete del presidente Ernesto Zedillo Ponce de León.

«Después de revelar al […] general Cervantes Aguirre que en esas grabaciones había conversaciones de narcotraficantes con miembros de la familia política del presidente Zedillo, el militar fue detenido y encarcelado hasta su muerte», escribió en una amplia columna el periodista Miguel Badillo, director de la revista *Contralínea*, en marzo de 2022.

Al margen de que a Gutiérrez Rebollo se le investigaba por nexos con el capo Amado Carrillo Fuentes, el Señor de los Cielos, el general «ya preso, reveló que tenía pruebas de los vínculos de los hermanos Amezcua Contreras con el padre y los hermanos de la esposa de Ernesto Zedillo, pero sus acusaciones fueron negadas por la Procuraduría General de la República (PGR) y por la Secretaría de la Defensa Nacional, a pesar de que había grabaciones que así lo confirmaban».

En el documento confidencial de la FEADS [Fiscalía Especializada para la Atención de Delitos contra la Salud], dependiente de la PGR, se confirma esa relación de la esposa, cuñados y suegro de ese expresidente priista con el grupo de narcotraficantes que operaba en Colima y Estados Unidos.

Uno de esos documentos confidenciales archivados en la PGR —y en poder de *Contralínea*— tiene el logotipo de la FEADS, y bajo el título *Organización de los hermanos Amezcua Contreras. Tráfico internacional de efedrina*, refiere que al investigar a ese cártel [...] agentes federales especiales descubrieron los vínculos que tenía ese grupo criminal con Fernando Velasco Márquez [...] Fernando y Francisco Velasco Núñez. A pesar de las evidencias que incriminaban a esa familia, los gobiernos panistas de Vicente Fox Quesada y Felipe Calderón Hinojosa se negaron a investigar esos delitos de complicidad.

Se trata de un reporte confidencial de 43 páginas y en una de las intervenciones telefónicas del 2 de diciembre de 1996 [...] el narcotraficante Jesús Amezcua Contreras fue informado por el licenciado Constantino Tirado, otro miembro de la banda, sobre la intervención directa de Nilda Patricia Velasco para ayudar al cártel en un problema de posesión de tierras.[1]

Agentes de Inteligencia del INCD también investigaban a la familia de Nilda Patricia por tráfico de personas, delito en el que se había iniciado desde muy joven, antes de descubrir el mundo de las drogas de diseño y las metanfetaminas José de Jesús Amezcua Contreras, primer cabecilla del Cártel de Colima, quien a los 12 años de edad había cruzado sin documentos a Estados Unidos para establecerse en Los Ángeles, California, donde su tío Arnoldo Amezcua Díaz, gerente de un teatro, lo había acogido y colocado como parte de los empleados de limpieza.

---

[1] https://contralinea.com.mx/interno/semana/los-vinculos-de-zedillo-con-el-cartel-colima/ (consultado el 1.º de junio de 2023).

*

Pero si lo de su padre y sus hermanos la afectaba, jamás se preparó para lo que le vendría. Las verdaderas desgracias de Nilda Patricia, una procesión de pesadillas interminables, detonaron el 23 de marzo de 1994, cuando se hizo público un atentado, al filo de las 17:12 horas, que le arrebataría la vida a Luis Donaldo Colosio Murrieta, candidato presidencial del PRI, al término de un mitin en un terreno baldío —denominación elegante para un asentamiento irregular y marginado de seis secciones en una hondonada rodeada por barrancas pobladas de «viviendas» en obra negra, pies de casa y casuchas, en donde destacaban el rezago, hacinamiento, pobreza y, al fondo, un riachuelo que arrastraba desechos industriales— en la colonia Lomas Taurinas de la ciudad de Tijuana, Baja California, fronteriza con California, el sur de Estados Unidos.

Al margen del político infame en el que mutaría Zedillo, a Nilda Patricia le apareció de golpe seco el verdadero rostro de la política mexicana a través de una legalizada desviación del poder con inquietantes episodios de odio, clasismo, exterminio de opositores, inestabilidad, mentiras y violencia política, a través de la mano dura del presidente Carlos Salinas de Gortari y un equipo de funcionarios «preparados para gobernar» durante varias décadas, al menos eso creían ellos.

Hasta antes del atentado, que lo haría mártir de la democracia, Colosio era un priista más, uno del montón. Si estaba predestinado a cambiar a México, eso no se sabrá nunca. Lo que sí fue real es que era un salinista como Manuel Camacho Solís, Pedro Aspe Armella, Ernesto Zedillo, Fernando Gutiérrez Barrios, Patricio Chirinos Calero, Carlos Rojas Gutiérrez, Emilio Lozoya Thalmann, Jaime Serra Puche, Jorge de la Vega Domínguez, Emilio Gamboa Patrón o Carlos Hank González.

El atentado tuvo otros impactos violentos: el México de palabras surrealistas y familiares como «fraude electoral, mapaches, robo de votos, urnas embarazadas, compra de conciencias, relleno de urnas, quema de boletas electorales, carrusel, recuento amañado, manipulación de listas de electores, votación de muertos, invención de actas, reparto de prebendas, compra de periodistas, sumisión al poder y simulación democrática» había dado paso al magnicidio de Luis Donaldo Colosio Murrieta.

Colosio, su ejecución y el vocablo *magnicidio* le estallarían con fuerza en el rostro a Nilda Patricia, una mujer que, de por sí, aborrecía el poder o, quizá, tan chapada a la antigua como era, lo empezó a aborrecer en ese momento y se enfocó en los cinco hijos que le había dado ese matrimonio con Zedillo, coordinador de la campaña presidencial. Nadie y, seguro ni ella, podía creer lo que estaba pasando la tarde del 23 de marzo de 1994.

Los relatos abrumarían a todo el país, pero sacudirían con fuerza especial a Nilda Patricia porque su esposo coordinaba la campaña del candidato caído. Zedillo estaba en línea de fuego y de la sucesión porque, además, en los dos sexenios anteriores, el candidato presidencial o el *tapado* había salido de la misma dependencia.

De la Madrid y Salinas habían pasado de oscuros secretarios de Programación a candidatos y luego a presidentes. Y los dos eran tramposos electorales. El segundo llegó a creerse un héroe nacional, un salvador de la patria. Y los dos eran dilectos alumnos egresados de universidades de Estados Unidos. El primero tenía una maestría en la Universidad de Harvard, el segundo un doctorado también en la Universidad de Harvard y el tercero, Zedillo, si bien había estudiado en la Universidad de Bradford, en Reino Unido, tenía un doctorado por la Universidad de Yale.

A partir del atentado, Nilda Patricia no volvió a separarse de Ernesto Zedillo. Parecía una mujer pegada a él. Y Ernesto justificaba el alejamiento de su esposa de los organismos que atendían la asistencia social. Ella empezó a ser comidilla de los reporteros que cubrían la presidencia de la República. El atentado, así como la mención insistente de sus hermanos y su padre involucrados en el narcotráfico, la sumirían en el miedo, en peligros nada imaginarios. El rumor sobre el alcoholismo quedaba ensombrecido por sus temores que llegaban a nivel de pánico.

El magnicidio de Colosio opacó cualquier otro asesinato político, así como a las más de 900 desapariciones políticas reportadas en el salinato; también oscurecieron el abuso de poder de Salinas y su equipo para dejar a 14 estados sin gobernador electo o sin gobernador en funciones para instalarse en la ejecución; más terrible desde el magnicidio del general Álvaro Obregón, el 17 de julio de 1928, en el parque La Bombilla del barrio San Ángel, en la Ciudad de México, cuando se aprestaba para iniciar su segundo mandato presidencial. Ambos ejecutados a plena luz del día. Uno llevaba al brazo poderoso del autonombrado Jefe Máximo de la Revolución, el general Plutarco Elías Calles, quien intentaba perpetuarse en el poder y abriría la puerta a una etapa oscura que sería conocida como el Maximato, imponiendo en los hechos a cuatro presidentes. El otro, conllevaba el mensaje de Salinas de Gortari, ilusionista de las tinieblas que también intentaba perpetuarse en el poder y cuyo patriarca de la familia, Raúl Salinas Lozano, estaba convencido de que debía gobernar México por varias generaciones.

Fue el de aquella tarde en Lomas Taurinas un espectáculo primitivo, prosaico y grotesco: de la nada, de entre la multitud avanzó un gatillero, colocó el cañón de su pistola en la sien derecha de Colosio, le disparó a quemarropa cuando este se abría paso entre una multitud de unas cuatro mil personas y avanzaba para cruzar un puente de madera, donde lo esperaba una camioneta en la que se trasladaría al fraccionamiento Tijuana Country Club, uno de los barrios «Triple A» o de los multimillonarios de aquella ciudad.

Como rumor, primero; luego, chisme, enredo inverosímil o novela negra, la noticia se esparció rápidamente y, de boca en boca, salió de Lomas Taurinas para todo el país. Fue como lava cayendo violenta y estrepitosamente de un volcán enfurecido, arrastrando con ella y quemando todo lo que encontraba a su paso; sobre todo, nacientes esperanzas de miles de mexicanos que anhelaban un cambio político, sin razones sólidas más allá de la maquinaria propagandística del PRI y del gobierno del presidente Carlos Salinas de Gortari, así que empezaban a creer que el nuevo candidato sería capaz de enderezarle el rumbo al país.

En un clima tenso y turbio que vivía México, agravado con enfrentamientos en el gabinete presidencial por la sucesión, las habladurías dejaron de ser rumores y empezaron a tomar forma con pinceladas de todos lados: al gatillero le allanaron el camino para acercarse al candidato y hacer un disparo certero porque, de lo contrario, con una multitud como la de ese día en Lomas Taurinas no tendría una segunda oportunidad.

En segundos y con la libertad de movimiento que le dieron, el victimario sacó la pistola, la levantó por encima; luego, sin capacidad de defensa por parte de Colosio, el victimario bajó el arma, apuntó directo a la cabeza, como si hubiera ensayado una y otra vez, e hizo el disparo a quemarropa, rozando el pelo, en la sien derecha del candidato priista, cuya guardia de seguridad, por razones desconocidas, se había relajado.

Casi puede apreciarse el pulgar de la mano derecha firme en la empuñadura de la pistola brasileña, Taurus calibre .38, cañón normal, mientras el índice jala el gatillo; después, el martillo pega con solidez en el fulminante. Quienes están acostumbrados a las armas de fuego, pueden diseccionar de memoria el proyectil y su trayectoria: cuando se jala el gatillo, el fulminante enciende la pólvora, dispara la bala y, a quemarropa, hace blanco.

Fueron décimas de segundo; luego, segundos, horas y, en un magnicidio como el de Luis Donaldo Colosio Murrieta, se hicieron décadas para tratar de entender y reconstruir la historia del arma y del hombre, el autor material, mientras surgían interrogantes jamás resueltas. En ese proceso se perdía el nombre del autor intelectual, cuyos indicios primeros apuntaban a Los Pinos, a las ambiciones de Carlos Salinas de prolongar su poder oscuro y, de paso, convertirse en presidente de la Organización Mundial de Comercio (OMC) al término de su mandato, por las luchas intestinas en el PRI y el gabinete presidencial durante el proceso sucesorio y la campaña de Colosio que, al menos en apariencia, apuntaba a una reforma política que terminaría desmantelando parte del neoliberalismo y, por lo tanto, afectando su camino hacia la presidencia de la OMC.

Si hubo en verdad mensajes cruzados o un acuerdo entre los dos personajes clave que disputaban el poder del salinismo y del priismo en ese momento, Colosio se lo llevó a la tumba.

Sangrando de la cabeza, el candidato cayó hacia su lado izquierdo, impulsado por la fuerza del impacto del disparo. De inmediato y en la confusión y caos de la muchedumbre, fue trasladado al Hospital General de Tijuana donde, 10 minutos después del atentado, fue ingresado al área de urgencias. Y allí se confirmaría que no era un balazo, sino dos: el de la sien derecha y un segundo en el abdomen, que no afectó ningún órgano vital, sino la «piel, tejido celular subcutáneo y músculo exclusivamente, sin penetrar la cavidad».

Sería el primero, el de la cabeza, como escriben a menudo los médicos-investigadores forenses en sus reportes y diagnósticos incomprensibles, pero apocalípticos: herida «mortal de necesidad», la cual provocó daños irreversibles al cerebro porque deshizo la masa encefálica y generó un sangrado importantísimo. Más allá de los rumores, nadie sabía si la víctima había muerto o sobrevivido. Nada, aunque, en el silencio y a través de la especulación se mantenía la esperanza de que el candidato vivía.

Secretario de Información y Propaganda de la Campaña, a las 20:47 horas, Liébano Sáenz Ortiz, lacónicamente, habló para la prensa y para todo el país: «Con profunda pena me permito informarles que a pesar de los esfuerzos de realizar un… el señor licenciado Luis Donaldo Colosio, candidato del Partido Revolucionario Institucional a la presidencia de la República, ha fallecido».

La realidad: Luis Donaldo Colosio Murrieta no había tenido la mínima posibilidad de vivir después del disparo a bocajarro y se ocultó su muerte durante unas tres horas y media. Casi 25 años después de mantener oculto el secreto y crear una especie de mito que rodeó el atentado, el 5 de febrero de 2019 documentos desclasificados por las autoridades y publicados por la Organización Editorial Mexicana (OEM), una cadena que publica *El Sol de México*, dejaron en claro que Colosio había llegado muerto al hospital.[2]

¿Qué habrá sentido o intuido Nilda Patricia después de conocer la brutalidad del atentado y los indicios de que se trataba de un magnicidio?

Ahora su esposo estaba en la primera línea de fuego, en la mira de una violencia brutal que había estallado en México y se conducía desde la Casa de los presidentes y llevaba a la mano de Carlos Salinas de Gortari, político vengativo que había llegado a la presidencia a través de un escandaloso fraude electoral del que se borrarían todas las huellas con la complicidad del PAN y en especial del diputado Diego Fernández de Cevallos, quien propuso a la Cámara de Diputados quemar y destruir las papeletas o votos de aquella elección federal, única evidencia física del fraude.

Por más conservadora que fuera, nada debió ser ajeno para Nilda Patricia, una mujer que había estudiado una carrera pro-

---

[2] https://www.elsoldemexico.com.mx/mexico/justicia/video-autopsia-luis-donaldo-colosio-muerte-asesinan-lomas-taurinas-mario-aburto-1994-pri-3014386.html (consultado el 1.º de junio de 2023).

fesional en el Instituto Politécnico Nacional (IPN). Y seguro que conoció el miedo a flor de piel porque desde entonces decidió no despegarse ni un minuto de su esposo; se convirtió en su sombra. Seguro conocía o intuía las implicaciones tan profundas de la violencia política del sexenio, además de los 92 927 homicidios, que se reportaron, sin contar la llamada cifra negra o crímenes no denunciados y que en el salinismo alcanzó rangos del 93 y 94 por ciento.

Aquella tarde del 23 de marzo de 1994, en el Hospital General de Tijuana, el equipo de campaña escondería por tres horas la muerte del candidato. Luis Donaldo Colosio Murrieta había muerto casi al instante de recibir el disparo en la cabeza porque la bala había destrozado la masa encefálica Y, de acuerdo con las evidencias médicas y los ríos de información que llegaron desde el primer minuto y en las décadas siguientes, esas tres horas habrán sido suficientes para que el equipo de campaña y el presidente Salinas manipularan el atentado, lo ensuciaran y lo oscurecieran hasta desviar la atención de un crimen de Estado.

¿Qué pasó en esas tres horas? Solo unos cuantos lo saben, pero tres horas son suficientes para cuadrar los hechos de un magnicidio a conveniencia. Lo único claro es que, hasta la fecha, no cuadra ninguna de las declaraciones y hay sólidos indicios de que Mario Aburto Martínez, único detenido, juzgado, condenado y encarcelado por la brutal ejecución podría no ser el verdadero asesino.

Entre junio y octubre de 2022, a propósito de una serie de entrevistas sobre su libro *Aburto, testimonios desde Almoloya, el infierno de hielo*, la periodista y escritora Laura Sánchez Ley deslizó con suavidad, pero con una dureza que asustó a muchos, la necesidad de ver el magnicidio de Colosio como un crimen de Estado.

A pregunta expresa de Elisa Alanís, conductora de Milenio Televisión, sobre la desclasificación de algunos documentos y si hay certeza de que se hizo justicia, Sánchez Ley precisó:

No hay nada, nada. Y parece que cada que se abre una hoja de un documento del expediente [...] sale debajo de la tierra cómo se conformaron las investigaciones, totalmente deficientes [...] pero, sobre todo, nos arrojan el papel que jugaron algunos políticos y no hubo ninguna consecuencia.

—¿Hay —pregunta Alanís— declaraciones que derriben la verdad histórica?

—Por lo menos, la transforman, porque es una verdad histórica conformada por cuatro fiscalías en siete años; definitivamente, debe haber algunos datos que son ciertos [...] pero, me llaman la atención cuatro grandes declaraciones que se mantuvieron en secreto [...] Carlos Salinas de Gortari, Manlio Fabio Beltrones [Rivera], Ernesto Zedillo y del personaje este... que han dibujado totalmente siniestro, [el francés] José María Córdoba Montoya. Y me llama la atención [...] Salinas, quien declara desde Irlanda [a donde se había autoexiliado después de la llegada de Zedillo a la presidencia] [...] Y cuando lo interroga la autoridad revela un dato que es trascendental [...] él no podía descartar el complot; es decir, a pesar de que encarceló a Mario Aburto, él mismo Carlos Salinas de Gortari habla de que no podía descartar el complot.

—Habla de complot... no del asesino solitario —observa Alanís.

—Habla de un complot —añade Sánchez Ley— [...] En el caso de las declaraciones de Manlio Fabio Beltrones [en esa época gobernador del estado de Sonora, que participó en el primer interrogatorio a Mario Aburto] para mí es una de las declaraciones que, yo digo, qué pasó, por qué no se investigó más esto. Él asegura que unos días antes del 23 de marzo del 94 se comunica con él el entonces procurador de Sonora, Wenceslao Cota [Montoya], y le dice que ha estado recibiendo algunas alertas [...] llamadas alertando sobre vulnerabilidades en la seguridad del candidato [y] confirma que sí estuvo en el primer interrogatorio [lo que siempre se había negado]. Y en el caso de Córdoba Montoya [jefe de la Oficina de la Presidencia] dice que se enteró entre los pasillos de que Colosio iba a hacer grandes cambios en su gabinete, que podrían afectar a gente muy importante […] lo que pinta el panorama político que había. Y Zedillo da un dato que podría ser trascendental […] Y es que él escribe ese discurso de veo a un México con hambre […] que había hecho enfadar a las cúpulas del PRI […] Parece que todo el mundo sabía… que todo mundo tenía algo en el entramado antes del 23 de marzo de 1994.

Aquel discurso: «Yo veo un México con hambre y con sed de justicia. Un México de gente agraviada […] por las distorsiones que imponen a la ley quienes deberían de servirla. De mujeres y hombres afligidos por abuso de las autoridades o por la arrogancia de las oficinas gubernamentales», lo pronunció Colosio en el marco del LXV Aniversario del PRI el 6 de marzo de 1994.

De acuerdo con quienes intentan verlo como parte de un renovado y reinventado Colosio, el discurso representó la clave de la escisión entre el candidato y el gobierno, entre el candidato y el PRI. Pero nunca se sabrá si Zedillo realmente lo escribió porque el gobierno zedillista fue un atentado que dinamitó a las clases sociales más necesitadas, pues favoreció y premió a los que más tenían. Por eso parece una mentira que Zedillo lo hubiera concebido. De Colosio, pudo ser, pero será siempre una duda enorme.[3]

Con esas pinceladas que recoge en documentos oficiales desclasificados de un caso que ha seguido por años, Laura Sánchez Ley delinea, sin decirlo textualmente, pero lo hace con fuerza, la tesis del asesinato de Estado. Va desnudando a un

---

[3] Como presidente del PRI del 8 de abril de 1992 al 8 de noviembre de 1993, Luis Donaldo Colosio Murrieta propuso una democratización interna priista para elegir de una manera menos vertical a sus candidatos, pero sus reformas terminaron en el cesto de la basura salinista. Y siguió al pie de la letra el Programa Solidaridad, el lado populista del proyecto tecnócrata y neoliberal de Salinas.

sistema de procuración de justicia podrido de raíz y a una clase política priista que maquina y trama conspiraciones, una cúpula de gobierno enferma de poder. Y concluye en otras entrevistas: «Cuando tú te pones a analizar el caso te das cuenta de que, tal vez, la versión de Aburto no está tan errada, que no es la versión de un loco como siempre se le llamó, sino que podría perfectamente ser un crimen de Estado».[4]

El 8 de abril de 2021 le dijo al periódico digital *Infobae* que en expedientes desclasificados [...] encontró una carta escrita por Aburto al juez Alejandro Sosa: «Dice que cuando estuvo detenido fue sacado de las oficinas de la PGR en [...] Tijuana, se lo llevaron envuelto en un colchón a un lugar donde escucha las olas del mar y ahí se acercó un agente y le dijo que tenía al teléfono al presidente Carlos Salinas de Gortari, quien podía [...] apoyarlo, siempre y cuando dijera que pertenecía [a] un partido político».[5]

Aquella tarde, quizá una de las más turbulentas en la historia de la consolidación de la llamada economía del neoliberalismo mexicano, tres horas ocultaron el equipo de campaña y el presidente Salinas la muerte de Colosio. Esas tres horas habrían sido suficientes para que, en la oscuridad de los entramados mafiosos del salinismo, se pusiera en marcha una operación que tendría como eje implantar la narrativa del asesino solitario e intentar crear un consenso que hasta hoy no existe.

Para millones, el asesinato de Colosio representó una especie de angustia social y de violencia política desenfrenada. Para Nilda Patricia, que no habló una palabra, pero con su actitud lo transmitía, simbolizó el miedo de que su esposo se convirtiera en otro blanco de los homicidas políticos. Según puede despren-

---

4 https://www.youtube.com/watch?v=v8bQJZQ8b2E (consultado el 1.º de junio de 2023).

5 https://www.infobae.com/america/mexico/2021/04/09/desenmascarar-a-los-verdaderos-culpables-el-pedido-de-mario-aburto-sobre-el-caso-colosio/ (consultado el 1.º de junio de 2023).

derse, no quería ver a su esposo como una estadística más. Pero Colosio había sido uno de los personajes clave para negociar el fraude de 1988 que terminó con la imposición de Salinas y el ascenso del PAN al verdadero poder. Como lo advirtió en una ocasión el periodista Álvaro Delgado, Colosio tenía la misión de dar continuidad al proyecto salinista y jamás levantó la mano por el asesinato de más de 500 perredistas.

Parada, pues, sobre un volcán político de apellidos que suscitaban odios y temores, y con las tentaciones vivas de Salinas de prolongar su poder, Nilda Patricia aguardaba.

\*

Finalmente, el 29 de marzo de 1994 el presidente Salinas designó a Ernesto Zedillo Ponce de León como sucesor de Colosio y, por tanto, candidato presidencial del PRI. A partir de ese momento, dicen que Nilda Patricia despertaba agitada y con el cuerpo empapado de sudor. Después, se quedaba en silencio, sin hacer comentarios. Así vivió las semanas, los meses y, finalmente, los seis años de gobierno, cuyo término representó un alivio, aunque desde principios de 1996[6] se hizo público que Carlos Salinas de Gortari y su nueva esposa, después de pasar por Cuba, Canadá y Estados Unidos, se encontraban autoexiliados en Dublín, la capital de Irlanda. En noviembre de ese año también se dio a conocer que durante 12 horas el exmandatario había respondido a un cuestionario de 300 preguntas sobre el magnicidio de Colosio.

Nadie se atrevía a conjeturar abiertamente sobre otro magnicidio, pero el de Colosio estuvo presente por años. Y con Carlos

---

[6] Desde marzo de 1995, el paradero de Carlos Salinas de Gortari era un misterio. Aquel mes desapareció en un avión privado, con rumbo desconocido, después de que la Policía Federal arrestó a su hermano Raúl bajo las acusaciones de enriquecimiento ilícito y conspiración para asesinar a su cuñado José Francisco Ruiz Massieu.

Salinas en libertad sin paradero conocido, mucho poder y persistentes rumores sobre una eventual renuncia de Zedillo a la presidencia, Nilda Patricia no tuvo tiempo de saber lo que era el poder de la primera dama. Ni siquiera intentó continuar con el trabajo de su antecesora María Cecilia Yolanda Occelli González o Cecilia Occelli de Salinas; es decir, mantenerse activa en labores y tareas culturales. A esta última se le atribuye la creación, a través de financiamiento privado que se encargó personalmente de conseguir, del Papalote Museo del Niño y la del Voluntariado Cultural, para impulsar el conocimiento de la historia de México.

Cuando su esposo Carlos Salinas de Gortari fue nombrado titular de la Secretaría de Programación y Presupuesto (SPP), María Cecilia Yolanda trabajó al lado de Paloma Cordero Hurtado de la Madrid y esposas de otros secretarios de Estado en el Voluntariado Nacional, por lo que al llegar a Los Pinos estaba familiarizada con las labores de asistencia social que le tocaba encabezar desde el DIF y el Voluntariado.

Por su parte, María Cecilia Yolanda estableció o agregó nuevos programas, como los de Desarrollo Integral del Adolescente, Escuelas para Padres, «La salud comienza en casa» y Salud Reproductiva. Y puso especial cuidado en el programa de Cocinas populares comunitarias, que permitía alimentar, además de niños pequeños, a los adultos mayores y otras personas necesitadas. Después de los daños ocasionados por el huracán *Gilberto*, doña Cecilia presidió la asociación de ese mismo nombre, destinada a ayudar a las víctimas del hidrometeoro.

Si bien desde que llegaron a Los Pinos circularon rumores sobre infidelidades de Carlos Salinas, en 1993 estallaron todos los escándalos y se pusieron en la mesa de las discusiones el 1.º de enero de 1994, con el levantamiento en armas del Ejército Zapatista de Liberación Nacional (EZLN) en el estado de Chiapas.

Visto a la distancia, el trabajo más sobresaliente de María Cecilia Yolanda sería el de ocultar todos los crímenes de su esposo, pasando por el escandaloso fraude electoral de 1988 y tolerar los amoríos clandestinos de este, como lo habían hecho alagunas de sus antecesoras. Terminado el sexenio salinista, ella se iría al cesto del olvido porque Carlos Salinas decidió separarse de ella, divorciarse en 1995 y casarse con una mujer mucho más joven. Esto no estuvo a discusión.

Salinas se casó por segunda ocasión con la economista Ana Paula Virginia Gerard Rivero, secretaria técnica del gabinete de economía durante todo el gobierno salinista; en otras palabras, desde 1988 Carlos Salinas se alejaría de María Cecilia Yolanda y en la intrascendencia de esta, la dejaría para siempre.

Ana Paula estuvo siempre cuidada y arropada, lejos de miradas inquisidoras, pero sus apellidos brotarían en las páginas más oscuras del presidencialismo mexicano cuando se documentó que sus hermanos, Hipólito y Jerónimo Gerard Rivero, eran de los grandes beneficiarios de los gobiernos de Felipe Calderón Hinojosa y Enrique Peña Nieto. Fueron vinculados, como lo escribió el periodista Arnoldo Cuéllar Ornelas, a ventajosas concesiones y contratos de obra pública.

El sexenio de Salinas mostró su crudeza como era: una fábula maligna, un engaño autoritario mayor que ilustraba la arrogante simulación de los poderosos. Prometió el primer mundo, pero desmanteló el aparato estatal con la privatización de 390 empresas, entre ellas Teléfonos de México (Telmex). Además, la economía era un desastre con su respectivo aumento de precios, aumento en el desempleo, el campo sumido en el desastre, más de la mitad de los mexicanos en la pobreza, la industria ineficaz y poco competitiva, la represión y los asesinatos políticos de opositores se habían disparado, había agitación e intranquilidad social y, por si fuera poco, la relación del matrimonio estaba rota desde 1988, hasta que llegó al divorcio, terminado el sexenio.

Los Salinas Occelli habían sido una farsa de principio a fin: ella había permitido las infidelidades para guardar las apariencias y él se había convertido en un ilusionista de las tinieblas, un ser maligno y, como escribí en *Los depredadores,*[7] se iba la pareja en una interminable novela negra en la que los grupos de élite contaban dinero a montones a través de una legalizada desviación del poder, en la que el libre comercio sentaba las bases para desmantelar los sectores extractivo, alimentario, petroquímico, ambiental, educativo y de investigación, en beneficio de empresas trasnacionales y capital extranjero, lo que reflejaba a profundidad la devastación económica, política y cultural del país, mientras el número de familias multimillonarias pasaba de 1 a 24, por lo menos.

Apenas entregado el poder a Zedillo, los abogados de Salinas presentaron una demanda de divorcio y él salió huyendo a Cuba acompañado por su amor «secreto» e inconfesable en la presidencia: Ana Paula Gerard. Y allá, en la isla, formó una nueva familia, mientras María Cecilia Yolanda entraba en una nueva etapa reorganizando sus actividades privadas que en 2006 la llevarían a la presidencia del Consejo Save the Children México,[8] fundación internacional que atiende a niños huérfanos y desamparados.

Alicia Aguilar Castro en su libro *Primeras damas* escribió:

La señora Cecilia permaneció en México. [...] Poco a poco se descubrieron los excesos de la familia presidencial, sobre todo cuando fue encarcelado el «hermano incómodo» Raúl, acusado de instrumentar el asesinato de su excuñado José Francisco Ruiz

---

[7] Francisco Cruz Jiménez y Marco Antonio Durán, *Los depredadores*, México, Planeta, 2017.

[8] Save the Children México forma parte de la Alianza Internacional Save the Children, organización con representación en más de 124 países. Coordina y agrupa a 12 oficinas regionales; Sinaloa, Sonora, Zacatecas, Jalisco, Guanajuato, Querétaro, Estado de México, Distrito Federal, Guerrero, Oaxaca, Chiapas, Yucatán y Quintana Roo. Tomado de *Memoria del Quinto Encuentro Nacional Sobre Empoderamiento Femenino de 2010*, coord., por Carlos Mejía Reyes y Lilia Zavala Mejía, Universidad Autónoma del Estado de Hidalgo, 2010.

Massieu, quien tenía la posibilidad de ocupar un alto puesto en el gabinete de Zedillo y sacar a la luz los malos manejos de los hermanos Salinas. El malestar del pueblo por todo lo sucedido en el sexenio salinista se volcó en contra de la familia del exmandatario. Los Salinas eran mal vistos en casi todos los sitios públicos en los que se presentaban.

El expresidente fue juzgado y condenado por la opinión pública, que se sintió víctima de un gigantesco engaño. Salinas fue satirizado [una especie de catarsis y severa protesta política teatralizada] en máscaras que exageraban sus rasgos distintivos —calvicie, grandes orejas, sonrisa burlona— y que aparecían por todos lados. Los apodos del Innombrable (que le asestara Andrés Manuel López Obrador) y Chupacabras, asignado por la voz popular, cerraron categóricamente este sexenio.

El sexenio de Salinas había sido más y, con certeza, Nilda Patricia lo vislumbró en su verdadera magnitud con el magnicidio de Colosio porque rebasaba todos los límites; así, los pobres apilaron muertos, con inquietantes capítulos sobre aniquilamiento de opositores, mentiras, inestabilidad, violencia política e injusticias, evidenciadas a través de asesinatos como el del cardenal Juan Jesús Posadas Ocampo el 24 de mayo de 1993.

Si el prelado cayó víctima del fuego cruzado entre narcotraficantes, eso nunca se probó porque los tentáculos del narcotráfico habían infiltrado al gobierno salinista. Y aunque intentaron quitarle todo tinte político, el asesinato del cardenal, tenía todo para serlo. Para el 12 de enero de 1994 había certeza de que existían unas 60 mil personas desplazadas por los conflictos con el EZLN, cuyo subcomandante Marcos le había dado al movimiento presencia internacional desde la selva Lacandona.

Luego, el 28 de septiembre de 1994 sería ejecutado a plena luz del día, el diputado federal electo José Francisco Ruiz Massieu, cuando salía de un encuentro con 180 diputados de su partido, el PRI, a unas cuadras del Monumento a la Revolución de la Ciudad de México, y se haría pública la desaparición del diputado federal Manuel Muñoz Rocha. Haciéndole cuentas al régimen, como víctimas de muerte por ejecución habían caído dirigentes sociales y líderes campesinos y magisteriales y habían sido aniquilados 46 periodistas. Eso quebraría el ánimo y la vida colectiva de los mexicanos.

Nilda Patricia Velasco Núñez de Zedillo nunca quiso ser primera dama, pero, quizá, temeroso de que se soltaran todavía más los demonios de la violencia política, su esposo tampoco la dejó. Literalmente, la encerró a piedra y lodo antes de llegar a Los Pinos el 1.º de diciembre de 1994: ordenó al Estado Mayor Presidencial que colocara una gran puerta verde de hierro fundido por donde solo entraría y saldría él. Entrando o saliendo, el conjunto quedaba sellado. Y en sus oficinas, en la Casa Lázaro Cárdenas del Río, pidió que se colocaran tres teléfonos, cada uno con su línea respectiva, a prueba de espionaje.

Encerrada de esa forma, Nilda Patricia relegó todas sus funciones de primera dama, con lo cual dejó sin asistencia social y en total desamparo a la niñez. Solo le interesaba la tranquilidad de su familia, así que guardó silencio a pesar de que conocía la realidad de la violencia política del país, entendió lo que Zedillo quiso decir cuando pidió instalar la gran puerta verde para sellar y hacer inaccesible la Casa de los presidentes.

El parto de la candidatura presidencial de Zedillo fue de alto riesgo después de una prolongada historia cruenta de gusto por los demonios de la intriga, ajustes de cuentas y una sucesión de muertes y asesinatos de la más profunda oscuridad y de pesadillas recurrentes. Libre, a salto de mata, Salinas ya no tenía nada que perder y eso daba más miedo.

Los crímenes del cardenal Posadas —calificado como un crimen de Estado urdido desde las entrañas más oscuras del poder—, de Colosio y de Ruiz Massieu escribirían una de las páginas más sangrientas y grotescas de México, y en ellas se anclaría Nilda Patricia hasta que en 2000 pasó lo impensable: el candidato presidencial del PRI, Francisco Labastida Ochoa, perdió.

Sobre él y Cuauhtémoc Cárdenas Solórzano pasó como avalancha Vicente Fox Quesada, del Partido Acción Nacional (PAN), acompañado por una mujer que aparecía como un misterio: Marta Sahagún Jiménez, a quienes llamarían la horrenda parejita presidencial.

# 8
# MARTA SAHAGÚN,
# LA COGOBERNANTE, LA INTOCABLE

Nombre: **Marta María Sahagún Jiménez**

Nacimiento: **10 de abril de 1953, Zamora, Michoacán**

Esposo: **Vicente Fox Quesada (1942)**

Periodo como primera dama: **2000-2006**

Blanca, menudita, católica, devota de Santa Teresa de Jesús, puntual, cínica y trabajadora. Mujer que simbolizaba la improvisación descarnada en la política nacional, con habilidades de liderazgo, pero con reseñas generosas en las crónicas de sociales, soñaba con dejar huella, darle color y armonía a la vida de su nueva ciudad y cuya personalidad abría puertas. Marta Sahagún era el prototipo de cada mujer en la conservadora sociedad de Zamora y estaba decidida a ser más que una acompañante del presidente en los actos protocolarios.

Después de tres antecesoras grises y apagadas, Martita, diminutivo peyorativo de su nombre, llegó como huracán sembrando interrogantes, cuestionamientos y semillas de ambiciones políticas desmesuradas para buscar la presidencia en 2006. Ella fue la primera que vio posible el brinco de primera dama a presidenta de México.

Su activismo político fue delirante: prensa escrita, radio, televisión, libros a modo, entrevistas rosas, tertulias, foros, revistas del corazón, coloquios y conferencias, para colocarse en la antesala del poder.

Empeñada en ir más allá de los actos protocolarios, Martita llevaría a Los Pinos, como titular de la Coordinación de Comunicación Social primero y, luego, primera dama en el papel de copresidenta, una estela de excentricidades, negocios oscuros, derroche y el poder a través del ocultismo, la hechicería y la filosofía oriental de fluir, meditar y trascender, y entender la relación entre los seres humanos, la mente y la naturaleza, que atrapó la imaginación de una parte de la prensa, hasta desviar la atención para mantener la entrega de la riqueza de la nación a grandes grupos empresariales, nacionales y extranjeros, como se había hecho desde el sexenio de Carlos Salinas de Gortari, así como darle continuidad y reforzar el sistema neoliberal impuesto por el PRI, pero ahora bajo la camisa azul del PAN, gobernar para los grandes medios tradicionales de comunicación masiva y enriquecer a la familia propia. Se haría del poder a través de los embrujos del amor.

Allí, en esa fortaleza clave de la «sofisticación» de las élites del PRI, y a partir del 1.° de diciembre de 2000 de las del PAN también y símbolo del presidencialismo mexicano, un presidencialismo frívolo, omnipotente e infalible, las palabras «hechicería, chamanismo, amarres, encantamientos y el atrévete a ser grande» serían referencias en el folclore político que se le irían achacando a Martita y desplazarían las ocurrencias del florido, vulgar y anárquico lenguaje de Vicente Fox Quesada, que no era cosa menor porque si bien era un ranchero, terco, desordenado y rústico, era muy carismático.

En sus dislates y aislado de la realidad, Fox navegaba con el compromiso de meter a la cárcel a los corruptos, «trabajar un chingo y ser poco pendejo», hacer «menos pendejadas» que todos sus antecesores, echar de Los Pinos, después de 71 años ininterrumpidos, a un PRI infestado de «alacranes, alimañas, sanguijuelas, tepocatas, víboras prietas», y otros bichos que profiriera[1] en la campaña presidencial de 2000. Sin embargo, su

---

[1] Vicente Fox Quesada hacía alusión a los priistas y a su desbocada e histórica corrupción. Hoy, muchos son los mismos; los priistas siguen allí, enquistados en la «no-

lengua de fuego terminaría condenándolo al fracaso con todas las supercherías de Martita y llevándose al país al carajo.

Fue condenado y pasó a la historia como un presidente que, a escondidas, había puesto en marcha un sistema de condonaciones fiscales para favorecer a las mayores empresas, castigar a los trabajadores y promover una reforma fiscal que contemplaba gravar con el IVA el consumo de alimentos, colegiaturas de escuelas privadas, libros, revistas y medicamentos que, finalmente, terminó por naufragar en el Congreso de la Unión.

Martita y Fox fueron un resumen de incongruencias, contradicciones y desastres, estuvieron sumados a escándalos de corrupción desde el primer día y dejaron huellas imborrables, como cuando bochornosamente el presidente admitió la superioridad del Vaticano, al besarle el anillo pastoral o sortija del pescador, reverencia incluida frente a las cámaras de televisión, al papa Juan Pablo II, enfermo ya y anciano, pero símbolo del poder máximo de la Iglesia católica y vicario de Cristo, lo mismo que haría aquella última semana de julio de 2002, arrodillada, sumisa y solemne, en un impecable vestido negro de alta costura, Marta María Sahagún de Fox, porque para ese momento estaban casados por lo civil.

En las siguientes horas, antes de la partida de Juan Pablo, la jerarquía de la Iglesia católica le haría sentir a Marta María lo que pensaba de su relación matrimonial irregular con Fox: la ignoró. Ni por cortesía diplomática registraría su asistencia a un encuentro del presidente Fox con el papa en la sede de la Nunciatura en la Ciudad de México. Quizá por designios divinos, la Iglesia redujo en ese momento el papel de Martita a una empleada de Fox en la residencia presidencial, aunque ya estaban casados por lo civil.

---

bleza» del PRI. Y sobre ellos pesan las mismas documentadas acusaciones de corrupción y desvío de recursos, revestidas de impunidad. Y a ellos se han sumado la «aristocracia» de los partidos Acción Nacional (PAN) y de la Revolución Democrática (PRD).

Antes, el 18 de octubre de 2001, en una visita oficial al Vaticano, el papa se había negado a recibir a Fox acompañado por Marta María. Como lo consignaron algunas crónicas, el único recuerdo que tendría la pareja presidencial mexicana de aquel viaje sería un beso justo con la Plaza de San Pedro como fondo.

Después de cruzar el 1.º de diciembre de 2000 por la puerta verde de hierro fundido de la residencia oficial de Los Pinos, que en su momento ordenó colocar el presidente Zedillo y por la que solo podía hacerlo el presidente, Marta María y su novio, amante de noches furtivas, amor clandestino, concubino y jefe Vicente Fox Quesada, ranchero de imagen, pendenciero, frívolo, impresiona tontos —al que en un país harto de la corrupción del PRI dio resultado hacer campaña a través de la belicosidad de las palabras, calzando pintorescas botas vaqueras de piel y sombrero también vaquero— de ideas limitadas y primitivas, pero con apoyo de grupos de la ultraderecha, del PAN y del neopanismo, parecía haber llegado una nueva corte imperial al Palacio de Buckingham.

*

En Los Pinos siempre han existido derroches y despilfarros menos visibles y nada útiles, símbolos de la abundancia presidencialista a la mexicana. Por ejemplo, para satisfacer los deseos o caprichos de su esposa Nilda Patricia, Ernesto Zedillo había hecho contratar, a cargo de los gastos presidenciales, al francés Frédéric Lejars,[2] chef de alta cocina y, difundían en Los Pinos, prestigioso integrante de Le Club Chefs des Chefs (CCC), la cofradía culinaria más exclusiva del mundo que agrupaba en

---

[2] «Pasé todo el sexenio con él. Ser chef del presidente para mí fue un honor, siendo francés, ser el chef de un presidente mexicano… el primer chef oficial de un presidente, es un gran honor. Nunca esperaba eso, me tocó». Tomado de https://www.liderempresarial. com/frederic-lejars-reinventando-y-reinterpretando-la-cocina-zacatecana/.

ese momento a menos de 30 responsables gastronómicos personales de presidentes, jefes de Estado y de Gobierno, príncipes y reyes.

Ellos son los cocineros del poder. Los llaman artífices de la *gastrodiplomacia* o los verdaderos defensores de la gastronomía; una u otra, la época de esplendor de Lejars en la residencia oficial mexicana terminó en 2002, cuando Marta Sahagún de Fox metió mano en la cocina para hacerle patente al chef que él era un cocinero, nada más, y para ordenar enchiladas potosinas y crepas de huitlacoche para servirse en una cena oficial con el primer ministro checo Miloš Zeman y la esposa de este, Ivana Zemanová.

Francés reputado que había recibido en México a la cúpula de la triple CCC, Lejars se opuso a las pretensiones y órdenes de Martita, bajo el argumento sólido de que los dignatarios europeos orientales consideraban al maíz y al huitlacoche alimento para animales. Ya primera dama, y con todo el poder en la mano, ella mantuvo su orden cercana a un capricho para hacerle entender al chef quién era la jefa y, por lo tanto, quién mandaba y quién obedecía. Finalmente, ni el primer ministro checo ni su esposa probaron aquellos suculentos platillos de la gastronomía mexicana. Los platos se levantaron como fueron servidos.

Fue la gota que derramó el vaso. En octubre de 2003, sin revelar tantos detalles por el poder pleno de Martita y su influencia clara en Fox, Lejars contó que antes de aquel altercado, en abril de 2001, recién iniciado el foxismo, lo había citado el coronel César Augusto Bonilla, alto oficial del Estado Mayor Presidencial, para una entrevista en el Campo Marte; advertido sobre los cambios en la residencia presidencial. Más adelante, el chef sostuvo un encuentro privado con Martita, del que, dijo, salió temblando.

Después de la renuncia de Lejars, la nueva primera dama autorizó la contratación de José Bossuet Martínez, entonces un joven chef chiapaneco, o *Chef Bossuet*, gastrónomo egresado de la Universidad del Claustro de Sor Juana y parte de la élite de la gastronomía mundial desde que en 1996 se hizo acreedor a una doble medalla de oro en las Olimpiadas de Exhibición del Arte Culinario, Berlín 1996. A pesar de ello, sin ninguna explicación, en 2003 renunció a su puesto como chef ejecutivo de Los Pinos.

Años después, en agosto de 2017, en una entrevista con Gabriela Rivera para la revista digital *El Andén*, Bossuet haría una reflexión sin precisar a quién se refería, pero algunos pensaron de inmediato en Martita: «En alguna ocasión hubo una equivocación muy seria respecto a la elección del menú, no puedes servir a una persona que viene de Europa del Este platillos a base de maíz, hoy tal vez prueben algo porque ya existe una difusión más clara de lo que es la cocina mexicana [...] El hecho de que ofrezcas una recepción en la cual no comes nada cuando te sientas, te predispone a no negociar, así que si traías alguna propuesta, dices ¿si me están dando esto que ni conozco ni me gusta, qué va a pasar el resto de los días? Sin duda cambia el ánimo en delegaciones enteras».[3]

Apenas salió Bossuet, Martita autorizó la contratación del francés Yann Gallon, chef particular del expresidente francés Jacques Chirac, cuando este se encontraba en periodos vacacionales, y en 2003 era chef ejecutivo del Estado Mayor Presidencial y, después, también de la residencia presidencial para atender los gustos gastronómicos de Fox: cochinita pibil, chiles toreados, huachinango a la veracruzana, arrachera, gusanos de maguey, tostadas de cueritos, frijoles y tortillas hechas a mano.

*

---

[3] https://elanden.mx/item-Los-politicos-mexicanos-con-como-tamales-Chef-Bossuet201730824 (consultado el 1.º de junio de 2023).

Suave de formas, sonriente, dulce, con un gesto amable, etéreo, describían periodistas en Guanajuato a la primera dama, figura menuda, chaparrita y una voz aguda distorsionada. Pensando quizá que en el amor se vale de todo y lo perdona todo o que el amor por el poder es al mismo tiempo pasión, protagonismo y obsesión, por cursi que parezca. Martita no se ocultó y nunca manejó un perfil bajo desde su llegada a Los Pinos, a pesar de los comentarios machistas y misóginos de Vicente.

Tampoco ocultó su obsesiva-compulsiva inclinación por el dinero sin límites ni limitaciones y por mantener un férreo control sobre Vicente Fox, ahuyentando a todo lo que pareciera competencia, hasta que terminó casándose con él por lo civil en junio de 2001 y, más adelante, por la Iglesia, para no vivir en pecado y sin la protección de Dios. La boda civil, como quiera, le abrió las puertas a un mundo vedado, los círculos del poder que hasta antes de la boda le eran inaccesibles. Su poder quedaba encerrado en los muros de Los Pinos porque, aun sin boda, quienes se atrevieron a enfrentarla abiertamente quedaron fuera de los aprecios y los favores de Fox, el presidente.

Aunque veladamente ya lo hacía, el enlace matrimonial casi en secreto, le permitió intervenir más en todo y aparecer con mayor frecuencia en los medios; también encarnaba las prácticas sexuales malsanas. Y resolvía todo lo que el presidente no podía, aunque, casi al mismo tiempo, empezó a encarnar las prácticas políticas malsanas en las tareas de gobierno internas y diplomáticas, y se hizo imposible tener acceso directo al presidente.

Los escándalos la perseguirían por más de tres lustros: en mayo de 2023, José Antonio Ordoñez, especialista en energía y cambio climático, académico del Tecnológico de Monterrey, recordó que los hijos de Marta María eran responsables de un fraude superior a 3 000 millones de pesos (mdp). «Hay, advirtió, una familia de un expresidente que con su compañía se llevó todo ese dinero y no hizo nada sino contaminar comunidades, acuíferos y el océano y cobró 3 576 mdp en tres años, entre 2011 y 2014».[4]

Las sospechas y acusaciones contra Marta María y sus hijos caían en cascada. En octubre de 2012, cuatro años después de permanecer prófugo de la justicia de Estados Unidos y en la clandestinidad, Manuel Bribiesca Sahagún, hijo mayor de la excopresidenta, se declaró culpable de encubrimiento de un delito grave, que tomó forma en fraude, en la Corte del Distrito Sur de California, contra la empresa estadounidense Mexico Gas, de la que él se ostentó como representante, presidente y propietario, para estafar a la firma North Star Gas, de Grupo D'Amiano, a la que le revendió gas LP a sobreprecio.

Y poco a poco saldría a la luz pública que Fox toleraba que Marta Sahagún y sus hijastros traficaran influencias durante su sexenio, como en su momento lo hizo el presidente Adolfo Ruiz Cortines, con los hijos de su esposa María de los Dolores Izaguirre Castañares o como habían tolerado con sus hermanos los presidentes Adolfo López Mateos y Carlos Salinas de Gortari.

Ya el matrimonio civil había mostrado el rostro real de Marta María y Vicente cuando este se calificó a sí mismo y a ella como la pareja presidencial. En otras palabras, Martita había llegado a Los Pinos en calidad de copresidenta y desde el 1.º de diciembre de 2000 se ejercía una presidencia bicéfala. «Somos —señaló en forma contundente y por más brutal o despropósito político que pareciera— una pareja que trabajamos por México; somos una pareja que queremos ver al país unido. Somos una pareja presidencial».

Y ella ejerció el poder porque, como se dijo entonces, alguien tenía que hacerlo. Fox no solo se restó legitimidad y legalidad con aquella declaración, sino que políticamente se anuló,

[4] https://laoctava.com/nacional/2020/05/22/entrevista-hijos-de-marta-sahagun-cometieron-fraude-por-3-mil-576-mdp-ordonez (consultado el 1.º de junio de 2023).

y Marta María abrió su juego en una mesa de naipes o una muy adelantada partida de dominó, aconsejada por personajes como la entonces poderosa maestra Elba Esther Gordillo Morales, lideresa moral vitalicia del Sindicato Nacional de Trabajadores de la Educación (SNTE), la mayor organización gremial de América Latina. Y algunos analistas alertaron en su momento: el problema principal que Marta Sahagún generó para México es que actuaba como si fuera la señora presidenta cuando solo era la señora Sahagún. En realidad, era la copresidenta.

Anulado el copresidente Fox desde el primer día de su sexenio, la nueva inquilina de Los Pinos, Marta María Sahagún Jiménez, encontró pronto apoyos inesperados, como el reclutamiento de un ambicioso exagente y alto mando del Centro de Inteligencia y Seguridad Nacional (Cisen), que conocía los secretos más oscuros de cada uno de los personajes políticos del PRI y el PAN.

Capacitado en tareas de inteligencia y contrainteligencia en el gobierno de Carlos Salinas, especializado en el combate al secuestro en el de Ernesto Zedillo, quien en 12 años también se había preparado en tareas de espionaje político y que en la campaña de 2000 preparaba un proyecto de contención y control de los cárteles del narcotráfico para Francisco Labastida Ochoa, candidato presidencial del PRI. Aquel nuevo recluta del equipo de Marta María, un ingeniero mecánico de nombre Genaro García Luna, le permitió a esta doblegar a políticos tramposos, salvajes, duros, mañosos y temidos que controlaban al priismo: Emilio Gamboa Patrón, coordinador de la bancada en el Senado; Manlio Fabio Beltrones Rivera, coordinador de diputados federales, y el tabasqueño Roberto Madrazo Pintado, gobernador de Tabasco y fallido precandidato presidencial en 2000.

Anulado el presidente, quien se reveló como un político sin visión de país, sin ideas y sin mando, y la otra, Marta María, llena de ambiciones obscenas por el poder, sembrando para, llegado el momento, lanzar su candidatura presidencial por el PAN en 2006, el PRI pudo reconstruirse desde 19 gubernaturas, el sindicalismo corporativo priista y aquellos tres personajes: Gamboa, exsecretario particular del presidente De la Madrid, exdirector general del IMSS y exsecretario de Comunicaciones y Transportes, entre otros ex y socio de empresarios pederastas; Manlio Fabio, exgobernador de Sonora y exsenador, policía político, considerado uno de los mayores espías del país, hasta antes de develarse la historia oscura de García Luna, y Madrazo, quien, después de la derrota del PRI en 2000, se encaminaba con paso firme a la presidencia nacional del PRI, desde donde, en 2006, lanzaría su candidatura presidencial.

Ni las formas, ni la voz, ni su figura que parecía engañosamente frágil ocultaron tampoco que Marta María era una mujer temeraria, de ambiciones largas, desmedidas. Apenas se acomodó en los sillones olorosos a poder de Los Pinos, ella sería la voz poderosa en el complejo esquema de las grandes conspiraciones políticas y escandalosas traiciones; estaría por arriba de los secretarios de Estado del foxismo y de aquellos personajes del llamado gabinete alterno del presidente, amigos que le construyeron cuidadosamente, con Marta María, el ascenso a la presidencia a Vicente Fox.

Oculta en el camuflaje de que la alternancia partidista en la presidencia era un paso firme en la consolidación de la democracia mexicana y acomodados sus espacios políticos y los de Fox en la derecha radical, Martita parecía un desafío abierto para un avasallante país de machos y, en especial, para un partido conservador al que, después de los comicios presidenciales de 1988, engullían las aguas turbias de la escandalosa corrupción del PRI.

La llegada de Marta María a Los Pinos apareció como una esperanza; por eso hubo quienes se atrevieron a vislumbrar que sería un referente para la liberación de la mujer. Su referencia quedó en grupos de mujeres poderosas, turbias y manipuladoras, quienes la animaban a buscar la candidatura presidencial. Negociaba personalmente con quien pudiera negociar.

Roberto Madrazo le contaría a Manuel S. Garrido para su libro de 2007 *La Traición*:[5]

> Frente a Marta Sahagún, con el poder que tenía en el gobierno, con las relaciones, lo que le debían los medios de comunicación, con el decreto famoso que le dio todo a Televisa, lo que le debían muchos empresarios por favores que recibieron a través de ella [...] No hablo de ilícitos, porque no me consta. Simplemente ejerció el poder. Jugó, y entonces yo la veía como una carta fuerte para jugar [...] Pero ella ejerció el poder por una razón, porque no se puede dejar de ejercer, y en su caso, alguien tenía que ejercer en la residencia de Los Pinos, y era ella.

Con Marta y Vicente se cumplían algunos de los conceptos de que la extrema derecha es un espacio político complejo que no se define únicamente por el lugar que se ocupa en el eje ideológico, sino también por una serie de rasgos y características como las creencias y la estructura de pensamiento. Y así la fueron temiendo unos; otras la fueron endiosando. Y unos cuantos la exhibieron, desenmascararon y mostraron, en forma descarnada, y concluyeron que la alternancia eran un engaño.

Jamás sepultaron el pasado. Y en sus tramposos enredos amorosos se dejaron tragar por ese pasado en el que imperaban la deshonestidad política y la corrupción, como si nunca se hubiera ido el PRI, ni los más negros de los priistas: López Portillo, De la Madrid, Salinas y Zedillo. La pretensión de los personajes y su guion estaba, a la par del poder de la casa presidencial. Por

---

[5] *La traición* reúne las conversaciones de Roberto Madrazo con Manuel S. Garrido Valenzuela. Y trata, entre otros temas, las circunstancias políticas de los comicios de 2006: el desafuero de Andrés Manuel López Obrador, el protagonismo de Elba Esther Gordillo Morales y el apoyo de Vicente Fox y Marta Sahagún a Felipe Calderón como candidato presidencial.

eso, quizá, desde el primer día le alborotaban a Marta María los poros y las ganas de mandar. Y si bien los chismes corrieron de todos los calibres, ella se convirtió en la sombra de Fox, princesa de un cuento de hadas de Celaya o Zamora, una política de extrema derecha muy dura, cercana colaboradora, la más cercana a Fox, aventurera, amante, funcionaria y novia de claroscuros. Resistió hasta hacerse imprescindible, omnipresente e inconmensurable y hasta echar a andar un mundo de intrigas y conspiraciones que la llegaron a convencer de que México estaba listo para tener una mujer presidenta y de que ella era la elegida. Y a lo mejor, el país sí estaba preparado desde entonces, pero ella nunca lo sería.

Hay quienes esgrimen que, desde el primer paso con el que cruzó la puerta de entrada, Marta María no habitó en Los Pinos, Los Pinos la habitaron a ella con todos los demonios de las mujeres de poder real, sus antecesoras que habían habitado esa mansión: Eva Sámano de López Mateos y María Esther Zuno de Echeverría. Y aquellas de la aristocracia que controlaron la vida social del país: Soledad Orozco de Ávila Camacho y Beatriz Velasco de Alemán, conservadoras y ambiciosas como ella. La primera, casi presidenta de la liga de la decencia. Y, por su puesto, María Izaguirre de Ruiz Cortines, quien tuvo la fuerza para romper con Soledad y Beatriz.

Por eso, al cruzar los amplios jardines y admirar las murallas impenetrables de esa mansión, prohibida para la gran mayoría de los mexicanos y en la que viviría una relación clandestina con el presidente, Marta María caminaba convencida de que sería ella: debía ser presidenta después de Vicente Fox. El país, se lo decían sus hechiceros, estaba preparado para que lo gobernara por primera vez una mujer desde que se independizó del yugo español.

\*

Episodios sobre el poder de Marta María desde antes de llegar a Los Pinos los había, y el mismo Fox los evidenciaba. Después de todo, ella fue la primera persona que lo apoyó y se la jugó con él cuando en la gubernatura de Guanajuato, de la que Vicente había tomado posesión el 25 de junio de 1995, le confesó casi de inmediato sus deseos de buscar la candidatura presidencial del PAN para el año 2000. Luego se sabría que, para no faltar a la verdad, arrebatada y voluntariosa como era, ella le había metido a Fox a la cabeza la idea disruptiva de la candidatura presidencial por el PAN. Y ella tenía sus formas frente a un hombre con tendencias a tener periodos de depresión.

En 1994, durante su campaña por la presidencia municipal de Celaya, a donde había llegado muy joven procedente de Zamora, como se contó en páginas anteriores, Marta María había descubierto fisuras del PRI a partir de las negociaciones de Carlos Salinas de Gortari con personajes panistas reconocidos como Luis Héctor Álvarez y Diego Fernández de Cevallos para validar el llamado fraude patriótico de las elecciones presidenciales de 1988.

Ganar la presidencia municipal celayense con el PAN le habría significado poder político y económico local de gran relevancia, pero le ganó el candidato del PRI. La muy conservadora sociedad de su pueblo adoptivo la había arropado en la campaña como una novedad, pero en las urnas le dio la espalda. Su mismo partido la había abandonado. Marta se recuperó pronto porque la derrota la había empujado a su destino: Vicente Fox Quesada, quien aquel año andaba en campaña por la gubernatura de Guanajuato, un proceso extraordinario que culminaría con las elecciones de 1995.

En aquel proceso, Marta María perdió la ingenuidad, pero le sirvió para construirse una reputación y escudriñar al priismo y a los acontecimientos, y estudiar el tema de las fisuras del PRI. Pronto vislumbró que la debilidad de los priistas estaba muy marcada en los núcleos urbanos y en algunas urbes, a donde la mercadotecnia y el lenguaje de Fox harían el resto. Por el hartazgo y la corrupción, Fox también podía ser un buen candidato para la Iglesia católica y, más adelante, convencerían a grandes empresarios, a dueños de las grandes fortunas y, desde luego, a los propietarios de los grandes medios. Ella encontraría las formas para seducirlos.

Así que Marta María controlaría los hilos del ascenso y las ambiciones políticas de Vicente Fox, cuya personalidad disparatada la había cautivado en 1991, la primera vez que tuvieron conocimiento uno de la otra, y la había conquistado definitivamente en 1994, cuando la invitó a sumarse a la campaña por la gubernatura que culminaría con las elecciones en 1995. Fox ganó y, para sorpresa de todo el equipo, la nombró vocera del gobierno estatal de Guanajuato y vocera personal.

Y allí empezó la aventura presidencial foxista. Hay quienes, como se dijo en párrafos anteriores, están convencidos de que la idea nació de él, pero también quienes sostienen que la idea surgió en alguno de los susurros de Marta María, una mujer de mecha corta, explosiva, de armas tomar y de nadie más. Y de que la obsesión nació después de conocer la vida y obra de Eva Perón, la misma esposa del general argentino Juan Domingo Perón. Pero a nadie engañaba en el mundo real ni engañaba en el de las apariencias.

Olga Wornat, periodista argentina, hizo el primer acercamiento crítico y duro a la pareja presidencial:

Marta María Sahagún manda en Los Pinos, es la oreja del presidente, la que opina sobre decisiones de Estado, la que conoce los secretos políticos, la que arremete con la Guía para Padres y se enfrenta con la Iglesia, con los medios de comunicación y con los educadores. La única que se anima y negocia con la cuestionada lideresa moral de los maestros, la rejuvenecida priista Elba Esther Gordillo. La que conocía los manejos de los Amigos de Fox y, sin embargo, quedó a salvo del desastre, la que marca con un lápiz

*La razón de mi vida*, el mítico libro de Eva Perón, y llora repitiendo las frases de la reina de los descamisados, la que desafía al Papa y a los mexicanos, y se arrodilla en su ilegalidad matrimonial eclesiástica y besa con unción el anillo, la que no dijo no, cuando frente a su marido le llamaron «señora presidenta», en la visita a Holanda, la que en el fondo de su corazón sueña con ser presidenta.

El engaño de Martita y Fox duró muy poco. Como lo escribí en *Los depredadores*, el engaño intelectual de Fox ciertamente duró poco o la máscara se cayó demasiado pronto. Ya lo advierte el dicho: «El zorro pierde el pelo, nunca las mañas». Antes y después de los comicios de 2000, Fox y sus amigos, Marta María por delante, «fueron dejando preguntas sin respuesta que hacían sospechar del candidato, primero, y luego del presidente, quien, como sus antecesores, fue hundiéndose en el abuso, la promesa falsa, el desvío de poder y el tráfico de influencias».

Los excesos pasaron la factura: la credibilidad de la familia presidencial fue siempre hacia abajo. Como se esparció por internet a través de blogs y columnas que dieron cabida a la lista completa de las compras caprichosas de la familia presidencial: Fox insulta a 50 millones de mexicanos que viven con menos de un dólar al día, al comprar, con recursos públicos […] trinchadores de 3 800 dólares cada uno y percheros de 1 200 dólares, por unidad.

Pero este sería el menor de los males del foxismo. El gobierno se dislocó.

Durante las primeras dos semanas de su mudanza a las cabañas de Los Pinos, sin incluir costes por remodelación que se sumaron por millones de pesos que no debían justificarse porque una buena parte salía de la llamada partida secreta que no estaba sujeta a ningún tipo de transparencia ni fiscalización, los de Marta María —que era la del control, la de la agenda y todo, hasta la que le hacía el nudo a la corbata de Vicente— destinaron dinero público para la compra de mobiliario de «primera» necesidad: almohadas y edredones, importados, de pluma de ganso, cómodas cubiertas de mármol, patos tallados en madera y cojines decorativos.

Maestro de varias generaciones de periodistas mexicanos, el extinto Julio Scherer mostraría a su manera, en 2005, en *La pareja*, las ambiciones desmedidas de Martita, más allá de la máscara de que una mujer que se ama a sí misma no puede darse el lujo de amar a cualquiera. Y desnudaría la ignorancia e incapacidad del presidente Fox.

No la retrataron de manera velada ni con efectos ópticos. Cada uno mostró el ascenso, la corrupción y la decadencia, antes de tener el poder absoluto del país, de Martita y de su Vicente. Duro como era, Scherer escribió:

La reunión con la señora Fox tuvo lugar a principios del año 2003, joven su matrimonio con el presidente de la República. Ya a esas alturas, el ejercicio de un poder que no le correspondía, la corrupción en la que se veía envuelta y la ausencia de autocrítica habían hecho de ella una mujer públicamente inescrupulosa. Lo quería todo: el dinero, la influencia, la fama, la belleza y de todo se ufanaba […] Brillaban sus ojos y había un ritmo en el movimiento de sus ojos y había un ritmo en los movimientos de su cuerpo flexible. La cara mostraba la rigidez provocada por la cirugía plástica. La estampa de la mujer me pareció dura, dominante, quizá altanera.

Pescados con las manos en la puerta, Marta María y Fox descubrieron con horror que la pareja presidencial pasaría a la historia como una más, similar a la frívola y corrupta de los López Portillo y Romano o a la de los excesos de los Salinas, lo que desde el principio le restó autoridad moral. Y entraron en pánico cuando descubrieron que ya los investigaban periodistas como la argentina Olga Wornat —quien aquel 2003 daría forma a *La jefa*, vida pública y privada de Marta Sahagún de Fox—. También los investigaban Daniel Lizárraga, quien más adelante, con el equipo de Aristegui Noticias, sería fundamental para documentar *La casa blanca de Peña Nieto*, pero también investigaban a la pareja de la alternancia Anabel Hernández y Arelí Quintero y José Reveles. Y en 2005, Wornat publicaría *Crónicas malditas, desde un México desolado*, que desataría la ira de Marta María, quien se sintió agraviada en su vida privada porque salieron a la luz pública sus alegatos enviados al Vaticano para solicitar el divorcio religioso de Manuel Bribiesca. Pero Wornat también mostraría los excesos de Marta María y Vicente.

Martita daría muestras de su carácter intolerante y su talante totalitario cuando hizo a Wornat víctima de su ira. Sería la periodista víctima de acoso, hostigamiento, censura y persecución, que tomarían forma en una demanda civil por daño moral —que incluyó a la revista *Proceso*—, aunque ni Marta Sahagún ni la presidencia se atrevieron a desmentir una sola línea de lo que publicó la periodista. Y metió a una parte de la prensa, políticos y analistas a un debate sobre el alcance del derecho a la libertad de expresión e información y el derecho a la vida privada.

Hasta entonces, como escribió Carlos Padilla Ríos en la revista *Zócalo*:

Ningún presidente de la República o su familia se atrevió en la historia reciente a demandar directamente a un periodista. En distintas épocas, de las oficinas de secretarios de Estado, procuradores generales o funcionarios estatales se han levantado demandas, pero hasta donde se recuerda ninguna ha salido de Los Pinos […] la demanda […] inaugura una etapa hostil contra un medio de comunicación, que no se recordaba desde el sexenio de José López Portillo, cuando (en 1982) el [ahora] expresidente acuñara la advertencia «no te pago para que me pegues», también contra [*Proceso*].

La realidad es que desde recién iniciado el sexenio de Fox y Marta María brotaron sospechas de una corrupción obscena que llevaba por delante nombres y apellidos de la pareja presidencial. Contrario a otros mandatarios, como fueron los casos de López Mateos y Salinas de Gortari, Fox no tenía hermanos incómodos, pero delante de su nombre y el de Martita siguieron los de los hijos de esta con Manuel Bribiesca y, por lo tanto, hijastros del presidente, a través del tráfico de influencias para obtener concesiones y contratos de gobierno. Los hijos de Marta María «empañaron» el sexenio de Fox por su inexplicable riqueza, que con el tiempo fue creciendo mediante negocios con sospechas de tráfico de influencias para obtener contratos de obras públicas. Y tal corrupción, excesos y abusos de los Bribiesca Sahagún y Marta María habían servido para dar forma a la *Crónicas malditas* de Olga Wornat.

Visto así, Marta María, sus hijos y Fox habían cruzado peligrosamente la delgada y casi invisible línea que divide la vida privada de la pública. La habían cruzado para hacer negocios personales y, en el caso de ella, también para, en su momento, apuntalar su candidatura presidencial. Bajo la lupa, cada uno de los periodistas —Scherer, Wornat, Hernández, Quintero, Lizárraga y Reveles— documentaban a su manera la otra cara oscura del foxismo y del PAN, así como el descarado e inmoral desvío de recursos públicos para abonar a cuentas personales o apuntalar campañas políticas de candidatos del PAN, pero que tenían un significado claro: un atraco multimillonario a los más pobres.

Parafraseando a Lorenzo Meyer, quien prologó el libro de Reveles, *Las manos sucias del PAN*, publicado en 2006: no solo se exponen los mecanismos del desvío, sino los nombres y apellidos de los posibles responsables de ese mal uso de fondos públicos, que incluía a Marta María, los hijastros de Fox y legisladores del PAN. Pero el desaseo y la sospecha venían de muy atrás. Por donde se le rascara, aun por encima, brotaba la descomposición. Fox no era lo que parecía. Era un priista más. Así, nunca habría vestigios del derrotado PRI. Este seguía intacto, vestido de azul. El gobierno del PAN bajo la copresidencia de Fox y Marta María había sido no solo una equivocación trágica, sino catastrófica, un crimen político y electoral porque la corrupción y la opacidad habían empezado al momento mismo que el gobierno de Zedillo les entregó al menos 24 millones de pesos para la transición, además de otros 64 que se recolectaron a través de Amigos de Fox, como documentó Lizárraga en *La corrupción azul*.

No se trataba solo de cuestiones morales, sino que, a través de una «ingeniosa campaña en la que la necedad se convirtió en un aliado de la mercadotecnia y en la que incluso pareció deleitarse y entusiasmar con tanta palabrería para ganar simpatías, al lado de su inseparable Martita, Fox terminó engañando a un país entero, lo que, en términos coloquiales, significó darle *atole con el dedo*».[6]

La realidad es que ninguna otra primera dama —ni siquiera aquellas que tuvieron tanto poder, como Eva Sámano, quien controlaba parte de la agenda del presidente Adolfo López Mateos, ni María Esther Zuno, esposa de Luis Echeverría— tuvo ese nivel de protagonismo ni se lanzó en una búsqueda frenética de la candidatura presidencial, aunque sí, todas se enriquecieron brutalmente aprovechando ese puesto no regulado de primera dama.

Con el tiempo, saldrían a la luz y yo expondría en *García Luna, el señor de la muerte* (2020), los acuerdos secretos y oscuros de Martita con Genaro García Luna, la llegada de este personaje al primer círculo del presidente Fox después de las

6 Francisco Cruz y Marco Durán, *Los depredadores, la historia oscura del presidencialismo en México*, México, Planeta, 2017.

elecciones de 2000 y su aceptación inmediata en la élite panista de la mano de la primera dama y copresidenta de la República.

Lo que Martita no alcanzaba a vislumbrar o se empeñó en ocultar fue que García Luna era más importante de lo que parecía porque era una especie de *brujo* mayor de la información, un espía que la había observado, seguido y clasificado, un iniciado que, por lo mismo, estaba en camino de convertirse, como director general de la Agencia Federal de Investigaciones (AFI), una especie de FBI a la mexicana creada para él en septiembre de 2001, en uno de los funcionarios imprescindibles en la familia Sahagún Jiménez y, luego, Sahagún de Fox. Sin García Luna y sus secretos, habría sido prácticamente imposible que Martita controlara a la élite panista.

No eran meras anécdotas ni testimonios indirectos, porque eso en poco o nada contribuiría para explicar y documentar el papel preponderante que jugaría Marta María en los seis años del foxismo y el impulso que tomaría su nombre como precandidata del PAN a la presidencia de la República para los comicios que se realizarían en 2006, impulsada veladamente por el mismo Fox, así como por un círculo de mujeres de poder: periodistas, lideresas sindicales y las llamadas intelectuales ilustradas.

Martita se había propuesto demostrar que no era ni sería un personaje político de adorno, y menos una acompañante «florero» del presidente. En su historia y la historia de su ascenso al poder, no había nada que desdeñar; ella misma parecía empeñada en hacer público lo personal o privado. Y era muy indiscreta con su intimidad y su relación con Fox, lo mismo que con las funciones que tendría no solo en la campaña sino en la residencia presidencial.

Testimonios de agentes del desaparecido Centro de Investigación y Seguridad Nacional (Cisen), quienes después pasaron al área de Inteligencia de la Secretaría de Seguridad Pública (SSP), recordaron que García Luna sedujo a Martita porque había documentado con amplitud los secretos mejor guardados de ella: era una iniciada en los enigmas de los poderes oscuros. Y en la prolongada campaña presidencial de Fox, Martita vislumbró primero que nadie que podían ganar en 2000 y, buscando ayuda, empezó a tratar de entender las claves del poder divino. El mismo García Luna era un iniciado en los ritos del Ángel de la muerte y del Ángel de la Santa Muerte.

Con el expediente del espionaje del Cisen en sus archivos personales, además de informes propios porque él mismo había hecho seguimiento personal a Martita y a su trabajo, Genaro conocía las inquietudes y ambiciones de esta mujer que se había convertido en la sombra de Fox y tenía un papel irremplazable que jugaba en el equipo de campañas.

Genaro no podía sustraerse a los secretos de Martita ni ella podía cerrarse a los secretos del mundo político nuevo al que el espía priista le abría las puertas. Ni el uno ni la otra se podían pasar de largo. Contrario a las últimas inquilinas de la Casa de los presidentes, quienes aparecían como personajes intrascendentes, el espionaje ofrecía otra perspectiva de la mujer que ya acompañaba a Fox como una sombra y daba órdenes sin chistar, lo que le permitió incursionar en la vida política, controlar medios de comunicación y chantajear a empresarios para impulsar su asociación civil personal, Fundación Vamos México A. C., con propósitos muy alejados al altruismo.

Eso debió llamar la atención. Por primera vez en la historia de México, una primera dama que se atribuía funciones de copresidenta, pero que en realidad no tenía ninguna atribución legal en su papel de primera dama de la nación, el 24 de septiembre de 2001 hizo uso de las prerrogativas extralegales que le daba ser esposa del presidente para crear, desde el Club de Industriales, una asociación civil privada que le serviría para recaudar fondos para supuestas tareas filantrópicas, cuando con ese fin se había creado el Sistema para el Desarrollo Integral de la Familia (DIF) y existía el Voluntariado Nacional, pero esas tareas las delegó a Ana Teresa Aranda, presidenta de la Asociación Nacional Cívica Femenina, A. C. (Ancifem), y a uno de los valores del Yunque, una sociedad secreta de ultraderecha, antiliberal, antisemita, ultra-católica y anticomunista, fundada a principios de la década de 1950.

Marta María, quien para entonces estaba convencida de que sería la *tapada* de su esposo y, por lo tanto, la sucesora de Fox y futura presidenta, trazaba con Vamos México un proyecto político de corte transexenal y político asistencial, pero, terca como es, la realidad mostraba a cielo abierto que la fundación formaba parte de un proyecto personal, a través de un escanda-loso abuso de poder y a través del privilegio para apropiarse de recursos públicos y privados para fines particulares. Ningún empresario en su sano juicio se habría atrevido a negarle algo a la esposa del presidente; sobre todo, si este estaba bajo control de la primera dama.

Firmada el acta constitutiva, se hizo público que el 21 de octu-bre de ese 2001 se realizaría un concierto con Elton John en el Castillo de Chapultepec, que contaría con el apoyo del presi-dente Vicente Fox y con el del secretario de Educación, Reyes Tamez Guerra, que el costo del boleto por mesa sería de un millón de pesos y que mil personas serían acomodadas en 100 mesas. Mientras tanto, el DIF quedó relegado al olvido de las activida-des de la primera dama en su papel de copresidenta.

Las aportaciones brotaron y fluyeron como agua de río en temporada de lluvias. Y a las aportaciones privadas se sumaron las gubernamentales a través del uso de personal, bienes inmue-bles, apropiaciones fiscales y decomisos aduanales.

Las pretensiones de Marta María toleradas y alentadas las ha-bía hecho públicas el mismo copresidente en agosto de ese año cuando, en su programa de radio *Fox contigo*, dio a conocer que su esposa estaba interesada en coadyuvar con el gobierno, pero que lo haría desde una institución privada, cuya operación se haría desde una oficina especial en Los Pinos, y que tendría por nombre «Apoyo a la esposa del presidente». Y el apoyo de la presidencia empezó a llegar, pero no solo para la dama en su papel de copresidenta, sino para los que sería la Fundación Vamos México.

*

¿Qué representaba la figura de Martita en un gobierno como el de Vicente Fox, el primero de oposición desde que el PRI empezó a tomar forma en 1929? Las respuestas aparecían en una microficha de inteligencia bajo el nombre clave de «Cisne». Desde la campaña de 2000, cuando trabajaba para el candidato presidencial priista, Francisco Labastida Ochoa, el expediente estuvo en el escritorio de García Luna, actualizándose por día. Y lo había sintetizado muy bien. Marta María tenía una agenda política propia.

Ella no solo era la vocera de Fox, sino una mujer con «tendencia al misticismo religioso, con ambiciones políticas crecientes [era también una mujer] tenaz, resistente y perseverante [...] soñadora, insegura y crédula», cuya carta astral la mostraba, en parte, como una mujer serpiente, apreciada por su sagacidad y su sabiduría —aunque en algunas culturas tiene muy mala reputación—, y que también tenía inclinaciones a la hechicería, el ocultismo y la filosofía oriental, chamanismo, amarres, encantamientos.

Marta María era iniciada en el ocultismo; García Luna la llenó de alabanzas, le habló sobre su personal iniciación al rito del Ángel de la Muerte y del Ángel de la Santa Muerte y le prometió los archivos, que él mismo controlaría, de la corrupción de los políticos del PRI y del PAN inmersos en actos de corrupción o de aquellos que tenían nexos con el narcotráfico, lo mismo que los expedientes negros de una parte del empresariado mexicano, incluidos los magnates de la prensa, y de la jerarquía de la Iglesia católica. Con la información en la mano, se abría un futuro venturoso para la administración de Vicente Fox y, luego, para ella misma.

Obsequioso como era con las élites del poder y también lleno de ambiciones y un proyecto bajo el brazo para controlar a los cárteles del narcotráfico y después al crimen organizado, García Luna entró al círculo de Marta María. Y ella solo tendría una cosa que pedir: la protección de García Luna, su nuevo aliado, para tres hijos que había tenido de un matrimonio en Zamora y que había terminado radicando en Celaya.

Martita tenía toda la confianza de Fox y había parecido en escena en el momento adecuado: el de mayor desprestigio del PRI. Estar cerca de Fox, en cualquier faceta —amiga, colaboradora, novia, subordinada, esposa o responsable de la imagen política y periodística desde Guanajuato— le dejaría amplias recompensas porque, en un país dañado y agraviado, Fox se convertiría en el precandidato con la más larga, adelantada y exitosa campaña presidencial.

Ella llevaba mano en las tareas de comunicación y mercadotecnia. Años después se sabría allá en Guanajuato que fraguó la separación y divorcio de su primer esposo. Había encontrado su destino, aquel que buscaba desde que, jovencita, se hizo activista y luego militante del PAN, lo que la llevó a la candidatura por la alcaldía celayense.

Suspicacias al margen, ella no envió ninguna señal cruzada ni se había sumado a Vicente en forma misteriosa. Desde que en 1994 cuando se conocieron en Celaya se había fijado una meta. Fue, dijeron después, amor a primera vista del uno por la otra, y de la otra por ese ranchero brusco y poco sofisticado, pero que podía llevarla a donde no había imaginado. Y de la suntuosidad de la Casa de los presidentes, construida sobre un país empobrecido y silente, ansioso de un cambio: un imán poderoso; era, además, el centro de mando del país. Eso habría enamorado a cualquiera.

Los Pinos tenía otros encantos: la superficie que conformaba la zona restringida, incluida el área reservada para el cuerpo de Guardias Presidenciales y la del Estado Mayor Presidencial, «era veinte veces más grande que la extensión donde se asentaban las más importantes sedes del Poder Ejecutivo en el mundo: la Casa Blanca, en Washington [...] tenía un área restringida de 21 800 metros cuadrados; el Palacio del Eliseo, en París [...] ocupaba 19 200 metros cuadrados, y La Moncloa, en Madrid [...] 39 400», reseñó en julio de 2018 Alejandro Hernández Gálvez en un reportaje bajo el encabezado Adiós a Los Pinos: imaginemos cosas distintas,[7] que tomó como base un proyecto del grupo Futuro Desarrollo Urbano (FDU).

La construcción de Los Pinos es cuatro veces más grande que La Moncloa: la residencia oficial mexicana cuenta con 56 mil metros cuadrados, mientras el palacio español tiene 13 300; el palacio del Eliseo 8 mil y la Casa Blanca 4 600 [...] El principal invasor de áreas verdes en Chapultepec es [...] Los Pinos, que se extiende sobre una superficie de 748 mil metros cuadrados [equivalentes] a casi 10% del total del bosque, lo que la convierte en una de las casas de gobierno más grandes del mundo por la extensión territorial que ocupa.

Y a la residencia oficial mexicana había que sumarle los 40 000 m² de Palacio Nacional, enclavado en el corazón del centro histórico de la Ciudad de México, que tendría un valor cercano a 40 millones de dólares, sin incluir los murales de Diego Rivera.

Vicente Fox tenía cuatro hijos adoptados en el transcurso de los 26 años de matrimonio con su primera esposa Lilian de la Concha Estrada: Ana Cristina, Paulina, Rodrigo y Vicente Fox de la

---

[7] https://arquine.com/adios-a-los-pinos-imaginemos-cosas-distintas/ (consultado el 1.º de junio de 2023).

Concha o Vicente júnior. Y Marta María tenía tres propios de un casamiento previo con el político conservador, empresario y médico-veterinario zamorano Manuel Bribiesca Godoy, con quien había llegado a vivir a Celaya: Jorge Alberto, Manuel y Fernando Bribiesca Sahagún. Y los dos, Martita y Vicente, se las habían arreglado casi en secreto para separarse de la pareja respectiva.

En 2000, los mexicanos creían en Fox y veían con buenos ojos a Martita o «Madtita», como parecía ella pronunciar su nombre, con un acento entre suave y empalagoso trastocado. Y, con la simpatía que les daba el haber aplastado en las urnas al sinaloense priista Francisco Labastida Ochoa y haber silenciado a un tibio Cuauhtémoc Cárdenas Solórzano, quien no se levantaría más y descubriría con horror que nunca sería presidente de la República y que el único héroe de esa familia sería siempre su padre, el general Lázaro Cárdenas del Río, Marta María tenía margen de maniobra para hacer casi cualquier cosa, incluso pavimentar el camino a su candidatura presidencial. Si Fox pudo, advertían, ¿por qué Martita no?

Marta María y Vicente llegaron a la residencia oficial con la idea de formar un gabinete paralelo. Eso de la estructura paralela no funcionó, pero la Casa Miguel Alemán sí se transformó en un complejo de oficinas.

Fox escogió para vivir una propiedad más pequeña ubicada dentro de Los Pinos conocida como Las Cabañas 1 y 2 de la Casa Anexa y de la residencia Alemán, la cual se convirtió en la otra casa dentro de los límites de la morada presidencial. El dinero para reconstrucción, remodelación y compra de mobiliario, sin importar costos, saldría de la partida secreta. Él y sus colaboradores más cercanos, que no incluían al gabinete, con los que intentaría formar una estructura paralela al gabinete, despacharían en el sótano, ese sería su cuarto de guerra.

Ya instalados, Martita y Fox se engancharon en una carrera desbocada hasta ponerse al servicio de los poderes fácticos, gobernar para los medios, engañar a un país entero y echar por la borda el mal llamado bono democrático que le dieron a él: —después se confirmaría que el poder era en pareja— 15 989 636 mexicanos o 42.5% del total que acudió a las urnas en 2000, porque ingenuamente se creyeron aquello de que la alternancia partidista PRI-PAN era sinónimo de democracia.

Pero Fox cogobernaría con todo y sus dislates verbales. Y vaya que parecía imposible desplazar a los disparates que salían de su lengua lunática e incontrolable:

«Cambiemos de raíz sin cambiar la raíz» a «los mexicanos [en EUA] hacen los trabajos que ni los negros quieren hacer» al «tendrán bocho y changarro» y «estamos ambos cuatro» o «ya hoy hablo libre; ya digo cualquier tontería, ya no importa. Ya. Total, ya yo me voy» o su «Fidel [Castro] comes y te vas» hasta el «a María Félix la recordaremos como la gran impulsora del cambio democrático que fue».

Paradójicamente, un año antes de morir, el 8 de abril de 2002, a los 88 años, la Doña, María Félix, hizo una aportación política, cuando apareció haciendo declaraciones en TV Azteca y dijo lo que muchos desilusionados ya pensaban: «De lo único que estoy de muy mal humor [...] porque nuestro presidente se está poniendo de rodillas delante de un naco, arrogante, payaso y horrible [...] Toda la República estamos qué, nosotros qué. No, no, francamente, nosotros bien gracias, pero nadie va a respetar al presidente después de que se pone de rodillas, casi con las lágrimas en los ojos, delante de este payaso». Fox jamás se dio por aludido. Y a la basura se fueron los sueños de hacer de México un líder en asuntos hemisféricos. Fue este, el de la política exterior, el primer gran fiasco del foxismo.[8]

---

[8] https://www.youtube.com/watch?v=5rcovBpes78&t=6s (consultado el 6 de junio de 2017). Y Francisco Cruz y Marco Antonio Durán, *Los depredadores, la historia oscura del presidencialismo en México*, México, Planeta, 2017.

Por seis años, el tema de Marta María, investida en su personaje de Martita —con su voz aguda distorsionada, que horrorizaba a una parte de México y a otra le sonaba a voz de amabilidad, aunque nadie se habría atrevido a comentárselo, hasta que ella misma lo descubrió en la personificación-imitación que de ella hacía la actriz Raquel Pankowsky—, rivalizaría en los medios con el del presidente Fox y, en ocasiones, lo superaría con amplitud porque todas las decisiones de política interna y muchas del servicio exterior pasaban de una u otra manera por su escritorio.

La política exterior fue una vacilada mayor o, como califican algunos académicos, «mucho discurso y pocas nueces» navegando al precipicio. Atrapado increíblemente por su Martita, como él la llamaba y con quien, si uno ha de atenerse a Fox, sostenía una relación clandestina o secreta antes de llegar a Los Pinos, y en el camino de un cogobierno desde el inicio, la política exterior perdió la oportunidad de insertar a México en el nuevo escenario internacional y convertirse en un país clave de América Latina en el rediseño de la entonces nueva arquitectura mundial.

Enamorado de Martita y atento a las necesidades de esta para encaminarla en el PAN, Fox se olvidó de todo y ni Jorge Castañeda Gutman ni Luis Ernesto Derbez Bautista, los cancilleres en su gobierno, pudieron conseguir de Estados Unidos un acuerdo para ordenar el tráfico de migrantes. Y mientras Marta se engolosinaba tachando y aprobando apellidos para el nombramiento de cónsules y cónsules generales, el mayor logro del foxismo fue que la Casa Blanca desplegara en su frontera con México tecnología militar de guerra a través de aeronaves robot o no tripuladas Predator B (MQ-9), aviones RQ-4 Global Hawk, tampoco tripulados, y helicópteros Black Hawk para patrullar desde los cielos y a control remoto la porosa línea divisoria, con el apoyo de seis mil elementos de la Guardia Nacional y la aprobación de un proyecto para levantar una triple barda metálica de acero de 595 km lineales en la frontera con México, así como 7 500 sensores para establecer perímetro de detección de movimiento, similares a los que su Ejército y su Marina usaban en Afganistán.

Hijo de madre española, Mercedes Quesada Etxaide, y de José Luis Fox Pont, cuyos orígenes llevan a Cincinnati, Ohio, en Estados Unidos, a través de José Luis Fox Flach —o Joseph Louis Fuchs, hijo de los inmigrantes alemanes Louis Fuchs y Catherina Elisabetha Flach—, Fox había conocido a Martita en 1994 cuando ambos estaban en campaña: él, por la gubernatura de Guanajuato y ella por la presidencia municipal de Celaya. Y los dos, como contaría Fox más adelante en una de esas entrevistas muy a modo, para lucir, ya traían el «piquetito del zancudo del amor».

Los orígenes de José Luis Fox Pont, su padre, le traerían problemas futuros a Vicente; pero eso sería hasta 2000, en la candidatura presidencial. Antes, en aquella campaña de 1994, Marta María Sahagún Jiménez perdería, en agosto, las elecciones por la alcaldía, pero de ese proceso saldría fortalecida porque, como se dijo en párrafos anteriores, la acercó a Fox, quien buscaba la gubernatura en unos comicios extraordinarios que culminarían con la votación del 28 de mayo de 1995.

*

Según las malas lenguas, el de Marta María y Vicente fue un amor a primera vista, aunque otros murmuradores señalaban que lo había embrujado y que él había caído rendido a sus hechizos gracias a una taza de toloache o yerba del diablo, nombre genérico de varias especies —se conocen al menos 12— de plantas herbáceas, peligrosas, que tienen propiedades narcóticas y espasmódicas y, además, se usan como una poderosa pócima de amor. Hay quienes están convencidos de que una taza preparada en té con hojas o la semilla de toloache tiene el poder para que una persona se enamore irremediablemente de otra.

Su uso también es peligroso ya que

Parece que el efecto no es reversible si se llega a ciertas dosis. Sé de unos 10 casos de personas a las que les dieron cantidades mayores, con efectos permanentes, pero no conozco con efectos acumulativos permanentes, aunque es posible que existan. También se dice que algunas mujeres lo usan para controlar a sus maridos violentos, pero creo que son casos aislados […] El toloache, y en general las daturas, producen desorientación, angustia, falta de concentración, pensamiento incoherente, y no se distingue entre realidad y fantasía.[9]

El foxismo, pues, convirtió la residencia oficial de Los Pinos —hoy un museo— en un espacio que nuevamente dio cabida a la santería, la superstición, la hechicería, seres sobrenaturales y la brujería, como lo había hecho con Carmen Romano Nolk de López Portillo y Margarita López Portillo. Y Martita terminaría casándose con el presidente Fox para cogobernar el país, aunque ya lo hacía en los hechos. Como primera dama, se convertiría no en el poder tras el trono, sino en el poder, sin adjetivos, de la casa presidencial. Ella maquinaba y Fox, siempre locuaz e incoherente, daba la cara. Ese amarre legal o matrimonio con Fox sería sólido, con nudo ciego.

No se trataba de la recurrente distorsión al lenguaje de la que presumía Fox, como cuando llegó a niveles extremos al hablar sobre «camiones» y «camionetas», como si el segundo concepto fuera el femenino del primero, ni aquella barbaridad, dislate y evidente machismo de «lavadoras» de dos patas para visibilizar a las mujeres, sino de una estrategia mercadotécnica para posicionar la imagen de su Martita.

---

[9] «Toloache, planta poco conocida en México», *Boletín* UNAM-*DGCS* 237. https://www.dgcs.unam.mx/boletin/bdboletin/2012_237.html (consultado el 1.º de junio de 2023).

Vicente evidenciaba su machismo degradando a la mujer a través de la distorsión violenta de un lenguaje tan rico en palabras y conceptos construidos durante siglos, pero, por primera vez, encaminaba desde antes del día uno de gobierno la sucesión presidencial hacia su colaboradora, luego amiga y, más tarde, esposa Marta María Sahagún Jiménez.

Pudiera parecer complicado escribir sobre Martita, esposa del locuaz, bravucón y peligroso extremista expresidente Fox, pero, por extraño que parezca, esa personalidad tan convertida que ella misma se construyó y la transformó apenas llegar a Los Pinos, también abona a la cara oscura del presidencialismo mexicano y confirma que la primera dama fue en muy contadas ocasiones un cargo honorífico, y hasta el 30 de noviembre de 2018 sirvió para proteger los excesos, derroches y corrupción de la esposa del presidente.

Periodistas, académicos, investigadores, escritores, sociólogos, promotores culturales y la *comentocracia* tendrían tela que cortar para hilar las historias negras del foxismo a través de Martita. Fue el activismo nocivo de ella una prueba más de que los dislates léxicos, distorsiones, chifladuras, ocurrencias, calenturas mentales y lenguaje florido producto de la imaginación de Fox servían para esconder el saqueo a las arcas del Estado y tejer e impulsar siniestramente la prolongación de su mandato en la Casa de los presidentes a través de la señora copresidenta.

Se abordó la figura de Martita desde todos los ángulos. Quizá nunca una primera dama recibió tanta atención de los medios de comunicación masiva. Y en libros, se ocuparon de ella desde el extinto Julio Scherer García, Olga Wornat, Guadalupe Loaeza, Jesusa Cervantes, Anabel Hernández, José Gil Olmos, Sara Sefchovich, Sara Guadalupe Bermúdez (Sari Bermúdez), María Teresa Márquez (Tere Márquez) hasta Alicia Aguilar Castro, y bajo el nombre clave de «Cisne», el Centro de Investigación y Seguridad Nacional (Cisen), la policía política de los gobiernos del PRI, la espiaría y le tendría elaborado su perfil político y psicológico.

Al lado de la publicidad y la mercadotecnia a las que Fox veía como «dioses» para darle forma al esquema de imagen y tejer las redes de poder político, eclesial y económico desde donde impulsaría la posible candidatura de Martita, hay una riqueza de reportajes en los medios masivos tradicionales, estudios y notas e investigaciones en las plataformas de internet que enriquecen a un personaje al que le gustaba verse a sí misma no como la primera dama, sino como cogobernante, porque así lo aclaró cuando se vio en la necesidad de hacerlo.

En reuniones públicas, ella fue clara, por ejemplo, en 2004, cuando Fox estaba en el cuarto año de su gobierno, en una participación en la novena Conferencia Regional sobre la Mujer de América Latina y el Caribe: «Dijo que comulgaba con las visiones que asignan a la esposa del presidente [...] el papel de cogobernante, más que de primera dama».

Las palabras de Marta, en la conferencia, a la que solo fueron convocadas las jefas de delegación, ministras, las conferencistas y funcionarios de la Comisión Económica para América Latina y el Caribe, de la Secretaría de Relaciones Exteriores y del Instituto Nacional de las Mujeres, fueron develadas por la exfuncionaria guatemalteca Otilia Lux [quien] relató que [...] varias mujeres pidieron hacer uso del micrófono, pero solo fue Marta Sahagún quien se refirió abiertamente al papel de cogobernante que debe jugar la esposa de un presidente. En entrevista para Organización Editorial Mexicana (OEM), la michoacana lo aseveró una vez más.[10]

No es que Martita, cuya voz aguda la hizo de inmediato blanco del ingenio, la sorna, el sarcasmo y el humor negro de los mexi-

---

[10] https://www.elsoldemexico.com.mx/mexico/politica/mas-que-primera-dama-una-cogobernante-marta-sahagun-8542010.html (consultado el 1.º de junio de 2023).

canos, hubiera sido la primera dama con poder real en la presidencia; no, para nada, antes que ella, como se documentó en capítulos anteriores, Eva Sámano de López Mateos y la Compañera, María Esther Zuno de Echeverría, habían tenido poder presidencial real, lo mismo que Carmen Romano de López Portillo, aunque cada una lo usó de manera diferente.

Martita se desveló como una mujer ambiciosa, un personaje sacado de una novela de terror que encontró la manera de extorsionar o sacar dinero a personajes acaudalados, aunque sus sueños de gobernar el país terminarían abruptamente cuando, ya convertida en factor de desestabilización de su cogobierno con Fox, en julio de 2004 la obligaron a declinar, rechazar o renunciar a la candidatura del PAN que pondría en juego la sucesión de Fox y del PAN en la presidencia de la República.

Los excesos pasaron la factura y, después de los primeros escándalos mediáticos que detonaron con el llamado *Toallagate*, de la periodista Anabel Hernández, no otro sino el dispendio en la compra de toallas importadas cuyo costo ascendió a 440 dólares por unidad, además de cortinas a control remoto por 17 000 dólares y sábanas por 3 500 dólares el juego, para satisfacer los caprichos de la copresidenta, ya nada fue igual. Fue un escándalo tras otro hasta apagar y casi olvidar la compra de los hermanos Bribiesca Sahagún de un departamento por casi 250 000 dólares, pagados en efectivo, en el exclusivo condominio Four Leaf Towers de la petrolera ciudad de Houston, Texas.

Marta María Sahagún de Fox y Vicente Fox Quesada pudieron abrir las puertas a la democracia, pero su llegada a la presidencia fue parte de una actuación.

Hasta su finca en Guanajuato los persigue un destino vulgar. Marta María Sahagún Jiménez no aspiró a ser la mujer más poderosa de México, durante seis años lo fue y estructuró un programa para financiar su campaña para suceder a Vicente Fox, mientras que sus hijos se enriquecían al amparo del poder, pero, con su «no obstante, quiero afirmar que no seré candidata a la presidencia de la República», Marta María terminó siendo víctima de sus ambiciones desmedidas y de sus sueños de grandeza que alimentaba a través de la triangulación de recursos a la Fundación Vamos México que tenía propósitos ocultos, ajenos al altruismo y a la beneficencia. Su enorme ego la persiguió y la devoró.

# 9
# MARGARITA ZAVALA,
# AL LADO DEL MERCADER DE LA MUERTE

Nombre: **Margarita Ester Zavala Gómez del Campo**

Nacimiento: **27 de julio de 1967, Ciudad de México**

Esposo: **Felipe Calderón Hinojosa (1962)**

Periodo como primera dama: **2006-2012**

Margarita Ester intentó, por seis años, caminar sobre una delgadísima capa de hielo, evitando que la compararan con su antecesora la copresidenta Marta Sahagún y eludiendo la violencia, el terror y la estela de sangre que dejaba a su paso el gobierno de su esposo Felipe de Jesús Calderón, con las decenas de miles de víctimas de tortura, asesinatos y ejecuciones derivadas directa e indirectamente de su llamada «guerra contra el narcotráfico».

Margarita, Márgara en la intimidad, ignoró deliberadamente que el sistema de justicia se asentó, en el sexenio de Felipe, en una tergiversada y corrupta noción de que los poderosos eran intocables, infalibles o, de plano, santos. Ella, siendo abogada, desdeñó hechos, evidencias y datos verificables de las atrocidades generalizadas en el sexenio calderonista, como la de la guardería ABC en Hermosillo, Sonora, donde el 5 de junio de 2009 un incendió mató a 49 bebés y dejó heridos a otros 106, con quemaduras todos, de los cuales 72 quedaron con secuelas graves de por vida; sus edades estaban entre cinco meses y cinco años.

Apenas se confirmó la noticia del incendio, la mano de la primera dama se extendió con todo el poder presidencial para proteger a varios innombrables que tenían responsabilidad en el incendio: primero, a Marcia Matilde Altagracia Gómez del Campo Tonella, socia principal y fundadora de aquella estancia infantil, hija del poderoso empresario Roberto Gómez del Campo Laborín, tío de Margarita Ester y, por lo tanto, su prima, y, al mismo tiempo, prima de Lourdes Laborín Gómez del Campo, esposa de José Eduardo Robinson Bours Castelo, en aquel momento, gobernador de Sonora.

Si había protección o no, los nombres de los protegidos cayeron como hojas secas en otoño: Marcia Matilde Altagracia Gómez del Campo Tonella, también esposa del millonario Antonio Salido Suárez, en ese momento director general de Infraestructura del gobierno del estado de Sonora y secretario del Consejo de Administración de la guardería. Asimismo, Marcia Tonella de Gómez del Campo, copropietaria de la guardería y esposa de Roberto Gómez del Campo. Además, durante el calderonato, las familias Tonella y Gómez del Campo participaban en numerosas asociaciones que se beneficiaban de los programas sociales.

Por su puesto, el manto protector de la primera dama alcanzó al director general del IMSS, Daniel Karam Toumeh, y al extitular de la misma institución, Juan Molinar Horcasitas, amigo personal de Margarita Ester, responsables de los permisos para la operación de guarderías.

Esta historia de protección presidencial pasó de boca en boca, en periódicos y revistas digitales, hasta el 22 de febrero de 2022, cuando el ministro presidente de la Suprema Corte de Justicia de la Nación (SCJN), Arturo Zaldívar Lelo de Larrea, hizo pública formalmente una investigación de 2010, vetada ilegalmente por el presidente Calderón con el respaldo de Margarita.

Aquel 22 de febrero, la investigación salió como un obús que impactó directo en los cimientos de la pareja presidencial y desató la furia de ambos y de todo el clan de los Zavala Gómez del Campo:

Hoy puedo dar fe de una operación de Estado —leyó el ministro— para proteger a la familia de la esposa del presidente [Calderón], para proteger a los altos funcionarios públicos de ese gobierno, que hoy viene a hablar de «Estado de derecho», de «autonomía», y cuantas cosas, ¡sin ninguna autoridad moral para decirlo!, porque yo puedo dar fe de que eso es una hipocresía, porque no fue ese el comportamiento.

La catástrofe de la guardería ABC sacudió a la pareja, pero no fue la única; su mando reposaba sobre otras desgracias que entrelazaron los intereses de la presidencia con el crimen organizado a través del secretario de Seguridad Pública, Genaro García Luna, quien estableció un sistema de cuotas para tener acceso a las jefaturas y a los cuerpos élite de la Policía.

*

Por todo eso, sumado a una violencia extrema desde el Estado y una crisis humanitaria que brotaba por cada rincón e incluía el reclutamiento indiscriminado de niños, los especialistas consideraron que en México se vivía la primera guerra del continente americano del siglo XXI.

¿Cómo pudo Margarita Ester caminar entre tanta víctima mortal y sortear la sangre corriendo por todo el país con al menos 71 masacres? Ese será siempre el misterio de la ex primera dama, pero durante el calderonato, soldados, elementos de la Marina-Armada de México y policías federales fueron responsables de atrocidades generalizadas en forma reiterada: tortura, ejecuciones extrajudiciales y desaparición forzada. Llevaron a cabo decenas de operativos casi en secreto y eran comunes las violaciones graves al debido proceso y a los derechos humanos.

Human Rights Watch (HRW) publicó en 2011:

Un informe que analizaba en profundidad abusos perpetrados por las fuerzas de seguridad [...] documentamos el uso sistemático de la tortura en más de 170 casos. Las técnicas eran diversas, e incluían golpizas, descargas eléctricas, asfixia, amenazas de muerte y agresiones sexuales. Los torturadores también eran actores diversos: policías federales, estatales y municipales; soldados y marinos; y agentes del Ministerio Público federal y de los estados.[1]

HRW encontró un problema más grave: «El dato más notable de la "guerra contra el narcotráfico" es la aterradora cantidad de homicidios en el país. En efecto, más de 240 mil personas han sido asesinadas, según estadísticas oficiales, desde que esta "guerra" comenzó en 2006». Y descubrió que Felipe de Jesús mentía cuando afirmaba que 90% de los asesinatos vinculados a la guerra contra el narcotráfico eran casos de delincuentes o criminales que se mataban entre sí. La realidad es que la organización encontró que no tenía ningún «fundamento creíble para sostener su aseveración».

Además de los fantasmas de más de 25 mil desaparecidos, muchas cosas más amenazaban a Margarita en su caminata en la que hacía malabares para no romper aquella frágil capa de hielo en la que se encontraba. Cada paso le recordaba que en su papel de primera dama guardó silencio sobre atrocidades —violencia sexual, feminicidio y desaparición— de las que fueron víctimas las mujeres en la llamada «guerra contra el narcotráfico». La impunidad y el silencio desde la residencia presidencial propiciaron que a partir de 2008 los asesinatos de mujeres se duplicaran cada año, hasta terminar el sexenio con 7 mil reconocidos, lo que generó una tendencia facilitadora no solo de ese crimen

---

[1] https://www.hrw.org/es/news/2018/10/29/mexico-tortura-y-verdad-historica (consultado el 1.º de junio de 2023).

sino de casi todas las modalidades de violencia de género, así como en la falta de acceso a la justicia.

Las mujeres quedaron en el desamparo, sin una voz desde la cual se pudiera visibilizar su tragedia en la gestión calderonista, como era deber de la primera dama encabezar alguna institución que velara por las mujeres y el cuidado de la ciudadanía. Hubo durante esos años y en adelante una repetición sistemática en los patrones de violencia contra la mujer y omisiones aberrantes y violaciones generalizadas a sus derechos humanos.

Si con los ojos cerrados Margarita ignoró la escalada de violencia contra la mujer, así se desentendió de señalamientos y evidencias que probaban que se había vuelto realidad una pesadilla que empezaba a ahogar a una parte de los mexicanos: la creciente participación de niños en la guerra irracional de Felipe Calderón o niños soldados del narcotráfico, un sector que debía proteger el DIF.

Los Zetas, el Cártel del Golfo, La Familia Michoacana, creación de Genaro García Luna y Felipe Calderón, y Los Caballeros Templarios montaron campañas permanentes para reclutar menores de edad. Presas fáciles de los grupos criminales, servían como informantes o halcones, mulas o transportadores de droga, esclavas sexuales, cocineros, sicarios, vigilantes de casas de seguridad y mensajeros que, además, servían como escudos en los enfrentamientos.

La primera dama no intentó conocer el problema ni cuántos menores de edad estaban involucrados en esa guerra, aunque se hablaba ya de entre 20 y 30 000. Si lo hizo, fue muy en privado y en secreto, pero había evidencia de que aquellos niños duraban poco porque eran los desechables; morían, pues, en aquella guerra sangrienta.

Bajo la mano guía de cárteles controlados por García Luna, los criminales reclutaban a niños desde los nueve años y también los «educaban» para robar, secuestrar, matar, descuartizar, desaparecer cuerpos o colocar narcomantas, como documentarían más adelante la Red por los Derechos de la Infancia en México (REDIM) y el Observatorio Nacional Ciudadano (ONC).

Si le preocupaban o no esos temas de la guerra y la violencia, es un misterio que solo puede resolver la ahora ex primera dama, pero hay elementos para advertir que ella pensaba más, por ejemplo, en cómo controlar el alcoholismo de su esposo.

El alcoholismo de Calderón lo habían advertido Carlos Castillo Peraza, su mentor político, y Manuel Espinos Barrientos, ambos líderes del PAN, así como Humberto Moreira Valdez, exgobernador del estado de Coahuila, quien lo hizo enmudecer cuando lo comparó con el general revolucionario golpista y usurpador Victoriano Huerta, víctima de enfermedades ocasionadas por cirrosis hepática, padecimiento por su severa adicción al alcohol.[2]

Este tema cobró relevancia en todo el país a partir de febrero de 2011, cuando legisladores de las bancadas del PT y el PRD en la Cámara de Diputados, encabezados por Gerardo Fernández Noroña, mostraron una manta con el siguiente mensaje: «¿Tú dejarías conducir a un borracho tu auto? ¿No, verdad? ¿Y por qué lo dejas conducir el país?». En la manta se veía con claridad la imagen del presidente Calderón completamente en estado de ebriedad.

Episodios bochornosos sobre el alcoholismo de Calderón serían expuestos en 2012 por el periodista Julio Scherer García en su libro *Calderón de cuerpo entero*, publicado bajo el sello de editorial Grijalbo, con testimonios del político duranguense Espino Barrientos, dirigente nacional del PAN de 2005 a 2007. El exlíder panista comentó que, en el segundo semestre de 2000, en la reunión de diputados del PAN, cuando se nombró a Calderón coordinador de la bancada ocurrió lo siguiente: «Tenemos

---

[2] En marzo de 2017 Felipe de Jesús Calderón Hinojosa atacó verbalmente a Humberto Moreira Valdés, pero la respuesta de este lo hizo enmudecer: «Una característica que tiene [Felipe] con Victoriano Huerta es la de usurpador […] se robó la presidencia […] Y es igual [a Huerta] de borracho, de ratero, de usurpador, de hocicón, de represor y de asesino».

un problema con el coordinador, Felipe Calderón [...] sigue en el escándalo allá abajo. Se le fue la lengua con algunos diputados, riñó con el gerente del hotel y se metió con los meseros». Asimismo, contó el entonces diputado Alejandro Zapata Perogordo, de San Luis Potosí, a Espino, como a la una de la madrugada Calderón habría reaccionado mal cuando se le indicó que el hotel daba servicio hasta determinada hora, y él exigía que le sirvieran «una botella más».

*

Conocido el fracaso y naufragio de la candidatura presidencial de su antecesora Marta Sahagún de Fox, Margarita escondía muy bien sus ambiciones políticas en su papel de una primera dama discreta, cálida y austera.

Sarcástica y burlona, como la definen, aparecía ella como una esposa leal, amorosa, dura con Felipe de Jesús, juiciosa, madre dedicada a sus hijos y mujer de valores cristianos católicos, apostólicos y romanos. Ella intentaba ganarse gestos de respeto y admiración que podía aprovechar más adelante, tal como lo hizo, porque a partir del tercer año del sexenio calderonista sus allegados y panegíricos empezaron a calentarle el oído diciéndole y convenciéndola de que ella y nadie más, contrario a Martita, estaba lista para la candidatura presidencial del PAN en 2012 o 2018.

Con el apoyo de organizaciones, sectas, grupos secretos o reservados de extrema derecha empezó a fincar su futuro, en el que vislumbró su llegada a la oficina en la que despachaba su esposo, y desde donde él declaró una batalla abierta al crimen organizado que parecía ser parte de un plan para garantizar, a través de las armas de fuego, el miedo y la criminalización social, la gobernabilidad y, de paso, desviar la atención del escandaloso y descarado fraude con el que había llegado a la presidencia en 2006, comicios que Calderón ganó con la complicidad directa del IFE, del Tribunal Electoral del Poder Judicial de la Federación (TEPJF), que contó con el apoyo de una firma especializada responsable de hacer el conteo de votos: Hildebrando, propiedad de la familia de Margarita Ester Zavala Gómez del Campo. Incluso Vicente Fox, para no faltar a la verdad, también remarcó en diversas ocasiones que él cargó los dados para que Felipe de Jesús ganara los comicios.

La veterana periodista y escritora Manú Dornbierer sería especialmente sarcástica y dura en una de sus columnas que llamó *Los peligrosos Gómez del Campo*: «[Diego Hildebrando Zavala Gómez del Campo] el *hacker* que, de tener antes una pequeña empresa cibernética como tantas, se erigió en director de la compañía que manipuló la elección presidencial de 2006, hasta lograr el "triunfo" de su cuñado». Por otro lado, también desde esa presidencia foxista de extrema derecha e incapaz, se hizo todo para mostrar a López Obrador como un villano. Fox y Felipe habían dinamitado la democracia.

En el gobierno foxista se propició una confrontación que polarizó a la sociedad, también se introdujeron o reintrodujeron varios elementos a los procesos electorales por la presidencia que más adelante permearía en todo el país: guerra sucia, miedo, terror y guerra psicológica en campaña, así como la relación de dirigentes del PAN y del PRI con propagandistas de ultraderecha, manipuladores e incitadores a la violencia, pero llamados «consultores políticos extranjeros», como el español Antonio José Solá Reche, apoyados por intelectuales y periodistas «ilustrados» y dueños de los medios tradicionales al servicio de la maquinaria gubernamental.

También se documentó con amplitud la mano negra e infame del expresidente Carlos Salinas de Gortari con la ominosa del panista Diego Fernández de Cevallos. Sin medir consecuencias, aquellos propagandistas, los políticos que los contrataron y un grupo de empresarios, así como aquellos periodistas e intelectuales «ilustrados» que, furibundos y sin escrúpulos, fomentaron la descomposición social a través de mentiras descaradas, campañas permanentes de odio, noticias falsas, información fragmentada, intrigante manipulación, arengas patrioteras o medias verdades, y desde 2006 estos apostaron por la hostilidad y, a partir del 30 de noviembre de 2018, por un estallido, levantamiento social o un golpe blando de Estado; con los mismos «argumentos», empezando por la diatriba y la injuria salvaje, se hicieron promotores de la violencia.

Revelaciones en documentos clasificados del gobierno de Estados Unidos, liberados por WikiLeaks, evidenciaron que dos semanas antes de los comicios presidenciales de julio de 2006, Arturo Sánchez Gutiérrez, consejero del IFE de 2003 a 2010, se presentó en la embajada estadounidense, en México, para informar que los resultados de aquellas elecciones no se darían a conocer el día de la votación y que López Obrador perdería por pocos votos.

Después de una minuciosa exploración, que hizo en miles de cables de WikiLeaks no revelados ni editados sobre México, el periódico *Reporte Índigo* publicó en octubre de 2011, citando el cable 06MEXICO3309, redactado el 15 de junio de 2006, por la jefa adjunta Leslie A. Bassett, que Sánchez Gutiérrez, consejero del IFE —antecesor del Instituto Nacional Electoral (INE) y en ese momento controlado por el consejero presidente Luis Carlos Ugalde Ramírez, personaje cercano a Felipe de Jesús y a Margarita Ester— «vaticinó» que López Obrador perdería por un margen estrecho.

Las confesiones sobre aquel burdo y descarado fraude electoral de 2006, decidido por un margen de 0.56 puntos porcentuales, fueron abriendo hoyos en la memoria colectiva; irían brotando como hongos: Felipe de Jesús sería un presidente ilegítimo y fraudulento. Y en su guerra personal por legitimarse, daría paso a la creación de un moderno narcoestado a través de la Secretaría de Seguridad Pública.

Sin que se notara por fuera, Margarita Ester caminaba con la certeza de sentirse un pilar básico en la agenda política de la presidencia de Felipe. Este jamás se habría atrevido a dejarla fuera de las decisiones políticas pero era sigilosa para no pisar la sangre de las decenas de miles de muertos ni alborotar las sombras del fraude. Apostaba a su transfiguración sin hacer ruido, para forjar una identidad política propia, y a la invisibilidad porque el silencio podía romperse en reclamos por la cara angustiada de los familiares de las víctimas durante los crímenes de la guerra calderonista. A pesar de todo, ella estaba orgullosa de la manera valiente en la que el presidente cumplía su función.

*

En una época de información en tiempo real, a través de internet, Margarita y Felipe propagaron el miedo a un Estado que imponía el terror y propiciaba incertidumbre. Justo allí, en el corazón de mando que hacía sentir el poder, por medio de las armas, ella deseaba algo que no había conseguido ninguna de sus antecesoras: hacerse de una imagen presidencial al margen de su esposo, pero pegada a él; intentaba mostrarse como una mujer diferente e independiente; como una política independiente, pero necesaria.

Margarita Zavala mostró pronto un lado oscuro lleno de ambiciones de poder para garantizar un plan transexenal ultra-conservador. Estuvo lejos de lograrlo, pero fue candidata presidencial independiente, a pesar de las trampas que le perdonaron las autoridades electorales: algo así como más de 219 mil firmas falsas que le permitieron conseguir ese nombramiento.

En ese andar, con las ambiciones puestas en el futuro presidencial y el apoyo irracional a Felipe, Margarita se arrellanó en Los Pinos, desde donde desdeñaría el terror visual y la crueldad de la violencia; conscientemente bloqueó la distorsión y perversión de la guerra contra el narcotráfico que, casi de inmediato, creó psicosis, miedo y paranoia. En realidad, los objetos dominantes en el primer plano de su mirada se encontraban en la Casa de los presidentes.

En el camino para salir y regresar a Los Pinos, sin decirlo a nadie, contaría con el apoyo de El Yunque, considerada la última secta secreta política de extrema derecha, paramilitar y ultracatólica, fundada en México, en el siglo XX, y cuya tarea era y es defender el reino de Dios de amenazas anticatólicas, pero hacerlo desde la presidencia de la República. El presidente o presidenta serían, como pasó en la copresidencia de Marta María y Vicente, defensores y garantes de ese poder de la ultraderecha católica que reclama y reivindica la supremacía política, económica y financiera para alcanzar el reino de reinos para la Iglesia; en otras palabras, convertir la fe en oro y poder.

Vicente Fox había ganado con apoyo del conservadurismo más rancio y duro de México y el catolicismo militante de El Yunque, y ya siendo presidente lo incrustó en sectores como las secretarías del Trabajo o Gobernación a través de Carlos María Abascal Carranza; en la Oficina de la Presidencia con el político-empresario Ramón Muñoz Gutiérrez, el funcionario más poderoso en el sexenio foxista; con el secretario del Trabajo, Francisco Javier Salazar Sáenz, o con Luis Felipe Bravo Mena en la presidencia del PAN y, luego, en la Embajada de México ante el Vaticano, hasta terminar como secretario particular del presidente Calderón Hinojosa. Por lo tanto, Felipe y Margarita intentarían fincar su ascenso al poder a través de grupos fundamentalistas o un ejército de Dios en la tierra, una élite ideológica extremista, como en su momento la definió el periodista de investigación Álvaro Delgado Gómez,[3] quien a principios

---

[3] Álvaro Delgado es autor de *El Yunque: La ultraderecha en el poder* (2003), *El ejército de Dios: Nuevas revelaciones sobre la extrema derecha en México* (2005) y *El engaño. Prédica y práctica del PAN* (2007).

de 2000, después del ascenso de Fox, develó la existencia de El Yunque, cuya estructura pasaba inadvertida.

A partir de las investigaciones de Delgado Gómez, publicadas en tres libros y una serie de reportajes en la revista *Proceso* y más tarde en la plataforma digital *Sin embargo*, y de las del académico y periodista Édgar González Ruiz,[4] se descubrió la existencia de El Yunque, conocido también bajo el nombre clave de Orquesta, cuya creación podía rastrearse desde 1953, a través de su jefe supremo, el ahora extinto Ramón Plata Moreno. Pasó inadvertido porque lo encubrían o se parapetaba en otros movimientos radicales o sociedades secretas de extrema derecha o de la ultraderecha anticomunista, como el Movimiento Universitario de Renovadora Orientación (MURO), el Frente Universitario Anticomunista (FUA) y los Cruzados de Cristo Rey.

Contrario a su imagen frágil como primera dama, Margarita nunca fue un personaje pasivo: formaba parte de un proyecto clandestino de ultraderecha para mantener el poder presidencial que había alcanzado a través del PAN con Vicente Fox, un político estrambótico que engañó a un país entero y terminaría forjando alianzas pecaminosas con el PRI, partido al que se había comprometido echar para siempre, para luego regresarlo al poder.

Según filtraciones de WikiLeaks de 2021,[5] Margarita y su hermano Juan Ignacio Zavala Gómez del Campo se encuentran entre los principales colaboradores en las redes de grupos radicales ultraconservadores en México, publicó la primera semana de agosto de 2021 la revista *Contralínea*, cuyos periodistas hurgaron y revisaron más de 17 mil documentos de las organiza-

---

[4] Maestro en Filosofía, especializado en la derecha, Édgar González Ruiz es autor de *La última cruzada* (2001), *Los Abascal* (2002), *Cruces y sombras* (2006) y *El clero en armas* (2007).

[5] Alojado en un servidor de Suecia llamado PeRiQuito (PQR) y fundado en 2007 por Julián Assange, WikiLeaks obtuvo en 2009 el Premio de Nuevos Medios de Amnistía Internacional y era financiado por asociaciones internacionales de periodistas, grupos empresariales de medios, grandes agencias de noticias y organizaciones de defensa de derechos humanos.

ciones de ultraderecha Hazte Oír (HO) y Citizen Go (CG), en los que aparecen sus donantes, agenda y estrategias de penetración en las sociedades y los gobiernos de 50 naciones.

Bajo el sugerente título de «Hazte Oír y Citizen Go: la estructura de la ultraderecha en México, España y el mundo», *Contralínea* precisó:

> Los documentos revelan que en México [los grupos reservados, secretos o extremistas de ultraderecha] tienen a una de sus estructuras más fuertes alojadas en sectores, además de HO y CG, del Partido Acción Nacional (PAN), en instituciones educativas privadas como la Universidad Panamericana, Instituto Tecnológico Autónomo de México (ITAM), Instituto Tecnológico y Estudios Superiores de Monterrey (ITESM) y otras organizaciones aliadas, como Incluyendo México y Red Familia [...] Mientras que en México el principal aliado político tanto de El Yunque como de HO y CG es el PAN, en España es el ultraderechista Vox, luego de que hubieran roto con el Partido Popular (PP). Los documentos dados a conocer por WikiLeaks revelan una estrecha alianza de personajes españoles y mexicanos que han hecho crecer a HO y CG. Los integrantes de estas organizaciones se asumen «cruzados» en una «guerra cultural» contra el progresismo.
>
> Yo Influyo tiene como presidente a Fernando Sánchez Argomedo y como directora general a Rosa Martha Abascal Olascoaga, hija mayor de Carlos María Abascal Carranza, uno de los fundadores de El Yunque y secretario de Gobernación en el sexenio [...] de Fox Quesada. Participan activamente en esta asociación los hermanos Juan Ignacio Zavala y Margarita Zavala, esposa del expresidente Felipe Calderón. En su portal de internet son los principales colaboradores.

Fracasado el proyecto transexenal Vicente-Marta, grupos y organizaciones de ultraderecha sedujeron a Margarita, una católica, apostólica y romana con valores cristianos puros —y como ella misma dice en su autobiografía *Margarita: mi historia*: hija de familia católica comprometida, por cuya mente cruzó la idea de ingresar a un convento y profesar votos de monja— para encumbrarla. No fue una mera casualidad ni, a juzgar por el contexto, cosa menor el interés de grupos extremistas en ella, porque desde principios de la década de 1980, México representaba, de la mano de la economía chilena (la del dictador Augusto Pinochet), la punta de lanza de un proyecto internacional de largo plazo para toda América Latina.

El primer gobierno nacional del PAN formaba parte de la consolidación con un cambio mayor: arrebatar ese proyecto a la cúpula del PRI, entregarlo a un nuevo grupo de empresarios e «instaurar, por la vía de la toma del poder político, un régimen muy parecido al que existía en España con Francisco Franco, quien gobernaba al lado de la Iglesia», como planteó en 2021 el periodista Álvaro Delgado, quien desde 2003 había desnudado a la ultraderecha responsable de llevar al poder a Fox y Marta.

El proyecto se descarriló por las ambiciones desmedidamente ostentosas y ofensivas de Martita y por las continuas acusaciones de corrupción contra esta y sus hijos. Pero tenía objetivos precisos: defender y apropiarse del modelo político-económico impuesto a partir de diciembre de 1982 en México por el presidente Miguel de la Madrid Hurtado y que, al margen de las deformaciones del término, sería conocido como neoliberalismo.[6]

Impulsada por el Consenso de Washington, el Fondo Monetario Internacional (FMI) y el Banco Mundial (BM), deformada o no, en los hechos comprobables esa estrategia solo serviría en México para desmantelar al Estado a través de la reducción

---

[6] Con todas las deformaciones o interpretaciones erróneas que se encuentren, el neoliberalismo a la mexicana se ejerció con todo su poder corruptor en los sexenios de Carlos Salinas de Gortari (1988-1994), Ernesto Zedillo Ponce de León (1994-2000), Vicente Fox Quesada (2000-2006), Felipe de Jesús Calderón Hinojosa (2006-2012) y Enrique Peña Nieto (2012-2018).

del gasto público, de la desregulación del sistema financiero, de la privatización, de entregar la riqueza a la iniciativa privada nacional y extranjera —bajo la protección irrestricta del presidente de la República y de la Secretaría de Hacienda, incluso a través del terror—, de enriquecer aún más a un puñado de multimillonarios, de crear nuevos magnates, amigos de la clase gobernante, de corromper todavía más a las élites del PRI y del PAN y de empobrecer al resto del país.

Por ello, Margarita era otra caudilla que la derecha necesitaba, pero antes ella misma requería construir su propia narrativa de primera dama ejemplar. Por eso le pasaron de largo las maliciosas sombras del fraude electoral, el tráfico de influencias para favorecer las empresas del español Juan Camilo Mouriño Terrazo, la entrega de millonarios contratos gubernamentales a Diego Hildebrando Zavala Gómez del Campo, su hermano, la viralización de la violencia, la injerencia de ella misma y de Felipe en el PAN hasta hacer de este un partido de Estado con nivel de secretaría del gabinete.

Este último señalamiento no es cosa menor, el control del partido se hizo efectivo primero en marzo de 2008, cuando Felipe manejaba 75% de los entonces 376 consejeros nacionales, al imponer en la dirigencia a Germán Martínez Cázares y, luego, al interino José César Nava Vázquez, acompañado por Gerardo Maximiliano Cortázar Lara, y, por último, Margarita Ester movería sus fichas para imponer al senador Gustavo Enrique Madero Muñoz, sobrino nieto del apóstol de la democracia, Francisco I. Madero.

Margarita nunca supo cómo sustraerse (o de plano nunca quiso) a la tentación de ser políticamente activa, aunque, con su recato estudiado, quedó a salvo de las intrigas y chismes que se tejían en Palacio Nacional o en la residencia oficial de Los Pinos. Y ese era su objetivo tras el fracaso de Marta: armar en secreto otra narrativa, a través de las estructuras sociales que servían a la Iglesia católica, pero tan llena de ambiciones oscuras como las de Marta María y que no eran otras, sino el posicionamiento de una imagen política y, después, la búsqueda de la presidencia de la República a cualquier costo.

\*

«Margarita es buena persona, ¿verdad?», se preguntaba la gente en las calles del país, una vez que ella y Felipe cruzaron la gran reja verde que da entrada a la residencia presidencial. Y la pregunta no era ociosa, después del espectáculo vergonzoso de sus antecesores; a decir verdad, Margarita no era una figura relevante en la política mexicana, aunque entre el 2 de septiembre de 2003 y el 1.º de junio de 2004, cuando su esposo, reconocido por sus parrandas descontroladas en las que abundaba el consumo de alcohol, se sentó en el gabinete presidencial foxista a despachar en la Secretaría de Energía, su familia y ella misma fueron involucrados en escándalos de corrupción a través del tráfico de influencias.

Antes de las elecciones de 2006, estalló el primero: su hermano Diego Hildebrando Zavala Gómez del Campo fue acusado de beneficiarse con contratos irregulares de Petróleos Mexicanos (Pemex), cuando Felipe de Jesús fungió como secretario de Energía. Pese a las negativas, el mismo Diego Hildebrando debió reconocer que su empresa Meta Data S.A. de C.V. recibió al menos 10 contratos por parte de Pemex, y uno más para Hildebrando S.A. de C.V., de la cual Margarita Ester era accionista.

La venda de los ojos de los mexicanos empezó a caer antes de consumarse el fraude electoral de 2006. Los contratos millonarios a empresas de su hermano la marcarían de por vida: Margarita Ester era tan inmoral como su antecesora Marta María; aun así y a pesar del honor mancillado, la semilla de odio que sembraba la guerra sucia contra Andrés Manuel López Obrador, rival de Felipe de Jesús en los comicios de 2006, le darían a Margarita Ester un extraño y peculiar bono de beneficio de duda.

Como se publicó en la primavera de 2011,[7] las pruebas contra las empresas de Diego Hildebrando exhibieron el rostro sucio y doloroso de Margarita Ester: un mundo paralelo en el que había en juego dinero a montones, complicidades políticas y un ejercicio arbitrario del poder, abusos, desenfreno, hasta convertir a una pequeña empresa familiar fundada en 1986 en una de las productoras de alta tecnología más sobresalientes de México, con ingresos superiores a 100 millones de dólares anuales. Con esas cifras, literalmente a cada mexicano le habría gustado ser cuñado de Felipe de Jesús. Cerca de él o a su lado, éxito y bienestar estaban garantizados.

Consumidos por su propia corrupción, Marta y Vicente Fox se hicieron de la vista gorda. En su decadencia e incapacidad, se convirtieron en cómplices silenciosos del saqueo a la Secretaría de Energía y a Pemex, aunque las imputaciones contra el empresario Diego Hildebrando Zavala Gómez del Campo se habían presentado bien documentadas.[8]

La negación de Felipe de Jesús y del cuñado Diego Hildebrando fueron insuficientes para evitar que el obús de las acusaciones se estrellara en la humanidad plena de la mujer que se había convertido en el sostén de las familias Calderón y Zavala Gómez del Campo: la entonces diputada federal Margarita Ester.

El propio sat ocultó o desapareció información de las empresas de la familia Zavala Gómez del Campo. El archivo 88201.zip que condensaba una notificación de embargo desapareció, como por arte de magia, del sitio de internet. Y el martes 13 de junio el SAT sacó de los buscadores de internet, y del propio

---

[7] Francisco Cruz Jiménez, *Las concesiones del poder, el tráfico de influencias que ha marcado al gobierno de Calderón*, México, Planeta, 2011.

[8] A partir de este párrafo tomé como base el perfil de Margarita Zavala Gómez del Campo que publiqué en 2011 en *Las concesiones del poder.*

buscador de su página, toda referencia a las empresas Hilde-brando y Meta Data. El embargo se aplicó porque mintió en su domicilio fiscal en 2002, por lo que aseguró cuentas, contratos, cajas de seguridad y fideicomisos en los que fuera fideicomi-tente o fideicomisario.

También se supo que con Felipe al frente de la Secretaría de Energía, Margarita se benefició porque era socia de Hildebran-do, que, según la escritura pública 51872, presentada ante notario el 27 de agosto de 1986, fue constituida como empresa familiar y así permaneció hasta 2003, cuando Felipe llegó a la dirección del Banco Nacional de Obras y Servicios Públicos (Banobras), desde donde dio el salto al gabinete presidencial.

Con la denuncia pública se entregó parte de un voluminoso expediente que incluyó el acta constitutiva de la empresa Hil-debrando. Aparecían como socios Diego Hildebrando, Pablo, Mercedes, Rafael y Margarita Ester Zavala Gómez del Campo; el primero con 60% de las acciones y los demás con 10% cada uno. Asimismo se documentó que la empresa inició con un ca-pital de un millón de pesos de los viejos —unos 100 mil pesos al valor de 2006— y despegó cuando el cuñado Felipe de Jesús se insertó en el gabinete presidencial.

Discreta y ambigua, caminando también con mucho cuida-do sobre cascarones de huevo, Margarita era una copia fiel de su antecesora. Así se revelaría en los primeros días de septiembre de 2003 cuando, apenas asumió su encargo de diputada federal por la vía de representación proporcional, tomó una decisión que pasaría inadvertida, pero que la evidenciaban de cuerpo entero: pidió que a su declaración de bienes patrimoniales se le imprimiera el sello de carácter de confidencial.

En otras palabras, ordenó ocultar el documento que entregó a la Auditoría Superior de la Federación (ASF) sobre sus pose-siones materiales, cuentas bancarias, acciones de alguna em-presa familiar o posibles inversiones y patrimonio inmobiliario en la Ciudad de México y en Ayapango. En ese pueblo del Estado de México, a 50 minutos de la capital, se sentían seguros.

Pero el pequeño paraíso se terminó tan pronto llegaron a la residencia presidencial, y la de los Zavala Gómez del Campo Martínez se convirtió en una propiedad resguardada por militares. Allí, en la cabecera municipal, todo mundo supo de golpe que en la imponente propiedad que coronó un chalet suizo, por los rumbos del panteón, había dos órdenes concretas: no dejar acercar a nadie ni dar información. Desde mediados de 2006, el hermetismo y la presencia militar se convirtieron en las principales características de este lugar, aunque los 8 860 habitantes sabían desde 1992 que la propietaria era doña Mercedes Gómez del Campo, mamá de Margarita, descendiente de una familia potosina rica venida a menos y ultraconservadora. Y se enterarían, además, sorpresivamente que el nuevo chalet suizo pertenecía al yerno Felipe de Jesús y a Margarita Ester.

Nunca habían visto algo así. Ni siquiera lo imaginaban. En 2006, el periodista local Emilio Fernández escribió:

Antes de ser candidato presidencial, subía y bajaba por las calles adoquinadas para llegar a la parroquia del santo patrono Santiago Apóstol [y] pasaba por el fresno centenario, a un costado de la plaza principal, que sirvió para colgar a zapatistas y federales durante la Revolución […] Desde ahí se puede contemplar la vista de casas con techos a dos aguas, de teja roja, fondeada por sus verdes campos de labor y pequeños montes, que le dan a Ayapango un toque provinciano.

Antes de la primera visita oficial de Felipe —Pillo, como cariñosamente lo llamaba doña Meche, aunque después y a petición de ella le quitaron una «l» y lo dejaron en Pilo, para evitar malas interpretaciones— como presidente de la República, el sábado 16 y el domingo 17 de diciembre de 2006, los habitantes de Ayapango vislumbraron y reconocieron a francotiradores militares apostados en montículos de pequeños cerros como La Coronilla, Xoyocan y Tepenasco. Otros se encargaron de acallar el alboroto, por el bien de la seguridad nacional.

*

Cuando el 6 de junio de 2006 estalló el escándalo de su hermano Diego Hildebrando y las empresas familiares se derrumbó el lema de las manos limpias de Felipe de Jesús y de Margarita Ester. Ella hizo entonces un movimiento que sería su especialidad apenas llegó a la residencia presidencial después del fraude electoral: se escondió, se refugió en el silencio y encargaron su defensa al guadalupano César Nava Vázquez, quien había salido bueno para los negocios privados haciéndolos desde su posición de alto funcionario de Pemex y era hijo de César Nava Miranda,[9] exdirigente de El Yunque y de otros grupos de ultraderecha como Desarrollo Humano Integral y Acción Ciudadana (DHIAC) y de la Unión Nacional de Padres de Familia (UNPF).

La defensa sería un fracaso o, literalmente, un escupitajo hacia arriba porque Nava Vázquez no era precisamente un personaje de manos limpias. Las tenía muy sucias: uno de los hombres más cercanos a Calderón en la Secretaría de Energía, en su calidad de abogado general de Pemex. A él le correspondió autorizar jurídicamente, no firmar, los primeros contratos que la paraestatal petrolera otorgó a Hildebrando y a Meta Data en 2003.

En marzo de ese año, según el contrato 4700001803 de Pemex Corporativo, la empresa Meta Data S.A. recibió 3 691 000 pesos para «Lineamiento Corporativo de Business Objects», lici-

---

[9] César Nava Miranda fue un enemigo del Estado laico, de las libertades y de las clases populares, promotor de peligrosos grupos de choque. A su muerte, el 11 de mayo de 2009, César Nava Vázquez asumió el compromiso de «honrar el legado» de su padre y de «estar a la altura de sus zapatos»: Édgar González Ruiz, académico, periodista y escritor, especialista en la ultraderecha mexicana.

tado por la Gerencia de Recursos Materiales. Ese mismo año, todavía con el exdiputado panista Nava como responsable jurídico, Pemex Exploración y Producción concedió a Hildebrando un contrato por 1 792 000 pesos para «desarrollo de sistemas informáticos para el sistema integral de la Dirección General de Recursos Humanos», bajo el folio 342/03 de la Unidad de Asuntos Jurídicos.

Compranet, sistema de compras del gobierno federal, reportó que Pemex Exploración y Producción otorgó una adjudicación directa a Meta Data, bajo el número de contrato 410213849, el 18 de julio de 2003, por 36 914 234 pesos. El número de adjudicación, 1857002-0063-04, destacó la supervisión de la oficina dirigida por Nava Vázquez.

Lo que Nava Vázquez, michoacano de Morelia —quien había estado pegado a Felipe Calderón durante su carrera política— no pudo hacer por Margarita, terminó haciéndolo por él mismo y se lavó las manos: el 9 de junio de 2006 envió una carta para precisar que ocupó el cargo de abogado general de Pemex de octubre de 2001 a octubre de 2003 y que «durante ese lapso, en ejercicio de mi cargo, jamás tuve conocimiento de contrato alguno celebrado entre Pemex o alguno de sus organismos subsidiarios, y las empresas Meta Data o Hildebrando». Y continúa:

En consecuencia, ni tuve conocimiento ni aprobé contrato alguno a favor de dichas empresas. Esto es así, puesto que mis funciones personales como abogado general no incluían la sanción jurídica de todos los convenios y contratos celebrados por Pemex y sus organismos subsidiarios, pues dichas funciones están conferidas a la gerencia respectiva […] Gerencia de Convenios y Contratos. Cuestionado sobre el papel de Margarita Ester en las empresas de Diego Hildebrando, apenas pudo hacer un señalamiento débil e inverosímil: no tiene vinculación directa con las empresas de su hermano Diego Hildebrando porque vendió sus acciones en 1997, pero fue obligado a reconocer que ella carecía «de (un) documento legal de cesión de derechos o compra-venta de sus acciones en la empresa Hildebrando».

Luego, con una visión patrimonialista del poder, estuvieron los contratos para beneficiar a empresas de Hildebrando, porque había aparecido a su lado Inteligencia Activa S.A. de C.V.

Para cuando Felipe de Jesús y Margarita llegaron a Los Pinos en 2006, Hildebrando se ostentaba, en su categoría, como una de las 500 empresas más importantes del país, con entradas superiores a 100 millones de dólares anuales y, además, con una participación de grandes dimensiones en negocios internacionales.

Otro caso muy sonado fue el de Diego Heriberto Zavala Pérez, padre de Margarita y magistrado jubilado del Tribunal Superior de Justicia del Distrito Federal (TSJDF). El martes 17 de enero de 2007, 48 días después de la toma de posesión de su yerno, el Consejo de la Judicatura del TSJDF aprobó, por unanimidad, atender una solicitud de Zavala Pérez, en la que este pidió seguir cotizando en el Fondo de Retiro de Jueces y Magistrados a pesar de que, desde el 18 de diciembre de 2006, había dejado de prestar sus servicios en el órgano judicial.

Es de la preocupación de un servidor dar continuidad a las aportaciones que he venido otorgando al Fondo de Retiro para Magistrados [...] por lo que solicito, de no haber inconveniente alguno, gire instrucciones pertinentes, a fin de que se me indique el procedimiento a seguir para poder continuar aportando la cantidad que corresponde al citado fondo y estar en posibilidad de recibir en su momento el beneficio de dicha prestación.

Los magistrados integrantes del Consejo de la Judicatura aprobaron la solicitud del papá de la mujer más poderosa de México y suegro de Felipe de Jesús. En el acuerdo 5-20/2007, fechado el 10 de enero de 2007, se aceptó, por unanimidad, otorgar una compensación por 334 963 pesos a su compañero Zavala Pérez.

Además, para no dejar ninguna duda sobre el aprecio al papá de la primera dama y suegro del presidente, el jueves 30 de noviembre de 2006, un día antes de la toma de posesión, el Tribunal Superior de Justicia del Distrito Federal rindió un homenaje a Zavala Pérez, con motivo de su jubilación. Un mes antes, la tarde noche del miércoles 25 de octubre de 2006, el presidente de ese cuerpo colegiado de la justicia capitalina, José Guadalupe Carrera Domínguez, presentó el libro *Derecho familiar*, de la autoría de Zavala Pérez. Este se hizo acompañar por su hija Margarita Ester Zavala Gómez del Campo.

Aquel día hubo quienes recordaron que, en 1994, en agradecimiento al apoyo de la bancada del PAN en la Cámara de Diputados —coordinada por Felipe de Jesús Calderón— a algunas de sus políticas, el presidente Carlos Salinas de Gortari nombró a Zavala Pérez integrante del Consejo de la Judicatura del Distrito Federal, encargo que cumplió por cinco años. Después fue nombrado magistrado presidente de la Octava Sala Civil del TSJDF.

Todo fue un asombro porque, hasta antes de 2006, Margarita Ester no era un personaje relevante en el PAN, aunque formaba parte de la realeza del partido. Tan menor había sido su participación que en el diccionario biográfico de los panistas, que en 2007 publicó Aminadab Rafael Pérez Franco, bajo el auspicio de la fundación Rafael Preciado y la dirigencia nacional del partido, solo le dedicó unas pocas líneas:

La trayectoria de Margarita Zavala en el Partido Acción Nacional es la siguiente: miembro activo del PAN desde 1984; consejera nacional 1991-2007; miembro del Comité Ejecutivo Nacional; secretaria de promoción política de la mujer del CES; consejera regional del Distrito Federal 1993-1995; miembro del Comité Directivo Regional del Distrito Federal 1993-1996; miembro de la dirección jurídica del CEN del PAN 1993-1994; candidata a diputada federal 2003; diputada federal 2003-2006; representante en la Asamblea de Representantes del Distrito Federal (ARDF) 1994-1997; en 1995 asistió al Foro de Organizaciones no Gubernamentales de la Conferencia Mundial sobre la Mujer celebrado en Beijing, China, así como a la correspondiente reunión de mujeres parlamentarias.

En otras palabras, Margarita Ester solo había ocupado cargos partidistas menores, una curul, especie de diputación local, en la Asamblea de Representantes del Distrito Federal (1994-1997) y otra en la Cámara de Diputados del Congreso de la Unión (2003-2006), pero los cargos se le habían entregado vía representación proporcional o diputación de partido, jamás había hecho campaña. Era una figura sin experiencia ni méritos.

\*

Representar un proyecto político de El Yunque no era cosa menor; la cofradía estaba al nivel de movimientos estadounidenses poderosos y radicales de ultraderecha como en su momento fueron la American Protective Association o Asociación Protectora de Estados Unidos, sociedad secreta antiinmigrantes y de ideas rigurosamente racistas y del grupo supremacista blanco Ku Klux Klan (KKK), que, ataviado con largas túnicas y enormes capuchas puntiagudas blancas en forma de cono, recurrió al linchamiento, asesinato, odio racial y a la castración para propagar su ideología; en síntesis, hizo uso de la violencia desmedida y el terrorismo para mantener sometida y segregada a la población afroestadounidense.

El plan de los yunquistas era ingenioso en su simpleza: llegar a la más alta cúpula de poder del país para desplazar al grupo que estuviera ahí y afianzarse. Habían entronizado en Los Pinos a Fox, luego a Calderón, y en ese panorama Margarita Zavala aparecía como un prospecto maleable, alejándola de la personalidad alocada y oscura de la antecesora Marta Sahagún, cuya imagen estaba salpicada y manchada por acusaciones sobre persistentes actos de corrupción propia y de casos alternos sobre tres hijos que había tenido de un matrimonio anterior a Fox y antes de dedicarse a la política militante y activa en las filas del PAN.

Si la ultraderecha católica le había fabricado a Vicente Fox una imagen para ganar la presidencia, ¿por qué no a Margarita? Pero ella tenía un problema grave: falta de carisma. En términos prácticos y tomando prestado a la Iglesia católica, a esta primera dama le faltaba la gracia concedida por Dios a los elegidos. Su carácter seco y hosco no atraía ni cautivaba, no despertaba admiración con facilidad; menos de manera natural. Le faltaba ese don que, como advertía Max Weber, se traduce en una forma de poder. No podía advertirse en Margarita Ester una personalidad extraordinaria más allá de sus méritos intelectuales o formación académica.

Un mes antes de los comicios presidenciales de 2006,[10] José Gutiérrez Vivó pilló a Margarita Ester y a Felipe de Jesús en un incidente, uno de los más desconocidos y extraños episodios de la futura pareja presidencial: ocurrió en una entrevista familiar que hizo para Grupo Monitor y Canal 52MX a los Calderón Zavala, como parte de una serie de entrevistas a los cinco candidatos presidenciales en sus residencias: Calderón, Roberto Campa Cifrián, Andrés Manuel López Obrador, Roberto Madrazo Pintado y Dora Patricia Mercado Castro. *Esta es su*

---

[10] Debo aclarar que, si bien los siguientes pasajes aparecieron en *Las concesiones del poder, el tráfico de influencias que ha marcado al gobierno de Calderón*, de 2011, bajo el sello de editorial Planeta, las escuché de voz de José Gutiérrez Vivó.

*casa* fue un descalabro periodístico para Gutiérrez Vivó porque no mostró, aunque lo intentó, el lado humano de los cinco políticos. Lo mejor de las emisiones de Vivó, sin embargo, fueron los pequeñísimos detalles que no pudieron captar las cámaras de Canal 52MX ni los micrófonos de Radio Monitor.

La entrevista de los Calderón se transmitió en vivo por casi dos horas la noche del martes 30 de mayo de 2006. A esa misma hora el equipo de campaña calderonista —encabezado por Juan Camilo Mouriño Terrazo, Josefina Vázquez Mota, Germán Martínez Cázares y César Nava Vázquez— y la dirigencia del PAN ratificaron que la diputada federal, Margarita, sufragaba en forma íntegra los gastos personales y familiares de su abanderado presidencial.

Ataviado en una chamarra de cuero café, camisa azul y pantalón negro, Calderón presentó a su esposa y a sus hijos: María, la mayor, de nueve años de edad y a quien definió como una niña muy linda, tierna y cariñosa; Luis Felipe, de siete años, apasionado, amante del futbol y muy travieso, y Juan Pablo, de tres años, muy lindo.

La sala de la familia fue un escenario propicio para abrir la emisión y presentar a los pequeños hijos del candidato, quienes, por razones de tiempo, tuvieron que ir a dormir. Los niños fueron una parte clave para despejar la duda, recordó Gutiérrez Vivó, una semana después en una junta con dos de sus colaboradores de *Diario Monitor*, pues dijo que al entrevistarlos tuvo la sensación de estar en otra casa, no en la residencia principal.

Gutiérrez Vivó y su equipo llegaron puntuales al número 8 de la Privada de Cóndor 231, en la colonia Las Águilas. Se sabía que desde marzo de 2002 la residencia de 174 m$^2$ —la original del matrimonio— se había convertido en una propiedad de 1 940 m$^2$ y no era una sola casa sino dos, un gran terreno y un edificio.

Vista desde afuera, la casa de los Calderón Zavala no ha cambiado desde 2003; pero puertas adentro, escribió en marzo de 2010 el periodista Daniel Lizárraga, se descubrieron nuevas propiedades: una alberca, una cabaña, un amplio jardín y la nueva casa, marcada con el número 9. Además, cuentan con un edificio de tres pisos en el número 227 de la misma calle de Cóndor, asentado en un terreno de 1 532 m², con media cancha de baloncesto y lo que parece ser una pequeña bodega. Estos inmuebles se conectan por dentro formando un conglomerado dispuesto en un área en forma de «L».

Cuando Gutiérrez Vivó estuvo allí, no le pareció ni de cerca estar en una residencia de casi 2 000 m². Entonces, tras husmear un poco encontró un dintel y más allá vislumbró una puerta abierta tras la cual se veía un amplio jardín en el que iba, de un lado a otro, Josefina Eugenia Vázquez Mota, secretaria de Desarrollo Social, hasta el 6 de enero de 2006, cuando renunció al gabinete foxista para coordinar la campaña de Calderón.

El periodista sabía que no se equivocaba al pensar que se trataba de Josefina porque, en ocasiones anteriores, había tenido trato con la exfuncionaria federal. Además, ella había estado alguna vez en las instalaciones de Monitor. Curioso por naturaleza, mientras esperaba al candidato y a su esposa —quienes finalmente aparecieron con la hija y los dos hijos— también descubrió que, desde el amplio jardín se daba paso a una propiedad mucho más amplia. ¿En dónde estaban? Seguramente en una casa del servicio doméstico.

¿Qué se hacía en la residencia principal para que no los dejaran pasar? Por el frenético movimiento de personas y algunos testimonios posteriores, allí se había instalado una especie de minicuartel de guerra electoral, la verdadera campaña —la de los Mouriño, los Cordero, los Nava, los Martínez, los Vega Casillas, o Vázquez Mota— porque parte de la otra campaña era la que controlaban el PAN y su dirigente Manuel Espino Barrientos, un personaje tolerado, aunque mal visto por Calderón.

La intuición de Vivó se resolvió cuando, en el transcurso de la entrevista, uno de los niños subió a dormir. En realidad observó que el pequeño no sabía a qué recámara debía entrar para ir a la cama. El resto de la charla transcurrió sin incidentes.

Por qué ocultaron Felipe de Jesús y Margarita Ester el crecimiento de esa propiedad que en junio de 2003 compraron por 3 840 200 pesos a Promotora de Innovaciones Técnicas en Construcciones y Viviendas, es una cuestión que solamente ellos saben a ciencia cierta. Gutiérrez Vivó salió con la impresión de que la familia Calderón Zavala intentaba mostrar, en las pantallas de televisión, una especie de austeridad, más que de sencillez, porque para entonces crecía como avalancha el descrédito de Marta Sahagún y Vicente Fox.

*

Al llegar a Los Pinos Margarita se transformó. En cuanto dio su primer paso dentro, cambió su look, que contrastó hasta cierto punto con su imagen tosca de las campañas, estuvo dominada por una sonrisa siempre a punto. Los hacedores de imagen aconsejaron una especie de discutible elegancia prudente. Entre los cambios más notorios, además del corte de cabello y el tinte, destacaron la falta de rebozos y el uso de colores más claros en el vestido.

Apartada del mundo, entre pinos, ahuehuetes, palmeras, jacarandas, cipreses, cedros, laureles de la India, buganvilias, yucas, amarantos, sauces llorones, ceibas y piñoneros de la residencia presidencial; en el laberinto de construcciones, mármoles, gimnasios, piscinas, del simulador de vuelos que se mandó construir Felipe Calderón, y del búnker que también pidió construirle en el sótano de la residencia presidencial, Margarita Ester operó el milagro de su transformación, desechando de inmediato sus tradicionales elementos asociados a la pobreza.

Quienes la miraron de cerca estuvieron convencidos de que la nueva imagen emergió en enero de 2007, a un mes de la mudanza. Pero se ocultó bien bajo el resguardo de una residencia a prueba de espionaje, de teléfonos rojos que operan desde la década de 1970 y del Estado Mayor Presidencial. Sus hacedores de imagen se preocuparon más por las dietas y por el vestuario, aunque ella tenía razones personales para insistir con el rebozo. El cambio en el tono de su pelo castaño y su nuevo peinado fueron tan notorios como el atuendo personal.

Aquel mes de diciembre de 2006 se hizo lo posible por dejar atrás la vieja imagen de Margarita. El estilo se hizo más combinado. Se le vio mejor disposición para las faldas y los vestidos, aunque en ocasiones la mezcla de colores no fue perfecta. Solo se mantuvo una constante: muy poco maquillaje.

Claudia Castro escribió:

Suave y prudente fue el cambio [...] Para el investigador Octavio Islas, del Tecnológico de Monterrey, la transformación es paulatina para no caer en excesos, como sucedió con Marta. [...] Zavala se presenta como una mujer bella, inteligente, segura y, pese a su amplia trayectoria política, discreta, todo lo contrario de su antecesora [...] Sabe de la necesidad de los cambios; sin embargo, está consciente de que la sociedad está harta del protagonismo de la anterior esposa presidencial y de sus excesos [...] Margarita se ubica en el lugar que le corresponde, se trata de una mujer de clase media, con cultura y con una formación política sólida. Por eso la transformación es menos abrupta, más suave, inteligente y ella está consciente de la necesidad de destacar su belleza, pero con prudencia [...] Su personalidad empieza a ser más cuidada, conoce los protocolos por la escuela política que tiene y así queda demostrado con su discreción de las recientes ceremonias.

Fue un cambio audaz. Bien o mal vestida, ridiculizada o desaliñada, Margarita fue inmune a la crítica. Sencilla o de mal gusto, lo que le resultó sumamente útil fue mantenerse alejada del deterioro que afectó a Felipe. Antes de terminar el sexenio, su papel como primera dama y su nueva imagen la convirtieron en candidata natural al Senado y hubo quienes la ubicaban como sucesora de su esposo. Lo cierto es que ya no parecía la misma de 2005, cuando decidió hacer a un lado su vida política y apoyar a Felipe: la lucha contra Vicente Fox, contra el PAN y contra Santiago Creel por la candidatura presidencial. Ya no era la misma a la que se le atribuyó la caída de la una vez poderosa duranguense Patricia Flores Elizondo, exjefa de la Oficina de la Presidencia.

Este no era tema menor, la caída de Flores Elizondo mostró, al interior del gobierno de Calderón, el poder y el carácter real de Margarita Ester. Desde que en 2000 Felipe de Jesús asumió el cargo como coordinador de la bancada del PAN, en la Cámara de Diputados, Patricia Flores Elizondo se convirtió en su mano derecha. Ella despachaba desde la sombra y, después de la muerte de Juan Camilo Mouriño Terrazo, se convirtió en la mujer más poderosa del país y la más cercana a Felipe. Descrita como una política panista fría, egocéntrica y obsesionada con el poder se había ganado el sobrenombre de la Jefa.

Hubo quienes corrieron el rumor de que, apenas llegó a la residencia presidencial el 1.º de diciembre de 2006, se había colocado por encima de Margarita Ester. Incluso corrieron rumores, nunca confirmados, de un romance clandestino de la Jefa con el presidente Felipe de Jesús. Ciertos o no, fueron la gota que derramó el vaso y la primera dama hizo sentir su fuerza y su carácter. No era una mujer sumisa y, como se documentaría después, tenía la capacidad para infundir miedos a su esposo.

Desterrar a Patricia Flores Elizondo de Los Pinos y apartarla de Felipe de Jesús cobraba relevancia porque era sobrina del dos veces exdiputado federal, exvocero del foxismo y exsenador Rodolfo Elizondo Torres, quien se desempeñó por cuatro años como secretario de Turismo en el gobierno calderonista.

Confinada como casi todas las primeras damas a un puesto secundario, hubo otro hecho que se calificó como un segundo ajuste de cuentas que mostró el poder real de la primera dama: la frágil Margarita Ester le dio un escarmiento a Patricia —que literalmente significó amarrarle las manos a Felipe— sobre cómo se manejaba una elección interna de la dirigencia nacional del PAN y cómo se acomodaban las fichas en el tablero de la cúpula panista. Con claridad se vio su mano pesada para imponer en diciembre de 2010 al senador Gustavo Madero Muñoz, descendiente del expresidente Francisco I. Madero, en la presidencia nacional de su partido.

Conocida para entonces como señora vicepresidenta, dueña de un poder comparable al que en su momento ejerció Marta María Sahagún Jiménez —la Jefa verdadera—, Patricia Flores se quedó sin nada. Regañado y reprendido por Margarita Ester, acción que registraron puntualmente las cámaras de televisión, el delfín de Patricia Flores —de Calderón también— para la dirigencia del partido en diciembre de 2010 —el bisoño e ingenuo diputado federal Roberto Gil Zuarth, quien ahora hace trabajo para la senadora ultraderechista Lilly Téllez— fue condenado a llevar una existencia gris y anónima, apoltronado en su curul del Palacio Legislativo de San Lázaro.

Gil Zuarth, quien luego sería rescatado y encumbrado por Calderón, alcanzó a dar un par de manotazos. Se dijo traicionado y develó su fallida negociación con Madero, pero el derecho de pataleo fue lo único que pudo o que le dejaron ejercer. Respaldado como estaba por doña Patricia Flores y por el fracasado líder panista Germán Martínez Cázares, el equipo de Margarita Ester maniobró para no otorgarle ni una sola posición en la presidencia del partido, entre ellas la de Patricia y la del chihuahuense Jorge Manzanera Quintana, lo que fue clave en la operación electoral y política de Calderón.

Sin mayores aspavientos —aunque con apoyo de El Yunque— y con el aniquilamiento de Patricia Flores, Margarita Ester se encargó de desaparecer a una corriente que, en los hechos, tomó forma y se consolidó el 30 de mayo de 2004, cuando, enojado por un regaño del presidente Fox, Calderón renunció a la Secretaría de Energía e inició su lucha por la candidatura presidencial.

El destierro de Patricia Flores y la imposición de Madero Muñoz mostraron en los hechos que, por razones desconocidas, Margarita Ester mantenía el control sobre Felipe. En agosto de 2020, la periodista argentina Olga Wornat abonaría a la personalidad real de Margarita en su libro *Felipe el oscuro*:

En esa relación —le confió Manuel Espino Barrientos— Margarita fue siempre la que mandó, la más fuerte, la de las más grandes decisiones. Es inteligente, más inteligente que Felipe, y él le tenía temor [...] no sé por qué, pero cuando estaba con Margarita, cambiaba. No gritaba, no madreaba. Ella lo miraba y él cambiaba el tono de voz. Y siempre estaba buscando la aprobación de ella. Si ella decía que no, él daba marcha atrás [...] Cada tanto ella se cansaba y lo abandonaba —le contó Francisco Solís Peón, uno de los personajes allegados a Margarita desde su época en la Escuela Libre de Derecho en la Ciudad de México—. Puedo decirle que [ella] se cansaba de sus cambios de humor, sus estallidos de cólera, no con ella, sino con los demás [...] Margarita también se cansaba y lo abandonaba.

*

Los retratos más cercanos de Margarita Zavala afirmaban que su primera prioridad era alejar de su marido a Patricia Flores Elizondo, luego humillarla en las elecciones panistas y empezar a maniobrar su futuro político. Margarita parecía una contorsionista a la que consumían los celos, mientras trataba de mantener el equilibrio caminando de puntitas para crearse una imagen política independiente, consolidar su relación con los grupos de extrema derecha y completar una biografía propia, no las 23 líneas que le habían pichicateado en *Quiénes son el* PAN. Hasta Marta Sahagún había recibido más del doble de eso.

Margarita Ester no solo era la primera dama, sino que, en busca de identidad, linaje o su sangre azul, confesaría más adelante en su biografía —*Margarita: mi historia,* publicada en 2016, cuando estaba metida de lleno en la búsqueda de la candidatura presidencial del PAN—, y lo haría no sin pena, que era descendiente del yucateco don Manuel Justiniano Lorenzo de Zavala (Lorenzo de Zavala), político liberal mexicano, independentista, diputado a las Cortes españolas, diputado al Primer Congreso Nacional Mexicano al que convocó el primer emperador de México Agustín de Iturbide, diputado al Congreso Constituyente, del que fue presidente, senador por Yucatán y gobernador del Estado de México en 1827.

Más tarde, Lorenzo fue ministro plenipotenciario en Francia, secretario de Hacienda del gobierno del presidente Vicente Guerrero y, defenestrado a Estados Unidos, donde, enfrentado con el proyecto centralista del general Antonio López de Santa Anna, participó activamente en el movimiento separatista de Texas, concibió el proyecto de secesión y el 1.º de marzo de 1836 firmó la Declaración de Independencia de Texas.

Diego Zavala y Ester Pérez fueron los padres de mi padre; los Zavala son originarios de Yucatán, pero mi abuelo lo confesaba a medias porque a esa rama de la familia, muy conocida por allá, perteneció don Lorenzo de Zavala, calificado de traidor pues luego de una larga vida como destacada figura política se estableció en Texas en 1835 y participó en el proceso que culminó con la declaración de independencia [de Texas] y, un año después, el establecimiento de la república de Texas, de la que fue efímero vicepresidente poco antes de su muerte.

La historia de don Lorenzo de Zavala es precisa; «El 1.º de marzo de 1836 firmó la declaración de independencia de Texas y dos semanas después selló su distancia con México cuando fue nombrado vicepresidente del gobierno provisional de la República de Texas. [...] murió el 15 de noviembre de 1836 a los 48 años»,[11] después de haber sellado la adhesión de esa nueva república a Estados Unidos. En otras palabras, murió como un traidor a México.

Sin nada que mostrar, sin credenciales propias sino el derecho de sangre, al fin hija de dos militantes medios del PAN, Margarita intentaba reinventarse. Descendiente de un personaje «ilustre» como don Lorenzo de Zavala, podía equiparar su linaje al de Miguel Alemán, Gustavo Díaz Ordaz o José López Portillo, y así lanzarse a la búsqueda de la candidatura presidencial del PAN.

La realidad es que Margarita Ester es hija de una abogada potosina, Mercedes Gómez del Campo Martínez, activista católica aguerrida. Fue en un encuentro formal con empresarios de San Luis Potosí el 21 de enero de 2006 que, orgulloso, el entonces candidato presidencial dio a conocer que su suegra fue perseguida por el cacique local, el general callista Gonzalo Natividad Santos Rivera —más conocido como Gonzalo N. Santos o el Alazán Tostado, uno de los mayores símbolos de la corrupción priista—, y que, además, era sobrina segunda del extinto doctor Salvador Nava Martínez, el incansable líder potosino.

Preso político en dos ocasiones, en 1961 y en 1963, Nava Martínez, priista él mismo, inició en 1958 una fervorosa y apasionada lucha política, cívica y social contra el PRI y contra Santos. Con algunos intervalos, su movimiento opositor o movimiento navista se extendería hasta su muerte, en mayo de 1992.

Como lo hizo más tarde su hija Margarita, doña Mercedes estudió en la Escuela Libre de Derecho, asentada en la Ciudad

---

[11] https://dbe.rah.es/biografias/34356/manuel-lorenzo-de-zavala (consultado el 1.º de junio de 2023).

de México, Mercedes se hizo militante del PAN y fue consejera nacional en la presidencia que encabezó Adolfo Christlieb Ibarrola. En esa misma época, la de los años sesenta, conoció a Luis Calderón Vega, padre de Felipe y cofundador del PAN con Manuel Gómez Morin. También hay elementos para advertir que no todo fue fácil y que la familia terminó viviendo por épocas en el municipio de Amecameca.

Mercedes se casó con otro abogado panista: Diego Heriberto Zavala Pérez, quien con los años se convertiría en magistrado del Tribunal Superior de Justicia del Distrito Federal. En 1991, fue compañera de bancada de Felipe de Jesús en la Cámara de Diputados en San Lázaro.

*

Hasta el momento que quiso llegar a la presidencia, Margarita Ester nunca se vio en la necesidad de hacer ni participar en una campaña para disputar el voto popular. Se le asignó una curul en el Congreso, por la vía de la representación proporcional o una diputación de partido.

Pero los chismes, habladurías y la sospecha fundamentada afectaron su reputación: Margarita había dado acomodo a toda su parentela Zavala Gómez del Campo en el presupuesto del gobierno federal, empezando por hermanos y primos hermanos, claro está. Dichos chismes la perseguirían de allí en adelante hasta que se descubrió a los Zavala Gómez del Campo convertidos en la moderna dinastía Salinas de Gortari, metidos en todo lo que olía a negocio grande: de Petróleos Mexicanos (Pemex) al Instituto Mexicano del Seguro Social (IMSS) y al reparto de permisos para operar guarderías.

Reclamó Margarita Ester posiciones y favores. La tentación dinástica se exhibió plena: tíos, primos, grandes amigos, hermanos, aliados, cofradías extremistas secretas, cuñados, hijos, hijas, sobrinas o nietos se han incrustado en las listas de candidatos y luego en la nómina del dinero público.

Entre la maraña del árbol genealógico de Margarita Ester, la burla fue su hermano Juan Ignacio Zavala Gómez del Campo, vocero de la campaña presidencial calderonista. De empleado de Bancomer pasó a la Dirección General de Comunicación Social de la Procuraduría General de la República (PGR), cuando su titular era el panista Antonio Lozano Gracia, y gobernaba el país el priista Ernesto Zedillo Ponce de León. Luego, Juan fue nombrado vocero del PAN y, sin experiencia diplomática ninguna, cónsul de México en Filadelfia, Estados Unidos.

Los vicios pronto echaron raíces, los escándalos también, fuera por el ocultamiento de sus bienes patrimoniales, por la opacidad en sus cuentas bancarias o por sus propiedades inmobiliarias. La perseguirían incansablemente hasta cuestionar a la familia por el uso de por lo menos 240 millones de pesos del fideicomiso para atender a las familias de las víctimas del incendio de la guardería ABC.

Desde el gran chalet familiar en Ayapango, protegido por los volcanes Iztaccíhuatl y Popocatépetl, Margarita Ester pudo añorar, como en 2018, por falta de carisma y de personalidad y sin base política, a pesar del apoyo de grupos ultraderechistas católicos, fue obligada a renunciar a su candidatura presidencial independiente y dejó escapar la oportunidad de regresar a la residencia presidencial no como primera dama, sino como presidenta. Su oportunidad se esfumó sin llegar a ser nunca muy clara, solo un espejismo tal vez necesario para los intereses de grupos de poder más alto.

# 10
# ANGÉLICA RIVERA,
# SERPIENTE ENVENENADA

Nombre: **Angélica Rivera Hurtado**
Nacimiento: **2 de agosto de 1969, Ciudad de México**

Esposo: **Enrique Peña Nieto (1966)**
Periodo como primera dama: **2012-2018**

Angélica Rivera, la Gaviota, tenía una vida de película o telenovela rosa. A los ojos de Mexico, un país que pasa horas pegado a las pantallas del televisor, encarnaba todas las virtudes posibles. Angélica, decían, era perfecta: inquebrantable, distinguida, tierna, de buenos modales, compasiva, bonita, abnegada, elegante e imponente en sus vestidos de gala y podía conducirse con propiedad fuera de México o recibir a visitantes distinguidos.

Parecía moldeada para el papel de primera dama. Sin embargo, ningún papel protagónico en ninguna telenovela la prepararía para el nivel de exposición política que la aguardaba al llegar a la residencia presidencial.

Con sus matices propios, Angélica era también una iluminada, como Marta María Sahagún de Fox, María Esther Zuno Arce de Echeverría o Carmen Romano Nolk de López Portillo. El 25 de abril de 2018 Vera Bercovitz lo contó en una amplia crónica para la revista *Vanity Fair*, bajo el título «Los sorprendentes claroscuros de Angélica Rivera»: «Un día en el set de maquillaje, la maquilladora, que también era vidente, le leyó las cartas a Angélica Rivera [...] Le auguró que se casaría con un hombre muy poderoso por el que dejaría la actuación [...] Angélica se rio, no se creyó nada y se levantó despreocupada para rodar la siguiente escena».

Qué ilusiones despertaba entre sus seguidores imaginar a Angélica ante reinas y dignatarios del mundo. Nada que ver con Margarita Zavala y sus anchas espaldas ni con la voz chillona de Marta Sahagún, hundidas en el fango de las ambiciones.

Originaria de la colonia Lindavista, en la Ciudad de México, e hija de Manuel Rivera Ruiz, propietario hasta su muerte de una clínica oftalmológica, y de María Eugenia Hurtado Escalante, Angélica era una mujer de orígenes humildes, aparecía en el horizonte limpia de los males que corroían la política militante de aquellas dos primeras damas. Cualquier halago era poco para los admiradores de esta actriz que emergía de la colonia Lindavista y, de manera natural, se movía en el escenario o desenvolvía frente a las cámaras de la televisión. El país se la merecía, al menos de eso estaba convencida su legión de admiradores.

Ella actuó en numerosas telenovelas a partir de 1989 y su presencia cotidiana en programas de chismes, portadas y páginas de revistas especializadas en comidillas, entretenimiento y la farándula, le habían creado un halo glamoroso en una sociedad agraviada por luchas sordas y abusos de poder y otros actos vergonzantes, que en la penumbra se tejían desde la residencia presidencial y formaban madejas de corrupción que involucraban a las primeras damas y a familiares de estas.

Angélica Rivera Hurtado, la Gaviota, como la llamaban desde 2007 a partir del éxito de la telenovela *Destilando amor* —adaptación del melodrama colombiano *Café con aroma de mujer de 1994*—, que protagonizó en horario estelar, brillaba en una estrella luminosa y se preparaba en 2012 para dar su mayor resplandor a ese cargo fantasmal con implicaciones misteriosas y alcances poco predecibles, resultado de hacer de la primera dama la mujer más poderosa de México, cuya influencia solía ser superior al de cualquier secretario de Estado.

Con tez clara, ojos grandes, mimada por televidentes y periodistas de la farándula, la Gaviota cautivó a todos desde los escenarios de Televisa. Rodeada de lujos y cosas espléndidas, parecía ser dueña de una sofisticada sencillez, combinada en la pantalla con sutileza y una sonrisa eterna a flor de piel. *Destilando amor* la convirtió en una *celebrity* sin interés por la política. La interpretación la hacía feliz y le permitía sostener a sus tres hijas, sus hermanas y su madre.

Capaz de hacerse pasar por una más entre la llamada alta sociedad, la historia de la Gaviota y sus papeles estelares en las telenovelas *Mariana de la noche*, *Sin pecado concebido* y *La dueña*, la convirtieron en un personaje cotidiano y verosímil, joven carismática, honesta y justa, distinguida y trabajadora; los telespectadores se identificaban con ella. Había una especie de complicidad con el pueblo. Más de 20 millones de personas la habían seguido día a día en *Destilando amor*.

\*

Las últimas seis antecesoras de la Gaviota habían terminado convertidas en una mascarada, sumidas en el anonimato, en el descrédito o en una tragedia sexenal, perpetuando pasajes oscuros encadenados a la opulencia, al abuso de poder, a la impunidad, al despilfarro, al enriquecimiento personal, a la corrupción o sirviendo como dama de compañía, pegada a su marido: un florero presidencial. Pero ninguna de ellas debía ser ignorada porque, de una u otra forma, el presidente en turno la incorporaba a ciertas tareas de gobierno, que, aunque protocolarias, representaban un potencial. Como se explica en el prólogo, un as bajo la manga, una carta que, bien jugada, representaba un capital político significativo a través de la familia. Y, como se verá más adelante, este último papel representaría la Gaviota, escrito como guion de una mala telenovela, desde algún escritorio de ejecutivos de Televisa y el equipo de estrategia político-electoral de Enrique Peña Nieto.

Nuestro país televidente se negaba a ver que la historia rosa de Televisa estaba llena de intereses inconfesables, manipulación y componendas, y que desde la época de Emilio Azcárraga Milmo esa empresa estaba convertida en uno de los brazos operativos del PRI, para transformarse con el hijo de este, Emilio Azcárraga Jean, en una televisión mercenaria que seguiría históricamente haciendo una programación para jodidos porque México «es un país de jodidos y eso nunca cambiará», según palabras que le atribuyen a Azcárraga Milmo, conocido más por su sobrenombre del *Tigre* Azcárraga.

Príncipes herederos del sistema priista los dos, el acercamiento Azcárraga Jean-Peña había empezado en forma natural, tan pronto este último asumió la gubernatura del Estado de México en septiembre de 2005. Y surgieron evidencias de que colapsaría violentamente, desde los mismos escenarios de Televisa, la precandidatura presidencial de Arturo Montiel Rojas, quien había heredado aquella valiosa y crucial gubernatura a su sobrino Enrique.

El misil con tintes vulgares que dinamitó a Montiel se disparó el lunes 10 de octubre de 2005, a las siete de la mañana, desde uno de los espacios de noticias de Televisa: se informó que la Procuraduría General de la República (PGR) investigaba depósitos irregulares por más de 35 millones de pesos en efectivo a cuentas bancarias de Juan Pablo Montiel Yáñez, hijo menor del precandidato presidencial Arturo Montiel Rojas.

Esos millones eran apenas la punta de la madeja: también se investigaban cuentas y propiedades del hijo mayor, Arturo Montiel Yáñez, por uso indebido de atribuciones y facultades, operaciones con recursos de procedencia ilícita; inadvertidos para las autoridades estatales. Eran delitos del orden federal, ya que se trataba de operaciones de compraventa y depósitos bancarios hechos por Arturo y Juan Pablo.

Del mismo Arturo, el padre, se habían documentado propiedades en los estados de Guerrero y Jalisco, además de las del Estado de México, en Francia y en España. Y había sospechas de que pistoleros al servicio de Montiel Rojas, cuando todavía era gobernador, habían ejecutado en Toluca al joven deportista argentino Mario Palacios Montarcé, maestro de tenis de mesa de la francesa Maude Versini Lancry, entonces esposa de Arturo. Montiel y su sobrino Enrique Peña Nieto nunca se interesaron en investigar el asesinato con visos de ejecución después de una ola de rumores, trama de mentiras o especulaciones dañinas con tintes políticos de una relación amorosa entre Maude y su maestro deportista. El expediente terminaría empolvado en los archivos de la Procuraduría General de Justicia del Estado de México y relegado al olvido.

Montiel se murió políticamente la mañana del 10 de octubre de 2005. Se le condenaría a operar en la sombra del sobrino Peña y ceder a este su amplio proyecto propagandístico comprometido con Televisa. Y este aprovecharía todos los contactos para acercarse a la aristocracia de aquella empresa.

El periodista mexiquense Elpidio Hernández, originario de Lerma, en el valle de Toluca, aclararía el nivel de relación: Peña encontró en Azcárraga y la empresa de este a un aliado para concretar un nuevo proyecto político presidencial. La relación entre el magnate y el mandatario se pudo comprobar cuando viajaron juntos a Cartagena de Indias, Colombia, para participar en el Foro Económico Mundial para Latinoamérica. También se dejó sentir cada año porque Azcárraga Jean asistió como invitado regular a cualquier cantidad de eventos y certámenes en tierras del Estado de México.

Empleados de Televisa, técnicos, productores, extras, apuntadores, responsables de vestuario, maquillistas, directores y ejecutivos se veían por todas partes: la Catedral de Toluca, construida por Arturo Vélez Martínez, el Obispo del Diablo —llamado así por su tendencia a robar, como se detalló en capítulos anteriores, y uno de los ejes del Grupo Atlacomulco—, la cárcel estatal de Almoloyita, ubicada como el penal de máxima seguridad en el municipio de Almoloya de Juárez, una de las locaciones de la telenovela *Juro que te amo*, o las plazas de los Mártires y González Arratia, corazón de la capital mexiquense.

«La sólida amistad forjada al amparo del dinero le permitió al *Tigrito* Azcárraga convertir al estado [a partir de 2006] en un escenario de lujo para su empresa. En la entidad se graban *spots*, melodramas, programas especiales e incluso actores de Televisa como Jaime Camil [Alexis Ayala, José Elías Moreno] y Angélica Rivera Hurtado y la cantante Lucero Hogaza León [cuyos seguidores se debatían entre el Lucerito y Lucero] serían utilizados para promover» al gobierno de Peña, mientras altos ejecutivos de la empresa —Alejandro Quintero Íñiguez (el mercadólogo político de la empresa), Bernardo Gómez Martínez, Alfonso de Angoitia Noriega y José Antonio Bastón Patiño— concretaban millonarios negocios en territorio mexiquense.

Azcárraga Jean no se quedaba atrás: dueño al fin, consolidó Televisa Toluca, dedicada a generar noticias locales a través de espacios informativos y programas de revista; y el suegro de este —escribió Elpidio—, Marcos Fastlicht Sackler, incursionó «en sociedad de negocios con Marcos Salame, Simón Galante y Marco Antonio Slim Domit, hijo del magnate Carlos Slim Helú». A finales de 2009, esa sociedad se hizo del exclusivo desarrollo inmobiliario Bosque Real en Huixquilucan, considerado el más lujoso de América Latina.

También lo habían acercado a Ana María Olabuenaga, un genio de la publicidad, elegida mejor directora creativa de México por El Ojo de Iberoamérica, quien convertiría a Peña en un producto telegénico y seductor, carismático, un producto de la mercadotecnia, que se sumaría a los más de 20 millones de televidentes que habían seguido día a día el destino de la Gaviota en *Destilando amor*. Ella lo había hecho también un *rockstar* en el proceso electoral de 2005, cuando llegó a la gubernatura en la campaña más sucia y vulgar que haya vivido el Estado de México. La llamaron «la publicista de Peña Nieto».

Justo entonces apareció, por primera vez, el nombre de la Gaviota. El sueño de Angélica Rivera Hurtado, según ella misma lo contó en varias ocasiones a sus confidentes y amistades íntimas, era vivir feliz, como en los cuentos de hadas. Y ese sueño iniciaría a pesar de los cuestionamientos y evidencias de fraude en los comicios de 2012, con su esposo Enrique Peña Nieto «ganada» la presidencia del país. No importó que se hubiera recurrido al viejo arsenal de trampas, mañas y compra masiva de votos —lo que podría llamarse «el manual priista del fraude electoral»—, ni al apoyo de un grupo de empresarios extremistas, ni a las artimañas del IFE para frenar por segunda ocasión la llegada al poder de Andrés Manuel López Obrador; el sueño comenzó para ella.

Como buena leonina, la Gaviota evidenciaba, en un país de ciegos o televidentes, comportamientos egocentristas, delirios de grandeza, necesidad de sentirse admirada y arrogancia. Y por eso, tal vez, tampoco le importaban los fundados señalamientos de que Enrique —con quien se había casado por la Iglesia en la Catedral de Toluca, el 27 de noviembre de 2010, cuando cumplía él cinco años y dos meses como gobernador del Estado de México— era un político intelectual e ideológicamente limitado, pero que llegaría a la presidencia a saquear las arcas nacionales, como se documentó y publicó en *Negocios de familia, biografía no autorizada de Enrique Peña Nieto y el Grupo Atlacomulco* (2009), *Tierra narca* (2010) y en *AMLO, mitos, mentiras y secretos* (2012).[1]

---

[1] El primero, coautoría de Francisco Cruz con Jorge Toribio Cruz Montiel; los dos restantes de Francisco Cruz, todos bajo el sello Temas de hoy.

\*

La boda del 27 de noviembre de 2010 haría de la Gaviota primera dama de una entidad de 15 millones de habitantes, la más poblada del país y cuyo gobierno ejercía cada año un presupuesto cercano a 200 000 millones de pesos (hoy supera 300 000 millones), el asentamiento de dos de las tres zonas industriales más importantes de la nación y, para ese momento, había pocas dudas de que Enrique sería candidato presidencial del PRI en 2012.

El enlace religioso ocurrió en la Catedral de Toluca, la ceremonia la ofició el excelentísimo arzobispo Constancio Miranda Weckman. La misa estuvo plagada de anomalías eclesiales, rayando en la corrupción, y mordían como serpiente envenenada porque se operaban malignamente desde el púlpito de la Arquidiócesis Primada de México, a cargo del cardenal Norberto Rivera Carrera.

No fue casualidad que, entre numerosas y controvertidas versiones, el cardenal Rivera se hiciera cargo del turbio y simulado proceso de anulación de la primera boda religiosa de la Gaviota con José Alberto Castro, productor de melodramas y programas de variedades en Televisa, para que ella pudiera vivir su propio cuento de hadas, toda de blanco, el color de la pureza, más allá de los demonios inquietantes de la corrupción que unía a la Iglesia católica con el poder político del Estado de México.

No hacía falta una lente de aumento para desmenuzar la trama que monseñor Rivera montó en un simulacro de justicia divina para anular e invalidar el matrimonio y que la Gaviota, al margen de las tres hijas producto de su primer matrimonio por la Iglesia —Sofía (1996), Fernanda (1999) y Regina (2005)— y la corrupción del lenguaje divino, pudiera cumplir el sueño de su vida: contraer nupcias por segunda ocasión vestida de un blanco impresionante con Enrique, el político más codiciado de México, príncipe heredero del PRI y del Grupo Atlacomulco, una de las cofradías mafiosas de mayor raigambre en la política mexicana.

La maquinación turbia del cardenal, de la que tuvieron conocimiento autoridades del Vaticano y Enrique Peña Nieto, como documentó en su momento Aristegui Noticias y se reprodujo en portales y plataformas digitales de noticias, se puso en marcha con un irregular proceso para disciplinar y silenciar a través de «diversas penas [castigos] canónicas», firmados por el vicario judicial Alberto Pacheco Escobedo, al presbítero José Luis Salinas Aranda, el cura de las estrellas. Este último desempeñaba actividades pastorales en Televisa, y atestiguó la primera ceremonia eclesial de la Gaviota con José Alberto Castro Alva, en la Ciudad de México, y ofició días después, en una playa de Acapulco, una misa de acción de gracias por el enlace Angélica-José Alberto.

Protector de las élites de poder y con los trámites de la disolución del primer matrimonio de Angélica Rivera Hurtado, el cardenal y arzobispo primado de México arrastraba una historia sombría y turbia: del encubrimiento público y evidente a una red de curas pederastas hasta escandalosas y vulgares ambiciones mundanas de poder, acumulación de fortuna y el rompimiento de lealtades o traición para desplazar a prelados que le estorbaban en su camino a la cima de la Iglesia católica.

Mientras Angélica se proponía conquistar a los mexicanos desde la residencia presidencial, al menos desde su boda con Enrique, la historia personal del cardenal lo exhibía como parte de una alianza maligna con el controvertido nuncio apostólico Girolamo (Jerónimo) Prigione para perseguir, hostigar y aniquilar a la Teología de la Liberación, la llamada Iglesia católica subversiva, así como dinamitar y desmantelar el trabajo pastoral que acercara a los feligreses a la participación política y a la organización social.

En sus caminos torcidos, monseñor Rivera encubrió públicamente y protegió al sacerdote michoacano Marcial Maciel Degollado, un depredador sexual, fundador de la peligrosa secta los Legionarios de Cristo o la Legión de Cristo, acusado de pederastia y otros abusos sexuales, y hubo sospechas de malversación de fondos, menciones en esquemas para el blanqueo de capitales —a propósito del encargo de Rivera en el Consejo de Economía del Vaticano—, y de hacer negocios secretos u ocultos con los derechos de la Virgen de Guadalupe y de Juan Diego.

A monseñor le gustaba el dinero a montones. «Es un cardenal de prohibiciones […] un pastor de élites», señalaría el escritor y articulista Bernardo Barranco, coordinador del libro *Norberto Rivera, el pastor del poder* (2017). Autoritario y manipulador, Rivera pertenecía a esa Iglesia empoderada y principesca, como la calificó el papa Francisco, que servía a los grupos privilegiados ultraconservadores y a los poderosos políticos del PRI y del PAN y operaba como una mafia política eclesial, que también amasaba fortuna a través de las donaciones y los favores políticos.

Entre tantos «atributos» como sospechas de corrupción cardenalicia, se encomendaba la Gaviota, pero los ojos del país estaban en la maravillosa mujer de las pantallas de televisión. Finalmente, con la mano turbia y el alma pecadora de Rivera metida en el proceso, el Vaticano sirvió de comparsa de Angélica para declarar inexistente su matrimonio religioso con el productor José Alberto Castro, mejor conocido como el Güero Castro, con quien había procreado a sus tres hijas.

Con un porvenir brillante, que aparecía en el horizonte, y tan contradictoriamente deslucido por el sinuoso camino que siguió Rivera Carrera para invalidar el matrimonio, y a pesar de serias dudas sobre la muerte de Mónica Pretelini Sáenz, primera esposa de Enrique, que sugerían un homicidio en la casa de gobierno del Estado de México, finalmente se dio la nulidad y se arregló el segundo matrimonio.

Glamorosa, nuevamente vestida de blanco, la Gaviota estelarizó su nuevo y quizá más importante papel protagónico que la pondría en los ojos de todo el país. Parecía una princesa que emergía radiante de un escenario de los estudios de Televisa, diseñada a la medida, para un príncipe de sangre azul, en un frac color gris, que resultaría un falso Prometeo, vecino de Atlacomulco: Peña, un personaje también de telenovela, político casanova y mediocre, de mano dura, educado en las viejas tradiciones que imponía la corrupción política mexicana desde la cúpula del PRI.

Custodiada y vigilada, la Catedral de Toluca, y acordonada la zona en varias cuadras a la redonda, terminada la ceremonia, Angélica Rivera Hurtado de Peña hizo el único intento que haría por ganarse al Estado de México: lanzó el ramo a unos cuantos mexiquenses, bien vigilados, que se reunían a las afueras de la iglesia para intentar conocer a la esposa de su gobernador, a la estrella inalcanzable que admiraban en las pantallas del televisor.

Sería todo. En la casa de gobierno, la misma en la que había muerto [o la habían asesinado] Mónica Pretelini Sáenz de Peña, se instaló un inhibidor de señales telefónicas que impidió a los 230 invitados al enlace religioso y al civil, que oficializó José Luis García, juez número uno, comunicarse con el exterior.

\*

La primera semana de junio de 2012, un reportaje del rotativo inglés *The Guardian* había lanzado una bomba que pegó en los cimientos de la carrera política de Peña, aunque no citaba fuentes. Palabras más, líneas menos, advirtió que entre 2005 y 2006 el gobierno del Estado de México había pagado a Televisa —que se apresuró a negar los hechos— 346 326 750 pesos para posicionar la imagen política del gobernador Peña, a través de reportajes, entrevistas y comentarios positivos.

El encabezado del rotativo inglés fue muy directo e hizo mucho daño porque, de inmediato, minó la credibilidad del joven gobernador viudo: «Escándalo en los medios de comunicación mexicanos: una unidad secreta de Televisa promocionó al candidato del PRI». El encabezado se hizo más duro en el cuerpo del reportaje:

> Según documentos vistos por *The Guardian* y gente familiarizada con el operativo, una unidad secreta [bajo el nombre clave de Handcock] de la cadena de televisión dominante en México, estableció y financió una campaña para que el candidato favorito, Enrique Peña Nieto, ganase las elecciones presidenciales. [...] encargó videos promocionales sobre el candidato y su partido, el PRI, que a la vez desacreditaban a los rivales del partido en 2009. Los documentos sugieren que el equipo [Handcock] distribuyó los videos a miles de direcciones de correos electrónicos y también a los promocionales de Facebook y YouTube donde algunos de ellos todavía pueden ser vistos.

Después se sabría que la información había salido de un cable confidencial filtrado por WikiLeaks, en el que el gobierno de Estados Unidos mostraba su consternación por la relación tan cercana entre Enrique Peña Nieto y Televisa. Por ejemplo, un documento de 2009, firmado por funcionarios de Estados Unidos, señalaba que es ampliamente aceptado que el monopolio televisivo apoyara al gobernador Peña Nieto y le diera un extraordinario tiempo al aire y otro tipo de coberturas. Con la vista gorda del IFE, Peña y su equipo habían encontrado la forma de romper las reglas electorales.

Como cada esposa de cada candidato antes que ella, la Gaviota guardó un silencio ominoso y criminal, porque el escándalo había llegado casi a cada rincón del país. Era imposible que una mujer con las relaciones que tenía con altos ejecutivos de Televisa, la llamada aristocracia, no se hubiera enterado de nada, a menos que caminara en la campaña con oídos sordos.

Sin mirar hacia atrás, ni a los lados, ni a la historia, sin mirar nada, como una copia al carbón de todas sus antecesoras que caminaron sobre fantasmas de muertos y corrupción, pero con el porvenir brillante de frente, Angélica, la Gaviota, necesariamente debió conocer que llegó a la vida de Enrique cuando grupos empresariales extremistas, sectas poderosas de la Iglesia católica, el expresidente Vicente Fox Quesada y luego el presidente Felipe Calderón Hinojosa —quienes en su momento traicionaron al PAN— y la mano perversa de Televisa, impulsaban abiertamente, desde 2007, la candidatura presidencial de aquel siniestro joven político priista, sospechoso de la muerte de su primera esposa Mónica Pretelini Sáenz, de lo que había detalladas descripciones, filtradas desde la casa de gobierno en avenida Paseo Colón en Toluca, e involucrado en el narcotráfico y saqueo al tesoro del Estado de México. De esto último daban cuenta investigaciones de la PGR.

¿Había caído Angélica rendida a los encantos de Peña? ¿Era ciego su amor? ¿Era la relación entre el político y la actriz parte de un *reality show*, de esos de los que se habían llenado las empresas de televisión mexicana a partir de 2002? ¿Era un matrimonio arreglado o por conveniencia como el de María de los Dolores Izaguirre Castañares con Adolfo Ruiz Cortines? ¿Guardarían Angélica y Enrique la formas como lo hicieron Adolfo López Mateos y Eva Sámano Bishop o Carmen Romano Nolk con José López Portillo y Pacheco? ¿Sería un matrimonio duradero como el de Marta Sahagún con Vicente Fox?

Angélica y Enrique ocupaban espacios en los medios tradicionales, los del corazón, y chismes de la farándula. Bajo el título «Angélica Rivera, de la escena televisiva al terreno político», el 3 de julio de 2012 Ana Felker escribió en la revista *Expansión*: «La llamada prensa del corazón habla de un amor digno de suspiros [...] la "calidad moral" de la actriz, el carisma del político. Para otro sector de la prensa [...] esta relación es un *reality show* fraguado previamente o parte de un plan de *marketing* para construir la victoria del candidato [presidencial] del PRI».

Y puede que haya sido amor, pero un amor que antes del matrimonio le había dejado carretadas de dinero a ella y a Televisa. Quizá por eso, como pasó con todas sus antecesoras, la Gaviota se hizo *sorda ciega y muda* a todos los cuestionamientos que pesaban sobre la moral de Enrique Peña Nieto y el historial sobre el gusto de este por el dinero fácil, traducido como el saqueo a las arcas del Estado.

Puede ser que el amor haya sido eso, amor, pero con dinero por delante. En 2014, mucho antes de que se tomara la decisión de la boda, un reportaje de la revista digital *Nuestro Tiempo Toluca*, que cubría las actividades de la gubernatura con un esquema noticioso fuera de lo ordinario de la prensa oficial de la capital del Estado de México, desnudó la personalidad de la Gaviota y el negocio que representaba el gobierno de Peña:

> Los cobros de Angélica con el gobierno estatal para esa campaña, Logros [difusión de la obra del gobernador Peña], del año 2009, son claros. Televisa y TV Azteca cobraron 28 260 895 pesos con 60 centavos, pero Angélica Rivera cobró, aparte, 10 millones de pesos. La actriz-cantante Lucero, Televisa y TV Azteca cobraron 68 021 752 pesos con 78 centavos por Logros, que comenzó de manera oficial el 16 de febrero del 2009 y que terminaría el 30 de abril de ese mismo año.

Nadie lo decía, pero el joven viudo, convertido en un tenaz casanova y un mujeriego rompecorazones, claro, con el dinero del gobierno del Estado de México, se debatía entre conquistar a Lucero, su predilecta, Galilea Montijo, que no convencía a ejecutivos de Televisa, y la Gaviota. La primera tenía dos problemas: su relación con el cantante Mijares era sólida y era casi imposible anular ese matrimonio por la Iglesia. El rompimiento y divorcio de esta pareja se haría público hasta 2011, cuando la Gaviota y Enrique estaban por caminar al altar. Quizá ni el cardenal Norberto Rivera Carrera habría logrado la anulación.

Por razones desconocidas o compromisos anteriores, nunca hubo una razón formal ni oficial, Lucerito se retiró de aquella campaña pronto, «pero no tanto como para no cobrar un contrato firmado y debidamente pagado con el gobierno del Estado de México», de acuerdo con la revista digital toluqueña, que cerraría para dar vida a *Viceversa Noticias*.

Los montos pagados para Logros los entregó el propio gobierno mexiquense mediante una solicitud de información de la revista a través de la oficina local de Transparencia. Esa solicitud, con el folio No.00014/CGCS/IP/A/2009, fue firmada por el funcionario Marco Antonio Garza Mejía, quien en 2009 era responsable de la Unidad de Información estatal.

La Gaviota nunca diría nada. Parecía una mujer discreta y reservada con paso firme a la residencia presidencial. Nada importaba. Así había pasado con todas. Parecía cortada a imagen y semejanza de todas sus antecesoras.

*

Hijo del ingeniero Gilberto Enrique Peña del Mazo y de María del Perpetuo Socorro Nieto Sánchez, Enrique Peña Nieto nació el 20 de julio de 1966, en Atlacomulco, municipio del norte mexiquense. El árbol genealógico familiar establece que su padre fue familiar cercano de los exgobernadores Alfredo del Mazo Vélez y Alfredo del Mazo González, padre e hijo respectivamente, ambos, a su vez, familiares del extinto revolucionario y diplomático carrancista Isidro Fabela Alfaro, y de su excelencia Arturo Vélez Martínez, primer obispo de la Diócesis de Toluca.

Por el lado materno, Socorrito o Soco —como se conoce en Atlacomulco a la madre de Enrique— es, como dicen los médicos, consanguínea del exgobernador Salvador Sánchez Colín. Y aunque perdió el apellido por venir este de la familia materna, es descendiente directa de Constantino Enrique Nieto Montiel. En resumen, es parte de la numerosa parentela del exgobernador y fallido candidato presidencial Arturo Montiel Rojas, quien sería cobijo y guía de Peña Nieto, su gurú político, hasta que el 16 de septiembre de 2005 lo impuso como su sucesor en la gubernatura del Estado de México.

El andar político de Peña se fue entreverando con la parte más privada de su vida, y cuando se sabía sucesor de Montiel en la gubernatura, emergió el verdadero Peña: un político irascible y duro, violento, que estallaba con poco. Le dio por tener una imagen moderna, cuidada en extremo, atento a las últimas tendencias de la moda, todo un metrosexual, claro, con ayuda de ejecutivos hacedores de imagen de Televisa.

En aquellas hábiles manos, el rostro de Peña se hizo habitual y familiar en las revistas del corazón, la televisión, el mundo de la farándula, desplazando el factor político como eje central. El gran mérito de Enrique fue adaptarse a su nuevo papel de «benevolente» con una red amplia de cómplices, amigos y protegidos.

Para quedar bien con él, desde que llegó a la gubernatura, todo mundo borró de su memoria los sobrenombres de este político: el Charal y el Patotas, apodos con los que lo hacían llorar sus primos Arturo y Juan Pablo Montiel Yáñez. Peña, sin embargo, se haría habitual en el sentido del humor de los mexicanos. Sería todo él material permanente para el chacoteo y, gracias al avance de la tecnología, para la publicación diaria de memes, una respuesta popular surgida del peculiar sarcasmo mexicano.

En dos sexenios, gobernador (2005-2011) y presidente (2012-2018), Peña pareció empeñado en mostrar y exhibir al México surrealista, pero de grandes humoristas que debían estar atentos para aprovechar la situación porque nunca se sabía en qué momento *metería la pata*, como coloquialmente dicen en el pueblo. Aunque también serían 12 años sumidos en la corrupción salvaje, despropósitos y exceso. Peña, ciertamente, era un político incapaz y ladrón, pero, incubado en la corrupción histórica del PRI, que lo legitimaba.

Con una agenda cuidadosa para aprovechar los adelantos tecnológicos, a través de millonarios presupuestos destinados a los medios, en particular Televisa y las revistas del corazón, Arturo Montiel Rojas heredó a su sobrino un imperio originalmente construido para su candidatura presidencial.

Televisa tomó el proyecto en sus manos y se dedicó con ahínco a deconstruir —aunque por dentro siguiera siendo él mismo, con toda la carga execrable del priismo—, y reconstruir por fuera al joven príncipe. Fue un coctel explosivo y ominoso: la mano negra de creadores de imagen, especialistas en marketing, maquillistas, camarógrafos y conductores de la televisora lo hicieron un *showman* y una celebridad.

Y todo marchó como las manecillas del reloj, incluidos los amoríos clandestinos de Peña, que se ocultaban con generosas sumas de dinero a los grandes medios de la Ciudad de México, que, sin conocerlo, le dispensaban el trato de estadista. Todo era perfecto. Era. Hasta que dejó de serlo el 11 de enero de 2007, cuando corrieron rumores insistentes de todos los calibres sobre la muerte de Mónica Pretelini Sáenz después de una violenta pelea conyugal con Enrique en uno de los amplios salones de la casa de gobierno.

Nada logró opacar los sucesos de aquel día que trastornaron la vida de Enrique. Aquella noche el conductor del noticiario estelar de Televisa daba a conocer una versión edulcorada y suave, con lujo de detalles, como si él, Joaquín López-Dóriga, hubiera estado presente en el dormitorio de la esposa del gobernador mexiquense. Con el énfasis característico de vocero de los poderes fácticos, informó:

Un poco después de la medianoche, a las 00:50 ya del jueves, Enrique Peña le llamó por teléfono [a Mónica] para decirle que ya
iba de regreso. Estaba por Santa Fe, volaría en helicóptero y en 25
minutos estaría con ella en casa. Así fue. Llegó, entró a su cuarto
sin encender la luz, le susurró al oído que le hiciera un lugar en la
cama y no le respondió. Le insistió y nada. Alarmado, encendió
la luz y la vio muerta. Intentó respiración artificial al tiempo que
pedían las urgencias médicas.

Aunque hay datos en voluminosos expedientes de investigaciones que encabezaban fiscales federales de la PGR, también en la
bruma quedarán las consecuencias que ese fallecimiento esparció
hasta el puerto de Veracruz, donde meses después los escoltas de la
familia Peña Pretelini fueron ejecutados por supuestos narcotraficantes, quienes equivocaron el blanco e hicieron fuego contra ellos.

Con una sensación de sentimientos encontrados, los rumores fueron incontrolables por la falta de información y porque
médicos indiscretos hicieron comentarios sobre un traslado de
Mónica, durante las primeras horas de la madrugada, a la Cruz
Roja, cuyas instalaciones se encuentran a tres cuadras de la casa
de gobierno y donde no la recibieron porque ya iba muerta.
Pero en esa institución nadie conocía el nombre de la recha-
zada. Luego, fue llevada al Centro Médico de Toluca, que en
realidad está en Metepec, a donde había llegado muerta, y enseguida a un hospital del ISSEMYM.

Después, en un estado de confusión lleno de rumores, se fue
supuestamente develando el misterio que empeoró el desba-
rajuste. Se supo, a través de portavoces, que la presidenta del
DIF estatal y primera dama mexiquense estaba grave, internada
en el hospital ABC de Santa Fe, en la Ciudad de México, por
complicaciones de una crisis epiléptica. Allí mismo, había sido
trasladada a terapia intensiva. Luego se informó que, atendida
por un grupo de médicos, encabezados por el neurólogo Paul

Shkurovich Bialik, Mónica presentaba muerte cerebral. Al filo de las tres y media de la tarde se rompió el silencio para oficializar el fallecimiento.

La causa fue atribuida al brote de la epilepsia tónica generalizada que le ocasionó un derrame cerebral, paro respiratorio y más tarde la muerte cerebral; la noticia cimbró a la clase política estatal. La ola expansiva le dio otros contornos a la tragedia porque a través de esta defunción, con tintes de un negado suicidio, el electorado de todo el país se condolió de la figura frágil del joven y apesadumbrado político viudo con sus tres hijos ahora huérfanos. Habían estado juntos casi 14 años.

La desventura sedujo a un país lleno de esperanzas y necesitado de personajes. Aun a riesgo de parecer prosaicas, en el mismo dolor brotaron sospechas y dudas por lo inusual e infrecuente de la muerte atribuida a ese padecimiento. Eso dio lugar a una ola de otros rumores que desvanecieron la imagen de una pareja perfecta y feliz. Apenas empezaba la historia sobre el desenlace de las honras fúnebres en un mausoleo familiar de Toluca o Atlacomulco, y se deslizó en una desacostumbrada ceremonia de cremación esperando los restos de Mónica. También desconocidos eran, para el público en general y mexiquenses en particular, los orígenes de la excepcional enfermedad, el llamado gran mal, del que nunca nadie habló y la aquejaba desde 2005.

Proliferaron asombradas versiones sobre el estado físico y emocional de Mónica. Hubo quienes advirtieron sobre una vida normal, inexistencia de signos de la enfermedad mortal e incluso se destacó que nunca nadie se enteró de la presencia de medicamentos ni de tratamientos especializados. También se filtró información de que entre Mónica y Enrique había conflictos conyugales que se complicaron al consolidarse las relaciones de Peña con estrellas de Televisa.

La sorpresiva muerte de Mónica dejó turbadores boquetes informativos. Y estos dieron paso a las últimas horas de la noche del miércoles 10 de enero, las últimas de Mónica, a la versión de una crisis depresiva y sobredosis de barbitúricos, lo que obligó a Peña a dar una entrevista publicada el 21 de diciembre donde confirmó versiones surgidas la mañana de aquel jueves en Toluca: su esposa murió la noche del mismo miércoles o durante las primeras horas de la madrugada del jueves, en la capital del estado, y no al mediodía del jueves en la Ciudad de México. Palabras más, palabras menos, le dijo al reportero Alberto Tavira Álvarez que en el Centro Médico de Metepec intentaron reanimarla y le reactivaron sus signos vitales, aunque ya iba con muerte cerebral. Después de la apresurada cremación, Peña nunca pudo deshacerse de los fantasmas de homicidio involuntario.

Si debía o no ventilarse en público el tema del deceso de su esposa, él mismo se encargó de llevarlo a la prensa. Aprovechó las páginas de la revista *Quién* para hablar de una conspiración de aquellos periodistas que plantearon interrogantes en la extraña muerte de su esposa: «Cuando estás en la política, cualquier tema que pueda ser aprovechado por tus adversarios para golpearte, lastimarte o desgastarte se va a utilizar. Lamentablemente esas son las reglas de la política».

El jueves 19 de diciembre de 2008, de la nada y a través de la Coordinación General de Comunicación Social, se emitió una aclaración oficial para desmentir que el gobernador Peña hubiera pensado contraer matrimonio con la actriz Angélica Rivera Hurtado, aunque la Gaviota empezó a aparecer con frecuencia en el Estado de México y, en su número del 3 de octubre de aquel año, la revista *Quien* en su nota principal confirmó el vínculo sentimental de «cuatro meses» de Enrique con su nueva «dueña», la actriz Angélica Rivera.

El hombre que da la última palabra en territorio mexiquense palomeó el nombre y a principios de abril de 2008, Angélica estaba llegando a la Oficina de Representación que tiene el gobierno del Estado de México en la calle Explanada, en Lomas de Chapultepec [...] El gobernador, entonces de 41 años, y La Gaviota, de 37, nunca se habían visto personalmente. La cita era, en primer lugar, para conocerse y, en segundo, para que él explicara a la que fuera el Rostro de *El Heraldo* en 1987, la campaña de publicidad que ella iba a realizar, con el objetivo de que entendiera y se comprometiera de lleno con el proyecto del verdadero góber precioso.

\*

¿Qué pasó aquella noche? Eso solo lo sabe Enrique Peña. ¿Por qué la cremación? También él tiene la respuesta. Pasadas las horas y los años, la historia de la muerte es potente en la vida real, tiene papel de protagonista sombrío y, por extraño contrasentido, todos los factores rodeando esa imagen la convirtieron en un tópico de interés general.

Aunque la televisión hizo una cobertura discreta de las exequias de Mónica, los centenares de esquelas publicadas en los diarios durante los tres días posteriores reflejaron el impacto por el duelo. Hubo quienes consideraron que muchas se insertaron para hacerse presentes, con fines políticos, ante los ojos del gobernador, pero otras tantas apelaron a la pena real.

Se hicieron familiares las imágenes de Paulina, Alejandro y Nicole, los tres hijos de la pareja, entonces de 12, 10 y seis años de edad, respectivamente. La popularidad del gobernador se afianzó en su figura doliente. La desventura sedujo a un país urgido de esperanzas y de héroes. En medio de la corrupción, las matanzas del narcotráfico, los secuestros, los asaltos y la pobreza, la muerte de aquella mujer, al margen de las extrañas circunstancias, levantó una ola de solidaridad generalizada. Como una caja de resonancia, las noticias sobre la decisión familiar de respetar la voluntad de Mónica y donar sus órganos para salvar o mejorar la calidad de vida de personas en lista de espera fueron un bálsamo para los atribulados mexicanos.

Las ondas dolientes se expandieron a cada territorio del país. El infortunio íntimo y personal de Peña hizo eco en todo el territorio mexicano, pero el luto no duró mucho: Mónica Pretelini quedó perpetuada apenas en el nombre de un hospital y Televisa, como se escribió en párrafos anteriores, acercó todavía más al Estado de México a su cuerpo de estrellas. Y apareció una larga lista de estrellas a sucederla. Se llenó la agenda de Enrique, quien empezó a ser conocido también como el viudo de oro.

Los recuerdos sobre la vida de Mónica, sus últimos meses tortuosos al lado de Enrique Peña Nieto —por las constantes infidelidades de este, que dieron como fruto dos hijos fuera del matrimonio: uno con Maritza Díaz Hernández (Diego Alejandro Peña Díaz, ahora de 19 años), en su momento, empleada del gobierno estatal, y uno más con Yessica de Lamadrid Téllez, quien trabajó en la campaña de Peña para gobernador del Estado de México en 2005 (Luis Enrique Peña de Lamadrid, murió en 2007, a los dos años de edad, derivado de complicaciones de hidrocefalia o cáncer)— se diluyeron en la corta memoria de los mexicanos para dar paso a la euforia, porque nada había adelante que ensombreciera la búsqueda de la candidatura presidencial y, luego, la llegada a Los Pinos. Y en ese camino aparecería, a su lado, la Gaviota. Y esta, a su vez, devolvió claridad a la vida del viudo desconsolado. La frescura de la actriz le devolvió la vida y la sonrisa.

En su papel de diva, la Gaviota se hizo construir una casa blanca de 86 millones de pesos, unos siete millones de dólares, a través de una subsidiaria del Grupo Higa, de Juan Armando Hinojosa Cantú, contratista consentido de Peña. El operativo para levantar aquella mansión en la Ciudad de México se había puesto en marcha 17 días después del enlace religioso, el del cuento de hadas, el de la Gaviota con Enrique.

El escándalo estalló el 9 de noviembre de 2014 en la página digital y espacios noticiosos de Aristegui Noticias y dio origen a una denuncia pública y frontal en el libro *La casa blanca de Peña Nieto* (2015) con las firmas de Daniel Lizárraga, Rafael Cabrera, Irving Huerta y Sebastián Barragán, prologado por Carmen Aristegui.

Los fantasmas de la corrupción superaban con mucho los amores clandestinos de Enrique, por cuyas historias desfilaron Maritza Díaz Hernández, el primer capricho de Peña, y quien le dio un hijo al que mantuvieron oculto y en secreto, como lo contó Sanjuana Martínez en *Las amantes del poder* (2014). Luego, con Yéssica de Lamadrid Téllez, un amor furtivo en campaña y madre de un segundo hijo de Peña, pero muerto prematuramente; trabajaba en Radar, empresa vinculada a Grupo TV Promo, especializado en marketing, que tenía entre sus socios a Alejandro Quintero Íñiguez, vicepresidente de comercialización de Televisa, y donde, en 2005, se creó la campaña de Peña por la gubernatura. También apareció el nombre de la regiomontana Rebecca Solano de Hoyos, productora y conductora del programa de televisión *TransformaT*. Hasta que en 2007 apareció en su camino Angélica Rivera.

En 2016, Sanjuana Martínez puso un nuevo clavo en la cruz de la Gaviota; en su libro *Soy la dueña, una historia de poder y avaricia* documentó que Angélica Rivera fue seleccionada para Enrique Peña Nieto desde un catálogo de Televisa.

Apenas llegó a la residencia presidencial, desapareció el brillo humano de los ojos de la Gaviota y, sin atisbos de misericordia, renunció a la presidencia del DIF. Parte del presupuesto de este organismo se destinó para celebraciones de xv años, funciones de circo, torneos de boliche, una fiesta mexicana y representaciones de diferentes artistas. Sin palabras para la familia mexicana, esa mujer admirada se había dignado a aparecer en el DIF hasta después de tres meses de la toma de posesión. Se apareció, escribió la periodista Linaloe R. Flores en la revista digital *Vice*, con un vestido color púrpura y un maquillaje pálido, para sellar una serie de compromisos con sus pares estatales, como si hubiera sido un fantasma, una concesión graciosa. Y eso sería lo último.

Nada les cumpliría. Nilda Patricia Velasco Núñez de Zedillo dejó moribundo al DIF, pero al menos ella no había prometido nada, ni se había comprometido en nada con las primeras damas de los estados. Angélica se había comprometido a recorrer el país. Solo fue eso, una promesa. Con Angélica, escribió Linaloe, se rompería el vínculo tradicional entre la llamada primera dama y el DIF. «No completó ni cien apariciones públicas como presidenta honoraria del DIF y jamás presentó el plan de trabajo que le interesaba desarrollar. Mientras, el DIF operó y gastó por su cuenta millones de pesos, los desastres naturales azotaban y sacudían al país».

Sus días en Los Pinos transcurrieron entre la indolencia y el derroche de glamur. Se lucía viajando y gastando con sus hijas como si hubiera sido una duquesa en un país de pobres. Poder político no tenía, como fueron los casos de Margarita Zavala y Marta Sahagún, pero con el poder económico, se comportaba como la dueña de México. No tenía influencia política, pero decía sin empacho que era muy amada por Peña Nieto, dando a entender que nadie podía hacerla a un lado.

Abrió la puerta de su casa, advierte Sanjuana:

A la prensa rosa y su vida personal al espectro mediático de los espectáculos. La farándula en la política, el reality show de la familia presidencial, un vodevil cuya esencia se centra en la frivolidad y el lujo. Sin pudor [...] se ha cubierto de riquezas, ha exhibido sus propiedades y el súbito incremento de su patrimonio [...] la consorte perfecta, la mujer que acompaña a su esposo en sus viajes oficiales por el mundo, viajes que aprovecha para lucir su guardarropa, joyas, bolsos, zapatos y su millonario gusto por la alta costura [...] La sospecha de la corrupción la persigue a dondequiera que va. La sombra de la duda sobre sus riquezas ha provocado un rechazo de ciudadanos hartos de una clase política señalada por el saqueo y el robo del erario.

Angélica vivió su cuento de hadas o, literalmente, de telenovela. Su nombre y sobrenombre representaban, por sí solos, una narrativa amplia, descriptiva y constante llena de misterios, pero nadie imaginó que pasaría de largo señalamientos insistentes de que Enrique había asesinado a su primera esposa, aunque, y sobre todo, también había guardado silencio cuando desparecieron en Iguala, Guerrero, 43 estudiantes de la Escuela Normal rural Raúl Isidro Burgos de Ayotzinapa y asesinaron a tres de los compañeros de estos, uno desollado en vida, el 26 de septiembre de 2014.

Desde los silencios de la Gaviota, una mujer «perfecta», de mundo y sofisticada, amiga y protegida de la aristocracia de Televisa, emergían, sin misterio, palabras clave y vergonzantes sobre la voracidad, soberbia, derroches, uso y abuso del poder presidencial. Fue la última de las primeras damas, y una de las más oscuras, en habitar el conjunto de Los Pinos, la residencia presidencial hasta el 30 de noviembre de 2018.

Para muchos, *Destilando amor* fue la mejor telenovela jamás escrita para la televisión mexicana, hasta que apareció el cuento de hadas que vivieron Angélica Rivero Hurtado y Enrique Peña Nieto, que terminó abruptamente cuando el 8 de febrero de 2019, dos meses después de abandonar la residencia oficial de Los Pinos, se hizo público el rompimiento de la pareja y los planes de divorcio.

Se habían unido únicamente por interés electoral. La disolución del primer matrimonio de la Gaviota, a través de la mafia de la Iglesia católica, formaba parte de la trama del cuento para aprovecharse del tesoro nacional. A los 17 años, como describían las crónicas de las revistas de chismes del corazón, Angélica seguramente ni se imaginaba que algún día sería primera dama de México. Una primera dama efímera, de cuento de terror. Solo un año después de acabado el sexenio del último caudillo priista, en 2019, legalmente disolvieron también su matrimonio.

En mayo, el expresidente escribió en una red social: «Quiero agradecer a Angélica por haber sido mi compañera, esposa y amiga a lo largo de más de diez años y por haber entregado su amor, tiempo y dedicación a nuestra familia. Hoy ha concluido legalmente nuestro matrimonio, deseo que le vaya bien siempre y que tenga éxito en todo lo que emprenda. Angélica, muchas gracias por todo». Y fue todo. El sueño terminó. Angélica prefirió tomar un perfil bajo, y lo sigue haciendo hasta ahora.

Antes de que ella se diera cuenta, antes de romper, Enrique había vuelto a las andadas, ya lo esperaba su nueva novia, la modelo Tania Ruiz Eichelmann. Cegada por el odio y los celos, decían, Angélica amenazaba con develar en un libro los escándalos en Los Pinos, la residencia presidencial. Lejos, muy atrás quedaron los días aquellos cuando la Gaviota era ovacionada en todo el país.

En el anecdotario o el cesto de la basura, cayeron las crónicas de aquella mujer elegante que sería capaz de tratar con reyes y reinas, y que durante la toma de posesión el 1.º de diciembre de 2012 lucía perfecta. Para los actos oficiales de ese día eligió un vestido gris plata, en encaje, manga larga y a la rodilla, de la firma Dolce & Gabbana. Zapatos cerrados, color *nude*. Angélica deslumbró al llegar a Palacio Nacional. Se veía espectacular en aquellos zapatos de tacón mediano, sobrios, pero *ad hoc* para la ocasión. Llegó con un maquillaje que parecía aplicado con aerógrafo.

Ahí estaba la mujer que dejó de lado su carrera de actriz de telenovelas para casarse en noviembre de 2010 con el hombre que ese día, 1.º de diciembre, se disponía a tomar posesión.

Pero habría que cerrar esta historia rosa con uno de los momentos más célebres y con más *rating*, el emitido el 16 de diciembre del 2009. En aquel episodio, Enrique y Angélica estaban de viaje por el Vaticano. Pidieron una audiencia privada con el papa Benedicto XVI, a quien llevaban como regalo un árbol navideño y un nacimiento hecho por artesanos del Estado de México. Él se acercó primero a su santidad, se inclinó, le besó la mano y muy solemne le dijo:

—Ella es Angélica, con quien pronto habré de casarme.

El papa sonrió y bendijo la unión.

Para ese momento ya había sido anulado el contrato matrimonial de ella con el Güero Castro. Todo el camino está por andar. La residencia presidencial espera.

Ese mismo día, por la noche, Enrique y la Gaviota visitaron solos la Basílica de San Pedro. Admiraron la arquitectura, los cuadros, las pinturas, el sagrado misterio del espacio.

Él encontró un silencio y el lugar ideal. Se vuelve a inclinar como horas antes, pero esta vez para ofrecerle el anillo de compromiso a la actriz.

El tiempo se detiene.

Ella se ruboriza —tal como lo dicta el libreto—, tal vez cae alguna lágrima. Se sonroja. Y acepta. El tiempo reanuda su marcha. Enrique se levanta y se funden en un beso. Comienza una música alegre, esperanzadora. La toma se aleja, dejando a la pareja enmarcada por el bellísimo fondo italiano con las obras de los grandes maestros renacentistas. Luego la cámara se inclina un poco hacia arriba, para enfocar la bóveda de la basílica, ahora solo se ven los ángeles, algunos querubines, el cielo. La imagen se funde a negro.

La historia de las primeras damas en México ha sido esto: una puesta en escena, una pantalla de distracción, una complicidad que perdura a pesar de la incredulidad del pueblo, tras saber que al lado del presidente se conjura otro poder, el de ellas, quienes sin puesto oficial actúan sin consecuencias, quienes disponen verdaderamente de las redes que se tienden desde la silla presidencial. Un terrible y oscuro espectáculo.